JÖRG SPLETT

KONTUREN DER FREIHEIT

JÖRG SPLETT

KONTUREN DER FREIHEIT

Zum christlichen Sprechen vom Menschen

JOSEF KNECHT · FRANKFURT AM MAIN

CIP-Kurztitelaufnahme der Deutschen Bibliothek

Splett, Jörg:
Konturen der Freiheit: zum christl. Sprechen vom Menschen / Jörg Splett.
– 2. Aufl. – Frankfurt (am Main): Knecht, 1981.
ISBN 3-7820-0315-2

2. durchgesehene Auflage 1981

ISBN 3-7820-0315-2

1. Auflage 1974.
Gesamtherstellung: Wiesbadener Graphische Betriebe GmbH, Wiesbaden

Für Albert Giesener S.J.

M'illumino
d'immenso.
Giuseppe Ungaretti

„Ich erleuchte mich
durch Unermeßliches"

INHALT

EINFÜHRUNG: PHILOSOPHISCHE GRENZBETRACHTUNGEN

An »Grenzbetrachtungen« erinnert man sich vielleicht noch aus dem Mathematik-Unterricht. Sie gehörten dort paradoxerweise gerade in jenes Rechengebiet, das sich seinem Namen nach mit dem Unendlichen, also dem Grenzen*losen* befaßte[1]. – Hier geht es um solche Betrachtungen philosophischer Art, und die sind in bestimmter Hinsicht nicht weniger paradox.

Zunächst meint dies Wort: Betrachtung von Grenzen. Thema des Buchs sind Grenzen der Freiheit. Was aber sind Grenzen? – Das, woran etwas endet; wo es an anderes stößt: Freiheit trifft auf einen bindenden Anspruch (Kap. 1), auf beschränkende Naturbedingungen (Kap. 2), auf den Widerstand anderer Freiheit (Kap. 3); sie sieht sich in Schuld verfangen (Kap. 4) und erblickt das Ende, die Unmöglichkeit all ihrer Möglichkeiten, im kommenden Tod (Kap. 5).

Mit der konkreten Gestalt dieser Grenzen, ihrer Verschiedenheit wie ihrem wechselseitigen Zusammenhang befassen sich die folgenden Überlegungen im ganzen. Diese Einführung will zunächst Wesen und Sinn von Grenze überhaupt »betrachten« und sodann auf die Art solcher Betrachtungen reflektieren. Sie fragt also erstens, was Grenze als solche für den Begrenzten bedeutet, und zweitens, wie diese Frage und deren Erörterung ihrerseits gesehen werden müssen; kurz: sie behandelt grundsätzlich das

[1] Meyers Großer Rechen-Duden, Mannheim 1961, 250: »*Infinitesimalrechnung* (vom lat. infinitus, ›unendlich‹). Besonders in Physik und Technik angewandter Teil der höheren Mathematik, der sich mit *Grenzbetrachtungen* (ursprünglich mit ›unendlich kleinen‹ Größen) befaßt.«

Thema »Grenze« und thematisiert die grundsätzlichen Grenzen seiner Behandlung [2].

1. An Grenzen stößt man; sie verlaufen, hieß es, dort, wo man auf anderes stößt. In diesem Sinn werden sie – »von außen« – »gesteckt« bzw. »gezogen«. Nicht ich selbst, sondern Fremdes gebietet mir Halt. So sind meine Grenzen eigentlich gar nicht die meinen; vielmehr bricht sich hier mein Ausgriff an der Härte eines Widerstehenden und muß sich diesem Gegen-stand unterwerfen (dem *obiectum* = dem Entgegengeworfenen gegenüber als *subiectum* = Unterworfenes).

An solchen Grenzen hört etwas also nicht bloß einfach auf, sondern es *wird* beendet; man bestimmt nicht, sondern wird bestimmt. Und läßt sich das auf die »äußeren« Grenzen beschränken, wenn die Wirklichkeit, um deren Grenzen es hier geht, gerade Freiheit ist, also das Gegenteil von Fremdbestimmung? – Sind meine Grenzen nicht meine, dann kann ich in der Tat nicht über ein »Innen« innerhalb ihrer verfügen; denn dieses Innen stammt allein von ihren Gnaden, wird von ihnen her gewährt oder beschnitten.

In einem ersten Hinblick sind Grenzen also ein anderer Name für »Nicht-sein«. An ihnen endet man, und dieses Enden strahlt nach innen aus; von ihnen her ist das Begrenzte selber nichtig: »Freiheit, der man Grenzen setzt, ist keine.« – Hätte jedoch etwas Grenzen, wenn es gar nichts wäre? Wenn das eigene Innen dem andern gehörte und nur von dessen Gnaden bestünde, gäbe es in Wahrheit nur dies andere – und mich allein als eine seiner Variationen, wobei nicht etwa ich es variierte, sondern es selbst mit seinen Möglichkeiten spielte. »Grenze« aber sagt nicht zuerst, daß ich nicht bin, sie bedeutet vielmehr, daß ich nicht(s) *anderes*, nicht das andere bin.

[2] Damit stellt sie in der Tat nicht so sehr eine Einführung dar, die gewinnend den Leser dort »abholen will, wo er steht«, als vielmehr eine schon abstrakte Vorüberlegung; wiederum bildlich: das Problem-Knäuel wird abrupt vor- und hinausgeworfen, und es gilt im folgenden, ihm nachzuschwimmen. – Auch dies meint das Motto (der Schluß der Einführung »verdolmetscht« es entsprechend).

Das heißt, nicht mich und nicht das andere verneint die Grenze; sie verneint allein die Grenzenlosigkeit – sowohl meine wie die des anderen. – Und einzig so, indem ich nicht anderes bin und anderes nicht ich ist, sind wir beide: anderes und ich.

Damit zeigt »Grenze« sich, statt als ein Wort für Nichtsein, als ein Grundmoment von Existenz. Und darauf zielt der Name KONTUR. Alles, was uns begegnet, ist es selbst – und ist nicht ein anderes, als es ist. Es ist weder alles noch nichts, sondern dieses Bestimmte; in seinen Grenzen und von ihnen her ist es, was es ist: »Konturlose, unbestimmte Freiheit ist keine.«

Ist aber alles es selbst durch seine Kontur, dann ist es das, was es ist, nicht bloß durch sich selbst, sondern gerade vom anderen her: Grenze ist immer Grenze von (mindestens) zweien. Grenzen trennen nicht bloß, sie verbinden zugleich. Darum greift das Reden von Grenzen stets schon über diese Grenzen hinaus. Zwar bin ich nicht das andere, und dieses ist nicht ich; aber jedes ist nur durch das andere und von ihm her es selbst: das andere gehört zu mir wie ich zum anderen – wir gehören zusammen.

Damit kommt das Reden von Grenze an seine eigenen Grenzen. Grenzbetrachtungen handeln nicht nur *von* Grenzen; sie bewegen sich selbst immer an einer Grenze, ja, *auf* ihr. Denn zwar wird Grenzenlosigkeit verneint, die jede Gestalt und damit Wirklichkeit auflösen würde (möglich ist alles Mögliche, wirklich stets nur Bestimmtes); aber andererseits schaut der Blick auf eine Grenze stets zugleich über sie hinaus, auf das Ganze hin, *innerhalb* dessen jede Grenzziehung geschieht[3].

2. Indem also dieses Buch philosophisch die Grenzen der Freiheit betrachtet, spricht sich in ihm zugleich eine Philosophie »auf der Grenze«[4] aus. – Dies einmal so, daß der philosophische Mit- und Nachvollzug des gelebten Selbstverständnisses immer wieder jenen Selbst-*Überstieg* mit vollzieht, den Freiheit als ihren

[3] Vgl. zum Ganzen: *G. W. F. Hegel,* Wissenschaft der Logik, 1. Buch (1812), 1. Abschnitt, 2. Kap. B. Die Endlichkeit, besonders: b) Bestimmung, Beschaffenheit und Grenze (Sämtliche Werke [H. Glockner] 4, 139ff).

[4] Siehe *P. Tillichs* autobiographische Schrift dieses Titels, jetzt in Bd. XII der Ges. Werke, Stuttgart 1971.

Wesens-Sinn erfährt und lebt[5]. Die Schlußbesinnung (Kap. 6) macht diesen Sachverhalt nochmals eigens zum Thema, indem sie den Verweiszusammenhang erwägt, der nach der hier vertretenen Überzeugung das Sprechen vom Menschen mit dem Sprechen von Gott[6] unauflösbar verbindet.

Diese Überzeugung benennt der Untertitel des Buches ausdrücklich als christlich. Und das ist der zweite Sinn, in dem das Folgende Philosophie auf der Grenze sein will. Verzichten wir darauf, ein weiteres Mal den Begriff einer christlichen Philosophie zu rechtfertigen[7]; für geschicht(lichkeit)sbewußtes Denken sollte er ebenso akzeptabel sein wie die unbestrittene Rede von griechischer, buddhistischer oder islamischer Philosophie. Statt voraussetzungslos hat Philosophie ja radikal zu sein, d. h. unermüdlich im Rückfragen auf ihre »Wurzeln« und Voraussetzungen. Doch muß trotz möglichem Vorausdisput die Durchführung selbst für sich einstehen. (Wo es in der Tat zum Übergang ins ausdrücklich Theologische kommt, dürfte das jeweils deutlich zu erkennen sein.)

In einem dritten und letzten Sinn bewegen sich die folgenden Reflexionen insofern auf einer Grenze, als sie den Philosophierenden immer neu über sich – d. h. über sie wie über ihn – hinaus zum »Tun der Wahrheit« drängen. – In diesem Sinn wird das poetische Motto unseres Buches[8] vielleicht am besten durch ei-

[5] *H.-J. Schoeps,* Was ist der Mensch? Philosophische Anthropologie als Geistesgeschichte der neuesten Zeit, Göttingen 1960, 17: »Die Frage nach dem Menschen, richtig gestellt, ist immer gleichbedeutend mit der Frage nach dem Sinn. Das Wesen des Menschen liegt da, wo sein Sinn liegt.« – *Aus* einem Sinn aber lebt nur jener, der (wie unausdrücklich immer) *für* ihn lebt. Und in der philosophischen Reflexion geht es darum, unausdrücklich Gelebtes zu thematisieren.

[6] Siehe *J. Splett,* Reden aus Glauben. Zum christlichen Sprechen von Gott, Frankfurt/M. 1973.

[7] Siehe *J. Splett,* Der Mensch in seiner Freiheit, Mainz 1967, 7–10; Gotteserfahrung im Denken. Zur philosophischen Rechtfertigung des Redens von Gott, Freiburg–München [2]1978, 11–27.

[8] Das Gedicht, von Ungaretti auf den 26. Januar 1917 datiert, trägt den Titel »Mattina – Morgen«. Ingeborg Bachmann überträgt es: »Ich erleuchte mich / durch Unermeßliches.« *G. Ungaretti,* Gedichte. Italienisch und

nen Text des 34jährigen F.W.J.Schelling ins Philosophische übersetzt[9]:

»Es sei uns erlaubt, dies, der ursprünglichen Wortbedeutung nach, durch ›Religiosität‹ auszudrücken. Wir verstehen darunter nicht, was ein krankhaftes Zeitalter so nennt, müßiges Brüten, andächtelndes Ahnden, oder Fühlenwollen des Göttlichen. Denn Gott ist in uns die klare Erkenntnis oder das geistige Licht selber, in welchem erst alles andere klar wird, weit entfernt, daß es selbst unklar sein sollte; und in wem diese Erkenntnis ist, den läßt sie wahrlich nicht müßig sein oder feiern... Sie ist Gewissenhaftigkeit, oder daß man handle, wie man weiß, und nicht dem Licht der Erkenntnis in seinem Tun widerspreche.«

deutsch. Übertragung und Nachwort von I. Bachmann, Frankfurt/M. 1961, 6f.

[9] Über das Wesen der menschlichen Freiheit, in: Sämtl. Werke (1856–61), I. Abt. VII, 331–416,392. – Der Autor hat das Gemeinte in zwei weiteren Büchern entfaltet: Lernziel Menschlichkeit. Philosophische Grundperspektiven, Frankfurt/M. 1976, ^{2}1981; Der Mensch ist Person. Zur christlichen Rechtfertigung des Menschseins, Frankfurt/M. 1978.

1. GERUFENE FREIHEIT: ANSPRUCH DER WAHRHEIT

Als ersten Schritt in einer Reihe von Überlegungen zum Thema Freiheit erwartet der Leser gewiß eine grundsätzliche Rechtfertigung dieses Redens. Gibt es überhaupt Freiheit? Kann man, wie könnte man sie beweisen angesichts der Ergebnisse heutiger Physiologie, Psychologie und Soziologie, die insgesamt offenbar eine einzige große Demütigung des sich frei und selbständig dünkenden Menschen bedeuten?

Vorab freilich ist immerhin dies festzuhalten, daß bei völligem Fehlen von Freiheit *jede* Diskussion sich erübrigt, nicht bloß die über Möglichkeit und Grenzen unserer Freiheit. Wäre, was jemand vorbringt, restlos physisch, psychisch und gesellschaftlich determiniert, dann hätte man darauf nur wie auf Träume oder Computerergebnisse zu reagieren. D. h., man hätte den entstandenen Text zu analysieren und ihn auszuwerten, als Symptom für die psychophysische und soziale Situation des Verfassers; aber es wäre sinnlos, seine Aussagen selbst zu diskutieren. Man diskutiert keine Träume, sondern nur deren Deutung, und man diskutiert nicht mit einem Computer, man überprüft höchstens sein Programm oder repariert ihn, wenn nötig. Doch schon zur Analyse bedarf es der Freiheit, wenn die Auswertung ihrerseits nicht bloß etwas über die psycho-physisch-soziale Situation des Auswertenden – in seiner Reaktion auf den Textreiz – sagen will, sondern ihrerseits diskutabel (statt wieder bloß analysierbar) sein soll.

Kurz gesagt: Zwar setzt jeder Beweisversuch in Sachen Freiheit sie bei den Partnern der Diskussion schon voraus, es gibt hier also keinen »rein objektiven«, voraussetzungslosen Anfang; doch andererseits macht ihre völlige Leugnung sich selbst unmöglich – weil sie Leugnung wie Bejahung überhaupt unmöglich macht. Statt dessen gibt es dann nur »Fehlanzeigen«, und diese (wie ihr »positives« Gegenstück) sind pure Fakten, gegen die nach einem alten Wort Argumentieren nichts vermag – nicht deshalb, weil sie über alle Diskussion erhaben wären, sondern weil sie ihrer gar nicht fähig sind (facta »bruta« = vernunftlose Daten).

Gleichwohl soll in diesem ersten Kapitel auch ein positiver Aufweis menschlicher Willensfreiheit unternommen werden, und zwar bewußt nicht vom Pol des Willentlichen, der Strebungen und Interessen im engeren Sinn her, sondern ausdrücklich von einer Fragestellung aus, die zunächst eher theoretischer Natur ist: der Problematik »Gewißheit und Wahrheit«. Dies darum, weil es einerseits wohl dem neuzeitlichen, »wissenschaftlichen« Denken entspricht und weil andererseits offenbar Freiheit gerade den Grundkategorien dieser Fragestellung widerspricht, so daß man sie nicht zuletzt aus solchen Gründen bestreitet[1].

Positivismus und Sprachkritik

Wahrheit und Gewißheit ist der Titel, den man über Descartes' »Meditationes de prima philosophia« (1641) setzen kann; zugleich aber über die Philosophie der Neuzeit im ganzen. Und nicht nur über ihre Philosophie. Dreizehn Jahre später schreibt Blaise Pascal jenen Zettel, den man nach seinem Tod in seinem Rocksaum finden wird: »Gott Abrahams, Gott Isaaks, Gott Jakobs, nicht der Philosophen und der Weisen. Gewißheit, Gewißheit...« Aber wie strikt läßt sich hier trennen? Descartes' Werk geht aus einer ähnlichen Erfahrung hervor, die ihn 1619

[1] Der folgende Argumentationsgang ist weithin ein zugespitztes Resümee des III. Hauptteils von »Der Mensch in seiner Freiheit«; in ähnlicher Form bildete es (wie auch der Exkurs) ein Kapitel meines nun vergriffenen Buchs »Sakrament der Wirklichkeit. Vorüberlegungen zu einem weltlichen Begriff des Heiligen« (1968). – Vgl. im übrigen die bibliographische Notiz S. 180.

im »Ofen« des bayerischen Winterquartiers trifft und über sein weiteres Leben entscheidet[2].

Es wird also gut sein, wenn auch wir Wahrheit und Gewißheit nicht von vornherein auf einen »eindeutig-horizontalen« Minimalbegriff festlegen. Die Auseinandersetzung mit dem wissenschaftlichen Positivismus verführt zwar leicht dazu; doch mit einem solchen Zugeständnis wäre deren Ausgang letztlich schon entschieden. Der Ansatz zu einer derartigen »Präzisierung« liegt allerdings gerade in der genannten Blickwendung auf die Gewißheit, insofern sie nicht mehr unbedacht besessen, fraglos gewiß ist, sondern gesucht werden muß und erst nach qualvollem Suchen sich so schenkt wie bei Descartes und Pascal.

Wird die Frage nach der Gewißheit thematisch, so erhebt sich damit die Frage nach dem Ort, wo sie sich findet, und nach der Methode, sie zu erreichen. – Rationalismus und Empirismus der Neuzeit zeigen in dieser Suche ihre gemeinsame Herkunft. Darum ist es auch nicht zu verwundern, daß nach mannigfachen Überkreuzungen ihre Wege in unserem Jahrhundert wiederum zusammenlaufen: Im »Wiener Kreis«, einer Arbeitsgemeinschaft von Philosophen, Mathematikern und Naturwissenschaftlern zwischen 1920 und 1938, verbindet sich der Empirismus (der von Auguste Comte den Namen Positivismus erhalten hat) mit dem Rationalismus zum Neopositivismus.

Ihmzufolge wird Erkenntnis durch Erfahrung und Sprache, und das heißt: durch Empirie und Logik begründet. Sie muß absolut sicher, intersubjektiv und rein objektiv sein und sich mit logisch-mathematischen Mitteln aussagen lassen. – Die Logik stellt also ihre Form dar, sie ist notwendig wahr (entweder schlechthin – so der frühe Wiener Kreis – oder entsprechend dem gewählten System – so später); doch sie bleibt als Regel bloßer Umformung von Sätzen analytisch und vermag keine Erkenntnis der Wirklichkeit zu vermitteln. Die Empirie gibt dieser leeren

[2] Siehe *K. Fischer*, Descartes' Leben, Werke und Lehre, Heidelberg ^{4}1897, 173–176 (Die Epoche des Durchbruchs). Zum Ofen[-raum]: *R. Descartes*, Abhandlung über die Methode (1637), 2. Teil, 1. Vgl. *M.-L. von Franz*, Der Traum des Descartes, in: *C. A. Meier* (Hrsg), Zeitlose Dokumente der Seele, Zürich 1952, 49–119.

Form ihren Inhalt. Sie ist in ihrer reinsten, exaktesten Gestalt Physik.

Philosophische Sätze gelten demgegenüber als Scheinaussagen, sind höchstens im Sinn von Dichtung anzuerkennen. Die einzige Aufgabe, die der Philosophie geblieben ist, besteht in der Kritik und Verbesserung der Sprache, einer Verbesserung, die man zunächst durch Erarbeitung besserer, formaler Sprachen erreichen will.

Vom Wiener Kreis aus haben sich diese Ideen an alle Universitäten Europas, besonders Skandinaviens und Englands, sowie nach Amerika verbreitet.

Dabei ist es zu nicht unwesentlichen Modifikationen gekommen. Im Anschluß an den späteren Wittgenstein (»Wittgenstein II«) hat sich die Oxforder Schule gebildet, die anstelle der Konstruktion exakter künstlicher Sprachen die Analyse der (im Alltag wie in den Wissenschaften) gesprochenen Sprache als Hauptaufgabe betrachtet[3]. – Und nach lebhaften soziologischen Debatten findet jetzt in der philosophischen wie der theologischen Diskussion eine Denkrichtung besondere Aufmerksamkeit, die sich zwar gegen ihre Benennung als Positivismus wehrt, sich selbst als kritischen Rationalismus bezeichnet, dennoch aber mit dem Positivismus darin übereinkommt, daß sie metaphysische Aussagen bestenfalls als geistesgeschichtliches Material oder als gleichsam utopischen Denkanstoß zuläßt[4].

[3] Vgl. *E. v. Savigny,* Die Philosophie der normalen Sprache. Eine kritische Einführung in die »ordinary language philosophy«, Frankfurt/M. 1969.

[4] Vgl. *Th. W. Adorno, H. Albert u. a.,* Der Positivismusstreit in der deutschen Soziologie, Neuwied–Berlin 1969. – *E. Topitsch,* Mythos, Philosophie, Politik. Zur Naturgeschichte der Illusion, Freiburg 1969, distanziert sich (S. 8f) von den Positivisten insofern, als sie sich weigern, die traditionellen metaphysischen Lehren »als wichtige Dokumente zur Entwicklung der menschlichen Welt- und Selbstdeutung anzuerkennen – ähnlich wie etwa ein Astronom in der Astrologie nur naiven Aberglauben oder unverschämten Schwindel erblickt und nicht sieht, daß sie manchmal geradezu unschätzbares geistesgeschichtliches Material birgt« (Selbstzitat aus: Vom Ursprung und Ende der Metaphysik, Wien 1958, 2). – Für die zweite Sicht siehe *H. Albert,* Traktat über kritische Vernunft, Tübingen ^{2}1969, 50.

Zunehmend trifft man auf den Anspruch, die »Stelle der Metaphysik (die allenfalls noch als Wissenschaft unter Wissenschaften akzeptabel erscheint)« durch eine Wissenschaftstheorie zu besetzen, für die Sprache »sich als Tat-sache nicht mehr hinterfragen läßt«: »Das ›Sein‹ der Metaphysik wird von Sprache überholt, umgriffen und geht schließlich – zusammen mit der Metaphysik klassischen Typs – in ihr unter.« [5]

Es fehlt nicht an Gegenbewegungen; aber zumindest als gelebte »Weltanschauung« scheinen heute bezüglich der klassischen Grundfragen »wissenschaftliche Reserviertheit«, empiristische Skepsis und die Bescheidung in einem »sich offen haltenden« Agnostizismus weithin bestimmend geworden zu sein.

Betrachtet man die Entwicklung der neuzeitlichen Naturwissenschaft, so zeigt sich in der Tat, daß sie ihre Fortschritte der Tendenz verdankt, die sinnlichen wie die metaphysischen Qualitäten (also Geschmack und Farbe wie Zielabsicht und auch Verursachung) zugunsten der Quantitäten und Funktionsbezüge auszuschalten. Auf diesem Weg hat sie immer umfassendere formale (mathematische) Grundstrukturen herausgearbeitet, zu stets umfassenderer Weltbewältigung. Und nicht zuletzt ist es die positivistische Geisteshaltung, der entscheidendes Verdienst an diesen Fortschritten zukommt. Offene Stellen innerhalb einer empirischen Wissenschaft füllt man eben nicht damit, daß man sie außerempirisch verkittet; hier wäre »metaphysische Spekulation« tatsächlich bloß ein Asyl der Unwissenheit.

Andererseits bedarf, wie ja Hans Albert betonte, auch der Einzelwissenschaftler solcher Spekulation, sei es nur als schöpferischer Hypothese, um neue Möglichkeiten formaler Zusammenschau des Gegebenen zu entdecken. So hat sich in der Ge-

[5] *R. Lay*, Grundzüge einer komplexen Wissenschaftstheorie, I. Bd. Grundlagen und Wissenschaftslogik, Frankfurt 1971, 9. Vgl. etwa 158: (Positive, uneingeschränkte) Allaussagen, d.h. Aussagen über alles, was ist, sind aus typentheoretischen Gründen nur als analytische erlaubt. Siehe dagegen *H. Ogiermann*, Metaphysik ohne Zukunft? in: J. de Vries/W. Brugger (Hrsg.), Der Mensch vor dem Anspruch der Wahrheit und der Freiheit, Frankfurt/M. 1973, 55–79, bes. 71–77.

schichte der Naturwissenschaft ein dogmatischer Positivismus auch schon hinderlich und hemmend ausgewirkt[6].

Doch geht es jetzt nicht um Naturwissenschaft, sondern um eine philosophische Grundsatzfrage. Nicht um die gerechtfertigte und geforderte methodische Beschränkung exakter Einzeldisziplinen, sondern um jene Lehre, die diese Selbstbeschränkung zur absoluten, für jede Wissenschaft verbindlichen erklärt.

Selbstwiderspruch?

Ja, eigentlich geht es nicht einmal darum. Dieser Forderung pflegt man mit dem Aufweis des *Selbst*widerspruchs zu begegnen. Entweder nämlich will die positivistische Behauptung selber unverbindlich sein – dann ist sie philosophisch gar nicht existent – oder sie behauptet sich im Ernst, dann ist sie ihrerseits als allgemeine Aussage meta-positiv, über-empirisch und fällt damit unter ihr eigenes Verdikt. Zu einer ähnlichen Selbstaufhebung führt die Sprachanalyse; denn eine Lösung vom Fundament der – wesentlich metaphysisch bestimmten – Umgangssprache ist unmöglich, und im willkürlichsten Kalkül zeigt sich zumindest bei seinem Gebrauch in der Folge-Notwendigkeit (ohne die er ein bloßes Sätzekonglomerat würde) die absolute Geltung der Wahrheit. Dasselbe ergibt sich aus der Forderung rein »objektiver« Verifikation; denn was ist letztlich »gegeben«? Wenn Sinneseindrücke, so gibt es keine Intersubjektivität; denn weiß ich, was der andere sieht? Wenn unmittelbar die gemeinsame Wirklichkeit an sich, wäre Irrtum unmöglich[7].

[6] *W. Büchel* hat beispielsweise an die Schwierigkeiten erinnert, die Ludwig Boltzmann bei der Entwicklung der kinetischen Gastheorie seitens Wilhelm Ostwalds und Ernst Machs erfuhr: Relativitätstheorie und kritischer Realismus, in: Philosophia Naturalis 7 (1961) 4–36, 30ff.

[7] Vgl. etwa: *E. Zellinger,* Wissenschaftlicher Empirismus und Erfahrungswissenschaft. Über die empiristische Manier eines methodologischen Rationalismus und das eigentliche Problem der Erfahrungsbegründung, in: J. B. Metz, W. Kern, A. Darlap und H. Vorgrimler (Hrsg.), Gott in Welt (Festschrift f. K. Rahner), Freiburg 1964, I, 3–38.

Wir führen diese Widerlegung hier nicht näher aus; sie ist korrekt und treffend, aber sie bleibt trotzdem unbefriedigend. Gewiß auch trifft mitunter zu, wie man gesagt hat, daß hinter dem Positivismus kein »existenzielles Anliegen« stehe, sondern ein Zurückschrecken vor Entscheidung. Doch gilt das jedenfalls nicht für die Großen unter seinen Vertretern.

Am Ende des »Tractatus logico-philosophicus« (6.54), der »Bibel des modernen Positivismus« [8], schreibt Ludwig Wittgenstein: »Meine Sätze erläutern dadurch, daß sie der, welcher mich versteht, am Ende als unsinnig erkennt.« Aber sein Satz ist hier nicht zu Ende, er fährt fort: »... wenn er durch sie – auf ihnen – über sie hinausgestiegen ist. (Er muß sozusagen die Leiter wegwerfen, nachdem er auf ihr hinaufgestiegen ist.)« – Die formale Widerlegung ignoriert oft diesen Wegcharakter und verfehlt so das wirklich und eigentlich Gemeinte. In gewissem Sinn gilt das von aller direkten Widerlegung – so richtig und wichtig sie ist –, insofern sie sich notwendig an das Gesagte richtet und nicht an die ungesagten, vielleicht gar ungedachten Grund-Sätze und Voraus-Setzungen des Gesagten – und insofern sie ihrerseits ebenso aus Ungesagtem sich aufbaut. So gleicht die Auseinandersetzung dann mitunter jenem »Haust du meinen Kunden, hau ich deinen Kunden«, wobei zwischen den Schulen in endlosem Wechsel dieselben Reden hin und wider gehen, ohne Ergebnis, weil man des anderen gar nicht ansichtig wird, geschweige denn, daß man mit ihm sich auf den gemeinsamen Boden und Weg des Gespräches begäbe.

Ehe man aber den anderen anschaut, sollte man, zumindest anfänglich, sich selbst in den Blick nehmen (richtig wird man sich allerdings erst im Dialog selber erkennen) – oder vielmehr, mit neuer Treue und Aufmerksamkeit: das, worüber sich der Streit erhebt. Nur das sei nach der historischen Orientierung und dem Hinweis auf die Widerlegungsargumente hier versucht. In diesem Sinne geht es also auch nicht um die verschiedenen For-

[8] *P. Feyerabend*, Ludwig Wittgenstein, in: Merkur 8 (1954) 1023. Doch wäre seine Grundtendenz wohl nicht als positivistisch, sondern eher als »philosophia negativa« zu kennzeichnen.

men von »Positivismus« als Lehre, sondern eben um Wahrheit und Wahrheits-Gewißheit, obzwar »angesichts« eines solchen Positivismus.

Selbstgewißheit des Bewußtseins

Zu Beginn ist der Name des Descartes genannt worden. Er hat Augustins Entgegnung an die Skepsis: auch wenn ich mich täusche, eben darin bin ich! neu gefunden und ihr »erstmals ihren grundlegenden systematischen Ort eingeräumt«[9]: in der Formulierung der Selbstgewißheit des denkenden Bewußtseins als des unerschütterlichen Fundamentes allen geistigen Vollzugs. Betrachten wir, welche – ihm selbst offenbar nicht bewußte – Tragweite und Fülle sich in der unabweisbaren Erfahrung geistigen Behauptens birgt. Anders gesagt, soll der Identitäts-»Satz« (A = A) entfaltet werden – allerdings nicht diese Formel, vielmehr das Geschehen, die Tat seiner »Setzung«. – Es ist ja das Wesen der Philosophie, sich in der »Anstrengung des Begriffs« auf das »Selbstverständliche« und so meist Unverstandene zu richten; sie sucht nicht wie die Einzelwissenschaft nach der Entdeckung von etwas, das man bisher noch nicht kannte, sondern nach der methodisch reflexen Erfassung und Durchdringung dessen, was man »eigentlich schon immer weiß«.

1. Selbstgewißheit in Behauptung. Alle Wissenschaft, ja alles Denken behauptet. Jeder Vorbehalt schließt Behauptung ein (sagt er doch wenigstens dies, daß er nur Vorbehalt sei); nicht weniger jede Frage, und zwar in doppelter Hinsicht: Zunächst entspringt sie einem Behauptungszusammenhang, das heißt, sie steht in einem »Feld« tatsächlicher oder vermeinter Erkenntnis. Frage ich etwa: »Ist dies ein Buch?«, so behaupte ich einen Sinn von »Buch« und »ist« ebenso wie die Tatsache, daß ich hier etwas sehe, mich an ein Buch erinnert fühle und dergleichen mehr. Sodann zielt alles Fragen auf Behauptung. Wenn es Fragen sein

[9] *W. Kern,* Geschichte der europäischen Philosophie in der Neuzeit. 1. Renaissance bis Aufklärung, Pullach b. München 1961, 59.

will (und das heißt bereits: wenn es sich als Frage behauptet), behauptet es damit die Möglichkeit und die Erwartung irgendeiner Behauptung, sei diese nun positiv, negativ, gänzlich abweisend (»es gebe hier nichts zu fragen«) oder unentschieden ... wie auch immer.

Welche Wesensgestalt hat aber nun die Behauptung? Hier ist entscheidend, daß wir sie stets als Übergang aus Unentschiedenheit und Offenheit erfahren. Behauptung ist, wie die alte Philosophie formuliert hat, affirmatio, assensus, d.h. Festlegung, zustimmender Bescheid. Und diese Festlegung geschieht nicht notwendig. Sie ist echte Entscheidung unter Möglichkeiten; denn die Offenheit von Möglichkeiten ist es, die ein Problem zum Problem macht. Bei völliger »Einbahnigkeit« gäbe es weder Frage noch Antwort, nur pure Tatsächlichkeit; es gäbe kein Problem – weil Problematik Offenheit, Uneindeutigkeit besagt – und keine Antwort, weil diese eben Klärung und Entscheid einer offenen Frage bedeutet.

Das heißt nun aber: Bezug auf Freiheit gehört innerlich und von Wesen zum Begriff und zur tatsächlichen Ganzheit von Frage, Problem und Behauptung. Andererseits darf man diese Entschränkung keineswegs als Freibrief vager Beliebigkeit mißdeuten. So sehr verschiedene Antworten möglich sein müssen, so sehr steht zugleich jede mögliche Antwort unter dem Anspruch der Wahrheit, unter der unausweichlichen Forderung, der Wahrheit zu entsprechen, »zu sagen, das Seiende sei, das Nichtseiende sei nicht« [10].

2. *Selbstgewißheit vor dem Anspruch der Wahrheit.* Beides zugleich wird im Problemganzen unabweisbar erfahren. – Problem, Behauptung, Offenheit und Wahrheitsforderung sind an- und miteinander offenbar im seiner selbst bewußten Vollzug des Behauptens. Sogar in der Lüge gilt das: Ich muß wenigstens behauptend vorgeben, ich fügte mich in dies Gesamt, ich spräche die Wahrheit. Über dem freien Feld der Sätze steht das »Gestirn« des Wahrheitsanspruchs, der konzessionslos, unbedingt an jedes Urteilen ergeht. Immer geht es um die Wahrheit – doch es geht

[10] *Aristoteles,* Metaphysik IV, 7.

um sie in Freiheit; denn ohne Freiheit gäbe es kein »Gehen-um«. Freiheit und Unbedingtheit zeigen sich als untrennbar verbunden. Wer dem widerspräche, täte es – aus Wahrheitspflicht.

Und diese Bindung nochmals ist selber ein Freiheitsverhältnis. Darum ist hier von »Unbedingtheit«, nicht von der mißverständlichen »Notwendigkeit« die Rede. Ein bloßes Faktum, reine Vorfindlichkeit kann den Willen nicht in Anspruch nehmen. Jedem Ding und *Sach*verhalt gegenüber bleibt er im letzten frei und souverän. Er kann ihn so und anders betrachten, werten, einordnen und verwerten. Der absolute Anspruch, diese unbedingte Forderung, muß als Anspruch *gemeint* sein, nicht von mir, sondern von ihm selbst her: er muß »an und für sich« Willens-Charakter besitzen.

Ja, er zeigt sich als Wille im Zentrum unseres Wahrheitsgewilltseins. Denn es ist keineswegs so, als stieße mein eingefordertes Wollen wie an eine sperrende Mauer; das Gestirn des Anspruchs leuchtet in ihm selber, aus seinem eigenen Grunde heraus. Der Lügner steht nicht nur zum Vertrauen des andern, nicht nur zu den äußeren Daten, auch nicht nur zu seinen eigenen Worten in Widerspruch, sondern vordem und eigentlichst zu sich selbst. Ihm selber geht es um Wahrheit, sosehr er sich diesem Grundverlangen verschließt.

Der endliche Wille ist nicht die Wahrheit, aber er gibt unvermeidlich Zeugnis von ihr, und zwar als von etwas in ihm. »Internum aeternum« hat sie Augustinus genannt, innere Ewigkeit oder ewiges Innen, und darin die unaufhebbare Einheit von Immanenz und Transzendenz, von Jenseits und »Inseits« auf eine klassische Formel gebracht. »Interior intimo meo et superior summo meo«, innerlicher als mein Innerstes und höher als mein Höchstes [11].

In der Besinnung auf das Phänomen der Evidenz sind wir so zu einem eigentümlichen Verhältnis gelangt, wonach sich das Bewußtsein in einer Spannung von formaler Freiheit (Anders-

[11] Confessiones IX, 4, 10; III, 6, 11; vgl. *R. Guardini,* Welt und Person. Versuche zur christlichen Lehre vom Menschen, Würzburg ²1940, 28ff (Oben und Innen).

können) und bindendem Anspruch (Nicht-anders-dürfen) erfährt. Darin zeigt sich aber die entscheidende Einsicht, die hier aufgewiesen werden sollte: Das letzte in der Evidenz ist nicht Notwendigkeit, sondern Freiheitsgeschehen.

Freiheit als Grundbestimmung von Wahrheit

Die Kernfrage noch einmal anders formuliert: Sehen wir letztlich Notwendigkeit ein (nämlich, daß nur die richtige Antwort ernst in Frage kommt) oder sehen wir notwendig, mit Notwendigkeit ein? Gälte allerletzt das zweite, wäre das eigentlich Geistige der Einsicht, ihre wesentliche Eigentümlichkeit, die vor allem Edmund Husserl gegen den Psychologismus herausgearbeitet hat, konsequenterweise nicht mehr haltbar. Streng genommen gäbe es keinen Unterschied zur Sinneswahrnehmung mehr, und darum könnte solche »Einsicht« auch nicht geben, was sie soll: endgültige Antwort und deren Legitimation.

An das Muß einer bloßen Notwendigkeit läßt sich immer noch die Frage stellen: Warum? Und diese Frage bezeugt nicht nur das Auslangen nach einer tiefer führenden Antwort, sondern schon eine Ahnung von deren Gestalt. Irgendwie muß man ja das schon kennen, wonach man verlangt. Das Verlangen entspringt dieser Kenntnis, und in der *Er*kenntnis des schon Gekannten erst kommt es ins Ziel und erfüllt sich. So ist es auch bei dem Warum angesichts einer bloßen Tatsache oder auch eines Muß.

Wenn nun tatsächlich in der Theorie das Gesetz der Notwendigkeit herrscht, dann zeigt sich in diesem Verlangen die Öffnung des Theoretischen ins – Kant würde sagen: Praktische. Da dieser Ausdruck jedoch doppeldeutig ist und sowohl den unbedingten Anruf wie das »Technisch-Praktische« bezeichnen kann, hat Reinhard Lauth das Wort »doxisch« vorgeschlagen [12]. Δόξα heißt ja nicht nur Meinung (im Gegensatz zu ἐπιστήμη – Wissen), sondern auch Willensmeinung, Beschluß. – Nach dem oben

[12] *R. Lauth*, Begriff, Begründung und Rechtfertigung der Philosophie, München 1967, 54.

Gesagten hat sich die Freiheit bereits auf dem Grunde auch theoretischen Urteilens gezeigt. Nun führt der Gedankengang ausdrücklich von der theoretischen Evidenz zur doxischen weiter.

1. Doxische Evidenz. Geistiger Vollzug ist Urteil, haben wir gesagt, Behauptung im weitesten Sinn: sei es mehr oder weniger ausdrücklich, sei es feststellend, theoretisch oder praktisch, wertsetzend (»Ich habe dieses lieber – also nehme ich es«). Urteil aber bedeutet Selbstrechtfertigung vor und aus dem Anspruch der Wahrheit: »Ich behaupte zu Recht, denn es ist wahr« [13]. Die Frage stellt sich nun, welcher Art letztlich dieser Anspruch sein muß, um sich als unbedingt ausweisen zu können.

Bloße Notwendigkeit kann, wie gesagt, nicht so beanspruchen. Wir wären ihr unterworfen, doch in jener Einlinigkeit, die Frage und Antwort tatsächlich aufhöbe. Wäre damit nicht schon jede Wahl unmöglich geworden, dann müßte man sagen, in diesem Fall stellte der Positivismus die »vernünftigste« Haltung dar als Erleichterung und Verkürzung der lebensdienlichen und lebensnotwendigen »Denk«-Abläufe.

Die Wahrheit ist jedoch doxischer Anspruch und erhält so die Bedeutungsfülle, die sie zum Beispiel im biblischen Denken besitzt: weder willkürlich-mächtiger Richter noch bloß sachhaftes Richtmaß, sondern Recht und Macht zumal – entscheidende Richte über unseren theoretischen wie unseren Lebens-Urteilen, über Denken, Wollen und Tun. Solche Wahrheit will darum auch nicht bloß theoretisch, sondern in Wille und Tat »erkannt« werden [14]. In einer Tradition von Platon bis Fichte heißt sie das Licht.

Was dieses Bildwort vor allem sagen will, ist: Selbstbegründung, Selbstlegitimation. Wenn man den Anspruch kürzer das Sollen oder Soll nennt (Wahrheit, das Gute soll sein), dann heißt

[13] Das gilt auch von Bitten und »Performativen«, also Sätzen wie: Ich verzeihe dir, die keine Aussagen sind, sondern ein »Handeln durch Worte« (vgl. *J. L. Austin*, Zur Theorie der Sprechakte [How to do Things with Words]. Deutsche Bearbeitung von E. v. Savigny, Stuttgart 1972). Solche Sätze sind keine Aussagen, aber »Setzungen«, und stehen so gleichfalls unter der Norm ihres »Richtig«- und Rechtseins.

[14] Vgl. etwa Joh 3,21 und vorher Jer 22,16.

Selbstrechtfertigung des Anspruchs: Soll des Sollens. Es zeigt sich, meint das, hier nicht nur die Tatsache, das Vorliegen, das Muß eines Sollens, nicht nur Macht und Notwendigkeit, sondern Sinn und Gültigkeit, das Seinsollen des Solls.

Die Frage »Warum?« erhält nicht zur Antwort: »Weil es eben so ist«; auch nicht: »Weil es so sein muß« (etwa: »wenn wir miteinander leben wollen«), das wäre im Grunde dasselbe; denn von diesem Muß heißt es dann, wenn man weiterfragt: es bestehe nun einmal. Hier lautet die Antwort: »Weil es so sein soll, und zwar nicht von anderswo her, vielmehr aus dem Rang und Wesen dieses Sollens selbst.« – Sprachlich scheint diese Antwort nicht viel anders zu sein, tatsächlich tut sich in ihr ein Unvergleichliches auf, nicht ein tyrannisch hilfloses Verbot weiterer Fragen, sondern die Erscheinung eines in sich fraglos Selbstverständlichen: Das Gute (Liebe) soll sein, weil es gut ist. Darum bietet sich der Name Licht an, weil er zugleich Hoheit und Glanz ausdrückt, Herrlichkeit, Sieghaftigkeit, nicht aus Stärke, sondern aus Recht. (So ist δόξα auch die Septuaginta-Übersetzung des biblischen *kabod*, der »lastend«-machtvollen Herrlichkeit Jahwes.)

Diese unzulänglichen Beschreibungsversuche wollen und können nicht mehr als hinweisen auf das, was jeder in sich selbst erfährt. Wenn Wissenschaft Ordnung des Wissens besagt, dann muß sie nach der Weise ihres Ordnens fragen und nach dessen Grundprinzip (Wissenschaft ist immer Selbstkritik). Die verschiedenen Prinzipien der Einzelwissenschaften ordnet ihrerseits die »Wissenschaftslehre« (nicht im Seite 18 zitierten Sinn, sondern als Fichtes Name für die Philosophie). Und geht die Ordnung jeweils vom Prinzip aus, dann die umfassende Ordnung vom letzten Prinzip; und dies muß zugleich Bezugspunkt und Prinzip der Weise des Beziehens sein, soll sich nicht erneut eine höherweisende Doppelung ergeben. Dies Prinzip als eines und erstes hat nichts neben sich, gegen das es »de-finiert«, nichts über sich, von dem her es »bewiesen« werden könnte [15]. Das Re-

[15] Die Gottesbeweise stehen damit nicht zur Frage, auch sie geschehen, als logische Operationen, »in« diesem Licht; vgl. *J. Splett*, Gotteserfahrung

den von ihm – schon seine Benennung als »Licht« – erfolgt gewissermaßen eine Stufe tiefer, mit dem Rücken zu ihm.

Aber darum wird ein solches Reden nicht schon Willkür oder Poesie. Alles Beweisen und Vermitteln verlangt als Bedingung seiner Möglichkeit das Unbeweisbare, das aus sich selbst einleuchtet. Es muß allgemeingültig sein, aber das heißt keineswegs: allgemein-geltend – der »consensus omnium« ist niemals zu erreichen, und er bewiese nichts; es heißt ebensowenig: zu solch allgemeiner Geltung hin »verifizierbar«; denn alle Verständigung setzt bleibend das unveräußerliche Verstehen des Einzelnen voraus. Wer jedoch denkt und das Gedachte äußert, tut es in diesem Licht.

Doch wichtiger als diese methodisch-formale Bemerkung ist noch einmal die inhaltliche Besinnung auf das Verhältnis von theoretischer und doxischer Einsicht, oder wie man sagen könnte: von Einsicht und Hören des Anrufs.

2. Bewußtsein und Gewissen. Die (theoretische) Einsicht läßt zum ersten weitere Fragen offen. Vielleicht versteht man heute wieder besser als ein harmloser Rationalismus das Gültige in Descartes' Zweifel an mathematischen und logischen Wahrheiten angesichts der Möglichkeit eines »boshaften Gottes« (genius malignus). Damit soll kein Irrationalismus gerechtfertigt, sondern auf jene Mitte hingewiesen werden, aus der Erkennen und Wollen erstlich entspringen; auf jenen Grund, der nicht dunkel ist und doch auch nicht verfügbar aufgehellt, sondern unhintergehbar selbstheller Quell der Urstellungnahme zum Ganzen der Welt, Entwurf des »Horizonts« allen Erkennens und Wollens: die Person [16]. Der Hinweis soll jetzt nicht ausgeführt werden, ein Stück weit wollen ihn die folgenden Kapitel füllen.

im Denken. Zur philosophischen Rechtfertigung des Redens von Gott, Freiburg–München 1973, bes. 266–272.

[16] Ein äußerliches Beispiel bietet *J. Meurers* in: Die Frage nach Gott und die Naturwissenschaft, München 1962, 82f: Wie oft ist »vernünftigerweise« eine Addition nachzurechnen, bis man sich beim Ergebnis beruhigen darf, – und wie läßt sich die Antwort letztlich (also nicht bloß pragmatisch) begründen?

Jedenfalls aber läßt sich, zweitens und vor allem, aus der theoretischen Einsicht der (doxische) Anruf nicht einsichtig machen und legitimieren. Aus dem Ist als solchem allein folgt kein Sollen [17]. Die Ethik muß dann in einem neuen Ansatz aufgebaut werden: von der doxischen Evidenz, dem Vernehmen des Rufs her – mag man sich dieses Sachverhalts auch nicht bewußt sein und das Neue mit der alten Terminologie bezeichnen. Damit erweist sich die theoretische Einsicht als ein Vorletztes.

Sittlich-doxische Einsicht hingegen, das Hören des Anrufs, beantwortet erstens gerade die Frage, die noch offen blieb. Und dies so, wie es Antoine de Saint-Exupéry in seiner Hymne an die Stille ausgedrückt hat [18]: nicht eigentlich als Antwort, sondern als »Schlußstein« und Stille aller Fragen, Stillung, fragloser Sinn, seliges Ziel nicht mehr nur des Intellekts, auch nicht irrationalen Gefühls, sondern des Menschen als ganzen. Dann aber läßt sich von diesem Licht her und in ihm alles übrige erfassen. Nicht als ob der Philosoph es im einzelnen »ableiten« könnte, es handelt sich ja um ein Freiheitsverhältnis, nicht um Notwendigkeit; entsprechend dem ersten Prinzip ist die Wirklichkeit wie ihr Erkennen, als von Freiheit eröffnet, wesentlich undeduzierbares Freiheitsgeschehen. Aber es wird doch alles als in diesem Lichte gründend gewußt. Beschränken wir uns auf ein Beispiel, ein klassisches Problem der neuzeitlichen Theorie: mein Wissen von der Existenz des anderen.

Sie wird zweifellos im doxischen Anruf erfahren, weder nur »geglaubt« noch erschlossen: Unmittelbar erfahre ich etwa im Angerufensein durch einen begegnenden Menschen seine tatsächliche Gegenwart (welche genauere Gestalt sie hat, sowie die Möglichkeit des Irrtums hinsichtlich derer, ist eine spätere Frage). Wie aber könnte aus seiner bloßen Anwesenheit (abgesehen davon, daß ich ihrer erst gewiß sein müßte) eine – zudem unbedingte – Forderung entspringen, wenn nicht auf Grund an-

[17] Vgl. etwa das schließlich unumgängliche Eingeständnis dessen auch in *W. Kamlahs* strenger Neufassung seiner »vorkritischen« Anthropologie: Philosophische Anthropologie. Sprachkritische Grundlegung und Ethik, Mannheim–Zürich–Wien 1972, 93–102.

[18] Die Stadt in der Wüste, Kap. 39.

derer: doxischer Prinzipien und ihres undiskutierbaren Anspruchs? Johannes Michael Hollenbach hat darauf hingewiesen, wie diese personale Evidenz am Beginn des abendländischen Denkens steht[19]: Die Göttin, die Parmenides über das Sein belehrt, wendet sich nicht an den Verstand, sondern an das Gewissen. Was der Satz vom Widerspruch ausdrückt, ist vor der rein logischen Formulierung (die nicht-widersprüchliche Aussagen fordert), selbst vor der objektiv-metaphysischen Aussage (die den Widerspruch von der Wirklichkeit ausschließt) eine personale und religiöse Erfahrung: die Erfahrung des Wahren und Guten, das sich aus sich selbst als seinsollend ausweist und sein Gegenteil als nichtig verurteilt, das aufscheint als Sonne und Licht[20].

3. *Gewissen und Freiheit.* Fassen wir nochmals zusammen: Die Frage nach Wahrheit und ihrer Gewißheit hat zur Unterscheidung dreier Momente im Grundvollzug geistigen Lebens geführt. Aus (1.) der Offenheit und Unentschiedenheit von Frage und Problem geht (2.) die Festlegung oder Entscheidung, die Antwort hervor, und dies (3.) unter dem Anspruch der

[19] Menschwerdung des Geistes, Frankfurt 1963, 85ff.

[20] *Platon,* Res publ. VI, 507ff; *J.G.Fichte,* Wissenschaftslehre 1804, VII. Vortrag. Als absoluter Einheitspunkt vermag dieses erste Prinzip auch, was heute so notwendig ist: die Einheit von Leben und Wissenschaft zu bestimmen. Freie Forschung einerseits – andererseits Verantwortung für die Ergebnisse und ihre Folgen (in der Naturwissenschaft wie in theologischen Disziplinen), wie kann man beide Ansprüche vereinigen, wenn der Boden fehlt, auf dem sie überhaupt erst sich begegnen können, der Standpunkt, von dem aus sie adäquat sich erfassen und einander zuordnen lassen?

Die Ausfaltung des Grundprinzips bis zu diesem Problempunkt von Wissenschaft und »Ehrfurcht vor dem Menschen« (angesichts dessen weithin gutgemeinte, aber unzuständige Appelle einer szientistischen »Neutralität« gegenüberstehen) geht über die hier gestellte Aufgabe hinaus. Vor allem wäre hierfür der Begriff der Geschichtlichkeit zu erarbeiten, der das Bild vom »Gestirn« der Wahrheit nicht aufhebt – aber es – von der Freiheit her – entscheidend modifiziert und ergänzt. Siehe hierzu den ersten Exkurs. Doch was in dieser Kürze sichtbar werden sollte, ist der entscheidende Ort unserer Begegnung mit der Wahrheit. – Vgl. auch den sorgsamen Aufweis (ausdrücklich auf Gott hin) bei *H. Ogiermann,* Sein zu Gott, München–Salzburg 1974, 49–68.

Wahrheit, der (nicht bloß lebensdienlichen) Forderung, mit der Behauptung der Wirklichkeit zu entsprechen.

Behauptung ist Tat von Freiheit, sonst wäre sie kein Behaupten; aber sie ist nicht Willkür. In jedem Urteil geht es um die Wahrheit (selbst der Lügner muß das behaupten); und wie dies Gehen-um Freiheit bedingt, so wäre andererseits Freiheit verkannt, wenn man diesen Ernst, ihr Eingefordertsein nicht sähe. Ja, eigentlich wird sie erst daran ihrer selbst gewiß; denn der Möglichkeit verschiedener Antworten, der Offenheit des Problems, könnte durchaus eine innere Festgelegtheit gegenüberstehen, der Freigabe vom Objektiven her ein subjektives Gebundensein. Das Du-sollst der Wahrheitsforderung aber – sofern es hier und jetzt tatsächlich ergeht[21] – verbietet dem Angeforderten gerade auch die Ausflucht des »Ich kann nun einmal nicht anders«; nur Freiheit kann das Sollen überhaupt vernehmen: Wer es vernimmt, ist grundsätzlich frei. (Konkret »konturieren« diesen Satz die folgenden Kapitel, besonders Kap. 4.)

In jedem Urteil, in allem geistigen Tun, anerkennen wir schon, daß wir unter diesen Anruf der Wahrheit gestellt sind[22]. Nähere Besinnung zeigt, wir kommen darauf zurück, daß sie von Wesen Freiheit und Heiligkeit ist. Dabei ist jetzt der Fortgang zu einer

[21] Um wirklich zu hören, bedarf es des »inneren Ohres«. Dessen Aufgetansein oder (sei es schuldlose, sei es verschuldete) Taubheit jedoch entzieht sich letztlich menschlichem Urteil. Dem theologisch-dogmatischen Satz, daß keiner mit absoluter Sicherheit wisse, ob er im Gnadenstand oder im Unheil sei (*Denziger-Schönmetzer*[33] Nr. 1534), entspricht die philosophisch-anthropologische Einsicht, der Mensch könne sich in keinem Fall mit absoluter Sicherheit sagen, jetzt habe er frei gehandelt – und ebensowenig, jetzt sei er *nicht* frei gewesen (zumindest im Sinn einer innersten »Einstellung« zum vielleicht unabänderlichen Geschehen).

[22] Darum läßt auch die Warum-Frage, die zum Urgrund geführt hat, sich nicht als »Anmaßung des Unbedingten«, aus metaphysischem Machtwillen, denunzieren (*Martin Heidegger* u. a.). Zwar liegt hier ihre stete Versuchung; doch erstlich steht sie im Dienst der Wahrheit, die sich der Mensch (und vor der er sich) nur zu willig verbirgt. Fragend durchstößt er das »Vordergründige«, nicht um sich auf sich selbst, sondern um sich der Wahrheit zu stellen: ihrem Gericht (Hegel erinnert an den Doppelsinn des »Zu-Grunde-Gehens«) und ihrer Lebensgewähr, religiös: ihrem Heil.

»natürlichen Theologie« bewußt unterlassen; die Begriffe wollen »offen« verstanden werden, rein vom Phänomen der doxischen Erfahrung her. Darin begegnet der Zuspruch des Guten, das anerkannt werden will und soll, weil es gut ist: Unerbittlichkeit, weil (mag das Wort vor allem weiteren schon nach dem bisher Gesagten weniger mißverständlich sein) Liebe.

1. Exkurs: Wahrheit und Geschichtlichkeit

Wir haben die »richtende« Wahrheit einer alten Tradition gemäß Licht und Sonne genannt, um ihre Lauterkeit und Hoheit, ihre unentrinnbare Allgegenwart und erweckende Sinnfülle zu bezeichnen. Solche Bildrede ist keine adäquate Definition; sie sagt ein erstes und Wichtigstes: die Gewißheit selbstgerechtfertigten Wahrheitsanspruchs, daran nicht zu deuteln ist. Doch sie läßt zugleich ein zweites und Bedeutsames nicht deutlich werden: die Geschichtlichkeit jenes Freiheitsgeschehens, in dem der Anspruch gewiß wird. Das Bild vom Gestirn der Wahrheit soll von diesem zweiten her nicht aufgehoben, muß aber korrigiert und ergänzt werden, gerade um der Wahrheit selber willen, um die es in aller Behauptung zu tun ist. – Wir haben von ihrem *Anruf* gesprochen, und eben er begründet Geschichte.

1. Dem Anruf entstammt nicht bloß, wie bedacht, die Freiheit als Freiheit, sondern ebenso deren Geschichtlichkeit. Vom »ersten Augenblick« ihres Erwachens an (auch dies läßt sich nur zeithaft sagen, obwohl es sich jeder Datierung entzieht) wendet gerufene Freiheit sich »zurück« auf den (zeugend-schaffenden) weckenden Anruf, zugleich darin auf die Weise, wie sie ihn »gehört« hat. Als Bewußtsein, Reflexion hat sie also stets schon Abkunft und *Herkunft*.

In dieser Rückwendung auf den Ruf und ihr erstes Hören erfährt sich die Freiheit aber zugleich als zu entsprechender Antwort gerufen (so sehr das Hören selbst schon erste, grundlegende Antwort war). – Der Ruf, den ich vernehme, ruft meinen »Namen«; die Antwort, die er verlangt, bin ich selbst: Die eigene Herkunft stellt einem jeden ihn selbst zur Aufgabe, als das, was ihm *zukommt*, will sagen: was ihm zugehört und zugleich auf ihn zukommt – Gabe und Aufgabe, Sein und Sollen in eins.

»Das Gesetz, nach dem du angetreten«, ist zugleich deine Zukunft. »Sei, der du bist« nennt das berühmte Wort Pindars' diesen Verhalt [1] und bezeichnet damit das Gesetz der *Gegenwart*, jeweils des Augenblicks, in dem meine Herkunft auf mich zukommt und angenommen, gelebt, verwirklicht wirksam werden will.

»Wahrheit« betrifft, wie wir gesehen haben, nicht in erster Hinsicht *Sach*verhalte, wie etwa die Winkelsumme im Dreieck, sondern das Selbstsein der Freiheit. Im (Nicht-)Widerspruchssatz bezeugt sich ursprünglich die Unbedingtheit des Guten, das um seiner selbst willen sein soll und seine Verneinung, das Böse, die Lüge, radikal verwirft.

Verurteilt das Gute das Böse, Liebe die Selbstsucht unbedingt, dann gilt und währt dieses Urteil für immer; die Ungeschichtlichkeit des Widerspruchssatzes ist gleichsam ein Bild der Überzeitlichkeit der Wahrheit und des Guten, die wir im Wort von Sonne und Licht vergegenwärtigt haben. – Doch die Wahrheit ist Ruf, und dieser ergeht erstens nicht abstrakt allgemein, sondern in lebendiger Konkretheit an mich und dich und jeden Einzelnen; zweitens zeigt er sich überhaupt nicht in einem *hörbaren* Rufen, sondern allein im *Hören* des Betroffenen. (Die »Stimme des Gewissens« gibt es einzig im Getroffensein von dessen schweigendem Appell.)

Der Ruf der Wahrheit ist also konkret als mein Vernehmen da, als Ruf, dessen Wort *und* Hörer, d.h. dessen Wort als Antwort ich bin [2].

Verlautbart sich der Ruf der Wahrheit demnach immer nur als so und so »artikuliert« (artikuliert als dieser elterlich-gesellschaftliche Anruf und nochmals artikuliert als mein Hören, das seinerseits sich in die Einzelantworten meines zeitlichen Lebens entfaltet und auslegt), dann ist es erlaubt, die Wahrheit selbst geschichtlich zu nennen, ohne damit ihre wandellose Hoheit zu leugnen – kann doch

[1] Pyth II, 72: γένοι' οἷος ἐσσὶ μαθών. F. Nietzsche hat diesen Zuruf in der Form »Werde, der du bist« zu einem seiner Grundworte gemacht. Zwar wird Pindar damit überinterpretiert (*L. Wolde*, Pindar, Die Dichtungen und Fragmente, Leipzig 1942, 68, übersetzt: Bleib' stets der, zu welchem die Zucht dich schuf!«); aber die entscheidende Paradoxie liegt im Urtext nicht weniger als bei Nietzsche: der In-eins-Fall von Sein und Sollen, Indikativ und Imperativ.

[2] Nicht von ungefähr wird für eine christliche Schöpfungs- und Geist-Metaphysik hinter solchen Aussagen das Ringen der Theologie um das Geheimnis des trinitarischen Wortes sichtbar.

auch sonst das Absolute nur von seiner Erscheinung, der Urgrund vom Gegründeten her »an-gedacht« und angesprochen werden.

2. Die Wahrheit ist immer Anspruch des Guten, der Liebe; doch ebenso ist sie immer unableitbar konkret, Ereignis im »Augenblick« (Sören Kierkegaard), in der »Stunde« (Johannesevangelium). – Was soll nun heißen, daß ihr die Geschichtlichkeit »von uns her« zugesprochen werde?

Der Ausdruck stammt aus der Gotteslehre der scholastischen Philosophie. Danach nennen wir Gott zum Beispiel Schöpfer, nicht weil er von sich her auf die Welt bezogen wäre (wie irdische Ursachen in bezug zu ihrer Wirkung stehen), denn er ist absolut = unbezüglich; sondern weil das Geschaffene sich auf ihn rückbezieht. So wenig wir von »Gott (schlechthin) an sich« reden können, vielmehr er auch als »an sich« immer noch »für uns« ist (einzig er selbst kennt sich wirklich), so ist doch nur dann wirklich *er* und nicht ein Gedankengebilde für uns, wenn sich in diesem »Für-uns« sein »An-sich« zeigt[3].

In diesem Sinn wird Gott Schöpfer genannt: gewiß vom Geschaffenen her; doch das Geschaffene hat sich und sein Geschaffensein wirklich von ihm. Darum nennt ihn dieser Name zu Recht. Gleichwohl wird er, wie alle Namen Gottes, von uns eigentlich nur uns selber gesagt, um falsche Namen abzuweisen (zum Beispiel den eines bloßen Welt-Baumeisters oder blinder All-Kraft); Gott gegenüber muß er sich immer wieder in Schweigen vollenden[4].

Diese metaphysische Konzeption auf unsere transzendental-philosophische Frage angewandt, ist zu sagen: Von der Wahrheit schlechthin an sich können wir nicht sprechen. Ebenso aber zeigt sie sich mir nicht nur als meine (oder unsere) Wahrheit; sie spricht sich gerade als uns prinzipiell, unendlich übersteigend zu. Wenn sie in meine Zeitlichkeit eingeht, dann eben »von außerhalb«[5], das heißt, als bleibendes Jenseits – oder vielmehr besser: »Inseits«, da ihre Unantastbarkeit ja nichts mit Ferne zu tun hat.

Bedeutet das aber, daß ich die Geschichtlichkeit des Wahrheitsgeschehens einzig meiner Wahrheits*findung* zusprechen muß, meiner

[3] Vgl. Reden aus Glauben, 119–124.

[4] *Thomas von Aquin:* In Boeth. De trin. 2,1 ad 6: »Gott wird durch Schweigen geehrt – nicht weil wir von ihm nichts zu sagen oder zu erkennen vermöchten, sondern weil wir wissen, daß wir unvermögend sind, ihn zu begreifen.«

[5] Wie *Aristoteles* von der Vernunft sagt: De gener. animal. II (736 b 28).

innerzeitlichen Erkenntnis der Wahrheit, während sie selber gänzlich außer- und »oberhalb« bleibt? – Wenn wir den »seligen Göttern« und den Ideen unser Schicksal voraushaben, dann zeigen sie sich eben darin als unser Gegenwurf, als die »andere Hälfte« des Ganzen. *Die* Wahrheit aber ist nicht Teil (sei es als »Hinter«- oder Überwelt), vielmehr allbefassender Grund; wir sind zwar das andere zu ihr, sie selbst aber ist allem das »Nicht-andere« (Nikolaus von Kues); denn so wahr wir durch ihren Anruf begrenzt und bedingt (begründet) sind, er gründet unbedingt und grenzt an nichts[6].

Gerade wenn man der unbedingten Souveränität dieses Anrufs innegeworden ist, wird man sich weigern, seine Ankunft und Zukunft nur uns zuzuschreiben, so sehr sie gewiß auch von unserer Aufnahme abhängt. Aber wären wir denn derart Herren der Wahrheit, daß letztlich *wir* ihre »Stunde« bestimmten?

Vielleicht entgegnet man, so sei die Frage falsch gestellt. Die »Stunde« sei eben nicht Stunde der Wahrheit, sondern die unsere. Gerade die scholastische Philosophie schreibe vor, nur positive Qualitäten, nicht deren Begrenzungen und Endlichkeitsgestalten von Gott auszusagen (zum Beispiel Denken – ohne Diskursivität, Bewußtsein – ohne Subjekt-Objekt-Spaltung usf.). Dagegen aber verfehle sich unsere Übertragung. Unsere Geschichte mit der Wahrheit sei die Geschichte unserer Blindheit, unseres Irrens und bewußten »Niederhaltens«, das – weil falsch – eben niemals Dauer gewinne.

Ist die Geschichte des Denkens, der Kunstanschauung, der Moralen jedoch tatsächlich nur eine Folge von Verfälschungen, sei es (pessimistisch) in zunehmender Verfinsterung, sei es (in etwa optimistisch) bei zunehmender »Aufklärung« der »Vorurteile«? Für beides wäre zu bedenken, was Hans-Georg Gadamer über »Vorurteile als Bedingungen des Verstehens«, also des Wahrheits-Ereignisses, herausgearbeitet hat. Seine »Rehabilitierung von Autorität und Tradition«, die stets bestimmt-begrenzte sind, ruht auf der Konzeption der »Wirkungsgeschichte«: Das geschichtliche Fortwirken eines Werkes wie einer Person ist als Geschehen freien Dialogs weder nur Trübung noch einfach Aufhellung des ursprünglichen Wortes auf das »eigentlich Gemeinte« hin, sondern das immer neue Erscheinen einer »Ansicht« der Sache, die vom fortwirkenden

[6] Vgl. Gotteserfahrung im Denken 137–165.

Werk wie von dem, der ihm heute begegnet, gemeinsam erwirkt wird; und in diesem Wirken werden beide: Wort und Hörer, in einer unableitbar neuen Weise »wirklich«[7].

Die verschiedenen Ansichten können so wenig einfachhin gegeneinander ausgespielt werden (obwohl es gewiß Grade der »Wirklichkeit« gibt) wie die unterschiedlichen Gestalten des Menschseins überhaupt. Ein Werk kann mißverstanden werden, die Deutung kann es verfehlen (kein Gespräch ist vor Mißverständnis gefeit); aber wie in jedem echten Gespräch schließt das ausdrückliche erste Selbstverständnis seines Schöpfers neue Deutungen nicht aus. Er hat nur begonnen, was über ihn fortwirkt – und auch auf ihn persönlich zurückwirkt, solange er noch lebt: In jeder Begegnung ersteht sein Werk lebendig neu, in jenem Eins von Kontinuität (Tradition) und Freiheit (Spontaneität), das eben »Leben« ausmacht[8].

Was im Blick auf größere Zusammenhänge angedeutet wurde, verdichtet sich nun in jenem unableitbaren Ich-Du-Geschehen des Anrufs, von dem wir ausgegangen sind: Der Name wird frei gesagt und angenommen, nur so gibt es ihn überhaupt, und der je neuen Weise von Zuspruch und Entsprechung verdankt sich die unvertauschbare Eigengestalt des einzelnen Namens. Die Vielfalt der Namen ist nicht die traurige Folge eines Hörens, das den einen selben Zuspruch nur schlecht und undeutlich vernähme; *die* Namen sind nicht mißlungene Antwortversuche, Mißverständnisse des *einen* Namens; sondern wo hier Mißverständnis und Mißlingen begegnet, trifft es gerade den eigenen Namen, und erst so das eine Ganze, in das er unersetzlich gehört. (Das Gelingen scheint auf in dem biblischen Wort vom Geheimnis des weißen Steines – Offb 2,17.)

Steht es aber so, bedeutet geschichtliche Vielfalt nicht nur Mangel, sondern auch Gewinn, dann dürfen wir wohl rechtens die Frage wiederholen: Sind *wir* die Herren derart sich ereignender Wahrheit? – Unvermeidbar, und schlimmer: unscheidbar wird diese Geschichte von unserem Irren und Trügen gezeichnet, doch ebenso unaufhebbar ist sie Geschichte der Verwirklichung, des je neuen

[7] Wahrheit und Methode, Tübingen ³1972, 261–275; 284ff. – Vgl. das Bild des Cusaners, unten S. 80.

[8] Vgl. *J. Splett,* Fortschritt, in: Sacramentum Mundi II 51–54 (auch in Herders theol. Taschenlexikon).

Aufgangs von Wahrheit. Das aber kann sie letztlich nicht von unseren Gnaden sein. – Situation und Augenblick werden zuletzt nicht durch unser »Wollen und Laufen« erwirkt, sondern durch den Anruf.

So wie die christliche Metaphysik Gott Schöpfer nennt, weil das Geschöpf sich ihm verdankt, so ist die fordernd sinngebende Wahrheit geschichtlich zu nennen, weil sie herrscherlich Geschichte gründet. Das Ereignis, in dem sich Geschichte ereignet, im Leben des Einzelnen wie in dem von Völkern und Epochen, ist ihr Anruf unableitbarer Freiheit.

Sie verliert durch diesen Namen nichts von ihrer Herrlichkeit; auch hier wird er ja uns, nicht eigentlich ihr gesagt, um ihre Mißdeutung als statische Norm, Gesetz, »Struktur« (wie zum Beispiel des Dreiecks mit seinen Winkeln) abzuweisen: Als »Licht« ist sie »Leben«[9].

[9] Wiederum – vgl. S. 32, Anm. 2 – bieten sich diese biblischen Worte (Joh 1,4; 8,12) nicht willkürlich an: Nur ein so geschichtliches Verständnis des absoluten Lichts vermag jene unfaßliche Botschaft überhaupt zu hören, daß »der ungewordene Gott wird mitten in der Zeit, / was er nie ist gewest in aller Ewigkeit« (Cherubinischer Wandersmann IV, 1). Vgl. Gotteserfahrung im Denken, 272–276 (*Die* gute Gabe). Und um zur anthropologischen Thematik dieser Studien zurückzulenken: die hier vorgeschlagene Definition des Menschen als »gerufene Freiheit« hat nicht zuletzt den Vorteil, sich über die grundsätzliche metaphysische Perspektive hinaus dem konkret geschichtlichen Aspekt der »condition humaine« zu öffnen (theologisch: seinem »Stand« – siehe später S. 93ff): biblisch gesprochen, steht der Mensch unter dem Ruf: Adam, wo bist du? (Gen 3,9).

2. LEIBHAFTIGE FREIHEIT: BE-DENKLICHKEIT DES SYMBOLS

Es ist dem Menschen versagt, sich einfachhin für unfrei zu erklären. Er steht unter unausweichlichem Anspruch. Ebensowenig jedoch kann er sich hier und jetzt mit absoluter Sicherheit als frei behaupten; darum kann er auch nicht zweifelsfrei wissen und sagen, wie er dem Anspruch, der an ihn ergeht, entsprochen hat. In welchem Maß ist, was er sagt und tut, sein Wort und seine Tat?

In dieser Frage liegt das Thema unseres zweiten Kapitels: nicht Freiheit schlechthin, »abstrakte« Freiheit, soll hier bedacht sein, sondern ihre Leiblichkeit, d. h. das Faktum und die Notwendigkeit ihrer Realisierung, Freiheit als Vollzug und Selbstdarstellung: die Wirklichkeit der Freiheit als/in Symbol.

Zeichen, Symbol, Da-sein von Person

1. Bestimmen wir zunächst, was mit »Symbol« gemeint ist. Man pflegt es unter dem umfassenderen Begriff des Zeichens einzuordnen. Zeichen ist alles, was auf etwas hinweist, was durch sich selbst ein anderes kundtut und »meint« – ob beabsichtigt, ausdrücklich oder nicht. Derart allgemein verstanden, reicht es von der Fußspur im Sand bis zum prophetischen Anruf, vom »Indiz« über die weisende Geste bis hin zum »Namen«. Doch »eigentliches« Zeichen wäre erst das Zeichen *als* Zeichen: jenes, das sowohl *als* Zeichen gegeben wie *als* (d. h. zuhöchst als *gegebenes*) Zeichen aufgenommen wird. Es kennzeichnet den Menschen, den darum Ernst Cassirer geradezu als »animal symbolicum« definieren möchte[1].

[1] Was ist der Mensch?, Stuttgart 1960, 40.

»System von Zeichen als Zeichen« wäre eine mögliche Definition von Sprache, womit nicht nur die Wort-Sprache gemeint ist, sondern ebenso die Sprache der Gebärden, des Tanzes, der Bilder und Töne mitverstanden sein soll.

Doch fehlt diesen Sprachen in Ausdruck, Mitteilung und Anruf der endgültige Umriß, ihre gewissermaßen unwiderrufliche Eindeutigkeit – solange sie nicht in Wort und Name festgemacht sind. Gebärden der Freundschaft, Lieder der Liebe, Zeichen der Verzeihung oder der Verheißung – Stendhal sagt es z.B. von der »Sprache der Augen«[2] – werden erst bindend durch das Wort.

Inwieweit auch diese Bindung nicht gänzlich eindeutig ist, wird uns noch beschäftigen. Trotzdem obliegt dem Wort die klärende Auslegung und die »authentische Interpretation« der anderen Sprachen[3]. Und kann eine solche Interpretation auch ihrerseits gelogen, unwahr sein, so handelt es sich dann doch (und eben erst jetzt) um eine »eindeutige« Lüge, bei deren Entdeckung keine Ausflucht gilt.

Ja, in bestimmten Fällen ist sogar eine Lüge nicht mehr möglich – oder vielmehr belanglos angesichts der Festlegung durch das ausgesprochene Wort. – So genügt bei einem Versprechen unter Umständen die Tatsache, es gegeben zu haben, ob man es damit nun ehrlich gemeint hat oder nicht, gar ob man es überhaupt in wacher Anteilnahme oder eher unaufmerksam gab. – Nach John L. Austin[4] nennen wir solche Sprachformen »Performative«.

»Ich verzeihe dir«, »Ich sage meine Mitarbeit zu«, »Hiermit sind Sie kraft Gesetzes rechtmäßig verbundene Eheleute«: Worte dieser Art berichten nicht, sie sind darum auch weder wahr noch falsch (weder wahrhaftig noch erlogen), sondern nur wirk-

[2] Über die Liebe, Kap. XXVII. Vgl. *H. Plessner*, Zur Hermeneutik nichtsprachlichen Ausdrucks, in: H.-G. Gadamer (Hrsg.), Das Problem der Sprache, München 1967, 555–556.

[3] Auch deren Unsagbares vermag es noch zu »sagen«, und sei es nur im Verstummen – wie man mit Farbklecksen eine weiße Silhouette aussparend umgrenzen und bestimmen kann.

[4] Siehe oben Seite 25, Anm. 13.

sam oder unwirksam. Werden sie aber wirksam gesprochen, dann wirken sie, was sie sagen – dadurch, daß man sie sagt.

Lars Bejerholm und Gottfried Hornig, die solche Worte im Blick auf kirchlich-sakramentale Formen untersucht haben[5], weisen eine Erklärung dieses Wirkens durch »mechanische« Wirkung ebenso ab wie die Annahme einer »schöpferischen Macht«. Der Sprecher müsse nicht eine bestimmte Eigenschaft besitzen, sondern nur »Befugnis«. Und sie haben recht, insofern ihre Studie die ontologische Fragedimension ausspart. Besser wäre gleichwohl das Wort »Vollmacht«, das keine physische Eigenschaft meint, sondern die Ermächtigung (bzw. das Ermächtigtsein) einer freien Person zu schöpferischer Setzung.

Selbstverständlich werden keine physischen Realitäten geschaffen; aber die rechtlich-personale Wirklichkeit, die etwa der Standesbeamte durch seine Trau-Erklärung setzt, ist nicht weniger wirksam-wirklich als natürliche Gegebenheiten. Ein magisches Verständnis, das sie objektivierend verdinglicht, verkennt die Sonderart von Geist- und Freiheitswirklichkeit; aber wer sie für bloß »funktional« erklärt, verkennt ihr Wesen nicht minder, es sei denn, man denke im Begriff »Funktion« den ganzen Wirklichkeits-Reichtum mit, der in geistigem Selbstvollzug, im Freiheitswirken sich ereignet. (Andererseits macht ihn das geläufige Verständnis von Realität und Substanz sicher auch nicht genügend bewußt[6].)

Der Satz: »Ich bekenne mich schuldig« ist keine Feststellung, er schafft vielmehr »neue Realitäten« und macht den Sprechenden zu einem anderen, als er vor dem Bekenntnis war. Das Wort: »Ich nehme dich zu meiner Frau« macht (wenn wirksam, unter bestimmten Bedingungen, gesprochen) durch sein Wortwerden den Mann zum Ehemann, die Angesprochene zu seiner Frau.

[5] *L. Bejerholm–G. Hornig*, Wort und Handlung. Untersuchungen zur analytischen Religionsphilosophie, Gütersloh 1966, bes. Kap. I.

[6] Siehe hierzu *M. Müller*, Erfahrung und Geschichte. Grundzüge einer Philosophie der Freiheit als transzendentale Erfahrung, Freiburg–München 1971, bes. 83–123; *H. Rombach*, Strukturontologie. Eine Phänomenologie der Freiheit, Freiburg–München 1971.

Hier hat das Zeichen eine tiefere Dimension erreicht als die bloßer Anzeige-Funktion. Es setzt, was es sagt, oder besser: durch es, in ihm setzt Freiheit, was sie sagt – zeugt, was sie zeigt, bestimmt sie sich selbst.

2. Damit hat der Gedankengang vom Zeichen her zum hier angezielten Begriff von Symbol geführt. – Wo man »Symbol« nicht gleichbedeutend mit »Zeichen« verwendet (wie in der modernen formalen Logik), unterscheidet man es im allgemeinen vom Zeichen aufgrund seiner engeren Bindung an das Symbolisierte.

Hegel hat es eben deswegen dem Zeichen nachgeordnet; denn »als bezeichnend« beweise »die Intelligenz eine freiere Willkür und Herrschaft im Gebrauch der Anschauung, denn als symbolisierend« [7].

Das Symbol als Versinnlichung eines geistigen Gehalts bleibt, wie er ausführt, wesensnotwendig seinem Inhalt unangemessen und aus diesem Grunde zweideutig. Da es nämlich eine eigene Gestalt besitzt, die sich vom Symbolisierten unterscheidet, verdeckt es dieses stets zugleich. Man hat zwischen Gestalt und Gemeintem, (in der Terminologie Gottlob Freges) zwischen Sinn und Bedeutung des Symbols die Wahl.

Die symbolische Kunst der Frühzeit übersteigt sich darum in die klassische Gestalt, und diese ist darum so klar, weil hier das Subjekt selbst ausdrücklich Thema wird. Indem nun das anschauliche Bild das Subjekt selbst (und nicht ein – etwa pflanzliches oder tierisches – Symbol für es) darstellt, fallen nun Sinn und Bedeutung zusammen [8].

Tatsächlich gelingt der Zusammenfall in der Kunst niemals restlos; deswegen hebt sich nach Hegel ihr Anschauen überhaupt, durch das Vorstellen der Religion hindurch, schließlich ins begreifende Erkennen der Vernunft auf, und die Vernunft befreit sich aus dem Dunkel ihrer mythologischen Anfänge zu selbsthellem Wissen.

[7] Enzyklopädie ... (1830) § 458, Anm. (Sämtliche Werke [Glockner] 10, 345).

[8] *G. W. F. Hegel,* Vorlesungen über die Ästhetik, S.W. 12, 418ff.

Im Gegensatz zur Tiefe des Symbols, hinter der mitunter vielleicht gar nichts steckt, ist der Gedanke »vielmehr eben dies, sich zu manifestieren; – dies seine Natur, dies er selbst: klar zu sein« [9]. Wobei diese Klarheit allerdings Klarheit für die Vernunft, nicht unbedingt für den Verstand sein muß.

Doch auch und gerade der Gedanke *manifestiert* sich; er ist also erst in der (Ent-)Äußerung seiner er selbst. Und dieses Geschehen, in der ganzen Breite seiner »Formen«, vom Mythos bis zum philosophischen Wort, kann füglich »symbolisch« heißen [10]: Zusammenwurf und -bindung (symballein) des einen und anderen in ein Selbes, zu Einem. Dabei ereignet sich diese »Symbolisierung« ursprünglicher als in Denken und Wissen (worin sie sich bei Hegel letztlich begründet und auch vollendet) in der Selbst-Setzung von, freilich sich wissender, *Freiheit.*

So verstanden, ist Symbol mit Paul Ricœur (der im übrigen freilich eine derart allgemeine Ausweitung des Symbolbegriffs nicht befürwortet) nicht als Bezug von Sinn (oder Bedeutung) und Sache zu bestimmen, sondern als Bezug von Sinn zu Sinn [11]; es selbst ist nicht zuerst Ding oder Sache (symbole symbolisé), sondern Vollzug (symbole symbolisant). Das ist nun näher zu zeigen.

3. Symbol ist in diesem Sinn nicht ein äußeres Zeichen, sondern die Erscheinung einer Wirklichkeit, die zwar in einem anderen sich »äußert« (sich also »entäußert«), doch in dieser »Äußerung« sich selbst auswirkt (»verwirklicht«) und gerade derart selber da ist.

Symbol in diesem vollen Sinne (als »Realsymbol« [12]) ist nicht der Verweis eines Seienden auf ein anderes Seiendes, und sei das Symbolzeichen noch so »sprechend«, gefüllt und »symbolträchtig«. Symbol ist vielmehr der Selbstvollzug, die Selbstsetzung ei-

[9] Geschichte der Philosophie, S.W. 17, 122.

[10] Vgl. *E. Cassirer,* Philosophie der symbolischen Formen, Darmstadt [4]1964.

[11] Die Interpretation. Ein Versuch über Freud, Frankfurt/M. 1969, 30.

[12] *K. Rahner,* Zur Theologie des Symbols, in: Schriften zur Theologie IV, Einsiedeln [5]1967, 275–311.

nes Seienden im anderen: sein Sich-Ausdrücken, darin es selber wirkend erst zu sich selbst kommt und in neuem Maße wirklich wird. Und insofern ist Symbol gerade nicht nur eine Hälfte, »die sichtbare Hälfte eines Ganzen, dessen andere Hälfte abwesend oder unsichtbar ist« [13], sondern eben die Sichtbarkeit des Ganzen, das freilich diese seine Sichtbarkeit begründend übersteigt [14].

Ursymbol ist für uns derart der menschliche Leib, in dem die Person sich zur Mitwelt hin aussagt, sich de-finiert (d.h. abgrenzt und zur Gestalt konturiert) und sich so erscheinend verwirklicht. Ähnlich die Grundvollzüge unseres Lebens, in denen Wollen und Denken erst als wirksame voll wirklich werden; vor allem die Sprache, die nicht nur gegebenes »Zeichensystem« ist, sondern zuvor der gebende Ordnungs-Entwurf einer bestimmten unverwechselbaren »Welt«.

Symbol ist, nochmals spezieller gefaßt, sodann nicht die Erscheinung eines Einzel-Dings oder Individuums in einem anderen, sondern das Erscheinen und Sich-Auswirken eines übergreifenden Wesens. So erscheint jedes einzelne Tier als Symbol seiner Art, jeder Mensch entsprechend (zumindest »auch« – näher braucht der Unterschied aufgrund seiner unvertretbaren Person-Würde jetzt nicht bestimmt zu werden) als Symbol »*des* Menschen«, dessen Wesen für sich nicht (als Seiendes) »ist«, sondern erst die Möglichkeit für das Ist von Menschen eröffnet und nur in ihnen erscheint.

[13] *K.-D. Nörenberg,* Analogia Imaginis, Gütersloh 1966, 13. Ebenso *J. Ratzinger,* Einführung in das Christentum, München 1968, 67f, unter Bezug auf Platons Symposion (191 d 3–5), wo Aristophanes uns (nach der Halbierung der Urmenschen durch die Götter) als Symbole von Menschen bezeichnet. Doch nicht die Bruchhälften des Rings oder Würfels je für sich, erst beide zum Ganzen gefügt ergeben das Symbol, an dem sich die Gast- oder Geschäftsfreunde erkennen (tessera hospitalis): so eben ist es Symbol der Gast*freundschaft.*

[14] Das Symbol bleibt das Andere zum Symbolisierenden (und so Zeichen), das Symbolisierende jedoch ist zu ihm das umgreifend »Nicht-Andere« (darin wird das Zeichen Symbol). Paradox erscheint diese Cusanische Kategorie des Non-Aliud nur einer dinghaft ontischen Betrachtung; vom Symbol muß man indessen personal und ontologisch reden.

In einem letzten Schritt ist Symbol schließlich (durch das bestimmte Wesen »hindurch«) erwirkende Gegenwart des *Seins* überhaupt. An allem und jedem kann einem das unvordenkliche Wunder aufgehen, daß überhaupt etwas ist und nicht nichts. So verstanden, wird das ganze Universum zu einem großen Symbol, zur sichtbaren Gegenwart.

Wessen? – Wir stellen die Frage nach dem Sein, dem Heiligen, den Göttern und Gott, vor allem die schwere Frage nach ihrem vielgestaltigen Verhältnis zueinander hier zurück [15]. Statt dessen blicken wir nochmals genauer auf das Symbolisieren selbst, auf den Vollzug.

Vollzug im Vollsinn (nicht bloß Geschehen, sondern Tat) ist Freiheitsvollzug, Selbstsetzung von Freiheit. In diesem Sinn gilt, daß »die Symbole wirklicher sind als das, was sie symbolisieren« [16].

Symbole (wie gesagt, im Sinne von Symbol*vollzügen*) sind mehr als, was sie gegenständlich faßlich darstellen, das dürfte deutlich geworden sein. Doch zugleich auch sind die Symbole, das haben wir nun zu erwägen, von geringerer Realität als jenes, das in ihnen »eigentlich« gemeint ist, jene Wirklichkeit, die weniger sie ausdrücken, als daß sich diese Wirklichkeit in ihnen ausdrückt: die (sich) symbolisierende Freiheit.

Greifbarkeit und Ungreifbarkeit der Freiheit

Eine sprachklärende Zwischenbemerkung: »Freiheit« wird schon in einigen der letzten Sätze, so auch in der Zwischenüberschrift und im folgenden, statt bloß als Qualität eines Subjekts, selbst als Subjekt verstanden. Wäre es nicht besser und nicht nur richtiger, sondern überhaupt erst richtig, statt dessen etwa von

[15] Vgl. *J. Splett,* Die Rede vom Heiligen. Über ein religionsphilosophisches Grundwort, Freiburg–München 1971, bes. 316ff; Gotteserfahrung im Denken, bes. 137–165.

[16] *Cl. Lévi-Strauss,* in: M. Mauss, Sociologie et Anthropologie, Paris 1950, XXXII.

Person zu sprechen? – Tatsächlich ergibt sich hier eine sprachliche Härte; sie wird aber in Kauf genommen, um vor allem jeden Anschein auszuschließen, als sei Freiheit nur eine Eigenschaft neben anderen, die dem Subjekt auch fehlen könnte und es bliebe zwar nicht das gleiche, aber doch dasselbe. Hier ist eine anthropologische Grundentscheidung im Spiel. Man kann ja den Menschen z. B. als vernünftiges oder sprachliches Lebewesen definieren (animal rationale, ζῷον λόγον ἔχον), eine mögliche Perspektive, die Bestimmtes, das »Animalische«, eher und näher, anderes später und ferner aufscheinen läßt; wiederholt hat man dieser Bestimmung entgegengehalten, warum man nicht eher von einem leibhaften Vernunftwesen oder ähnlich spreche. Ein solches Prioritätenverständnis liegt auch unseren Reflexionen zugrunde.

Als dem Menschen angemessener wird hier zu seiner Definition vorgeschlagen: Freiheitswesen (das sagt Selbstbestimmung, Selbstursprünglichkeit), das gleichwohl nicht aus sich allein beginnt, sondern von einem schöpferischen Anruf zu sich erweckt wird (siehe Kap. 1 und 3). »Freiheitswesen« aber soll, wie gesagt, nicht heißen »freies Wesen«, Seiendes, das – »auch« – frei ist, sondern eher: existierende Freiheit. Und in diesem Sinn wird hier statt von dem schwerfälligen »Freiheitswesen« kürzer von »Freiheit« gesprochen. (Der Mensch »besitzt« nicht bloß, er *ist*, mit der Überschrift unseres ersten Kapitels gesagt, »gerufene Freiheit«.)

Freiheit nun verhält sich zu sich selbst und zu anderer Freiheit notwendig in bestimmten Einzelvollzügen. Darin stoßen wir erneut auf jene Zweideutigkeit, die Hegel beim Symbol beanstandet hat, und sie trifft jetzt das Sprach-Wort mit: die Zweideutigkeit, daß ein jeder Einzelvollzug sich selbst und zugleich die handelnde Freiheit im ganzen meint und ausdrückt.

Freiheit verhält sich notwendig bestimmt – bestimmbar, aussagbar, umschreibbar; sie tut dies und nicht jenes, spricht dieses Wort und nicht ein anderes. Aber in diesem greifbaren Vollzug vollzieht sie zugleich sich selbst überhaupt; das heißt, ihre Grundwirklichkeit, die sich in dem bestimmten Wort auswirkt, übersteigt es zugleich: in einer Weise, die nicht nur diesem Wort, nicht nur dem Angesprochenen, sondern sogar der Freiheit selber letztlich nicht mehr faßbar ist – nicht weil dieses Geschehen ihr dunkel und fremd bliebe, sondern weil darin undistanzierbar *sie,* ihr uneinholbarer Ursprung selbst sich bestimmt, in jenem Anfangspunkt sich differenzierender Identität, der zwar sich gelichtet, doch in seinem Wissen sich nicht faßlich ist, weil von ihm alles »Fassen« und Sagen erst ausgeht. Hier hat sie nicht, sondern ist.

»Ich erkläre dich zu meiner Frau«: So unwiderruflich dieses Performativ ist – in welcher Weise zutiefst hier ein Mensch sich zum Ehemann bestimmt, d.h. konkret, ob in Selbstsucht, also allerletzt in Haß und Verneinung, oder in Liebe, von welcher Gestalt die Geist- und Freiheitswirklichkeit, die sich hier selbst begründet, in ihrem eigentlichen, wesentlichen Grunde ist, läßt sich nicht sagen. »Ich bin mir zwar keiner Schuld bewußt, aber damit bin ich noch nicht gerechtfertigt. Der mich richtet, ist der Herr« (1 Kor 4,4).

Von daher zeigt sich, daß die »Klärung« der Symbole zur Eindeutigkeit in der formalen Logik um den Preis erfolgt, die personale Dimension der Freiheit (man möchte sagen, das eigentlich Freiheitliche an ihr) auszuklammern und sich auf »horizontale« Dimensionalität zu beschränken.

Wir haben demnach zwei Sinn- (und Bedeutungs-)Dimensionen des Symbols gewonnen – und eine doppelte Zweideutigkeit: jene von sinnlich-bildhaftem Zeichen und geistig-begrifflicher Bedeutung und jene von faßlich-begrifflichem Sinn und personaler Bedeutung. Läßt sich durch Konventionen in der ersten Dimension eine gewisse Eindeutigkeit erreichen – im Raum einer gemeinsamen Sprache bereits, rigoros in den Kunstsprachen der Mathematik, Kybernetik, Logistik, ebenfalls etwa durch juristische Kodifizierung, so ist in der zweiten Richtung Eindeutigkeit unerreichbar, jedenfalls vom Menschen aus [17].

[17] Diese bleibende »Offenheit« des Menschen durchherrscht unaufhebbar auch seine Sprache, so daß die Erwartung echter Sprach-Computer (die also mehr wären als elektronische Lexika) ebenso fehlgreift wie der volkstümliche Name »Denkmaschine« (vgl. *M. Taube,* Der Mythos der Denkma-

Im vorigen Kapitel ist diese Dimension als die des Wahrheitsanspruchs bedacht worden. Erst aus dem Wahrheitsbezug wird Freiheit als Selbstvollzug möglich. Ihre vielfältige Bedingtheit transzendiert Freiheit allein in ihrer Bindung an das Unbedingte. Nur indem sie (wie auch immer) zu dem sich verhält, was sie *soll*, entwindet sie sich den Zwangsverläufen des *Müssens*. Freiheit und (nicht Notwendigkeit, sondern) Betroffensein vom Unbedingten haben sich als untrennbar verbunden gezeigt.

Eben diesen Wahrheitsbezug nun prägt zugleich die Uneindeutigkeit des Symbols. Und in deren Analyse haben wir bislang

schine, Reinbek b. Hamburg 1966). Gleiches gilt zu der starren Dogmatik einer gewissen psychoanalytischen Traumwissenschaft. Und dies schon auf der Ebene konkreten Sinn-Reichtums (vgl. hier bibelwissenschaftlich den »vierfachen Schriftsinn«), erst recht hinsichtlich der Letzt-Situierung und Sinngebung dieses vielfachen Sinn-Gesamts als ganzen. – Wenn *Aristoteles* im 1. Kapitel der Sophistischen Widerlegungen die Unmöglichkeit feststellt, Wörter wie Rechensteine zu verwenden, weil deren Zahl begrenzt, die der Dinge aber unbegrenzt sei (Soph. El. 165a 7–13), so liegt der letzte Grund dafür in der geist-personalen Dimension der Freiheit, anders gesagt, in ihrer Fähigkeit, alles (und sich selbst) nochmals zu übersteigen. Diese »Überstieglichkeit«, darin Freiheit zwar über alles »hinauslangt«, doch ohne es hinter sich lassen zu können, meinen die Fachwörter »Transzendenz« und »transzendental«. – Aufgrund dieser transzendentalen Verfassung sind die Möglichkeiten der »Aspekt«-Wahl prinzipiell uneinholbar; eine Tafel möglicher Grundbegriffe (Kategorien) läßt sich nicht erstellen (vgl. *H. Krings*, Transzendentale Logik, München 1964, bes. 269ff). Unabschließbar ist die Zahl möglicher Sinngebungen angesichts jeden »Dings« und Sachverhalts wie jeder bestimmten Bezeichnung ihrer, also jedes Worts, auch wenn man die Zahl der Wörter ins unendliche vermehrte. Oder vielmehr: die Zahl der Wörter ist zwar faktisch begrenzt, doch diese Grenze ihrerseits erweitert sich beständig – unbegrenzt. Ob also Dinge und Sachverhalte »an sich« unendlich seien oder nicht, »für uns« jedenfalls, für die Freiheit und deren Sicht sind sie es und entziehen sich darum jedem Programm sowie entsprechender Programmierung. Auf der anderen Seite wird, entsprechend der hier erwogenen »Be-denklichkeit« des Symbols, damit keine »Garantie dafür« behauptet, »daß der Mensch nun auch in der Anwendung des Computers diesem [wie anderen z. B. sozialen Programmsystemen] gegenüber frei ist« und nicht zum »Diener des Apparats« werden könnte (W. Schulz, Philosophie in der veränderten Welt, Pfullingen ²1974, 226). Doch wie will man dieser Gefahr begegnen, wenn man den Menschen und (nicht nur) sein Denken am besten in Analogie zum Computer verstehen zu können glaubt?

ein wesentliches Moment nur beiläufig mitangesprochen: Freiheit steht nicht nur im Verhältnis zu ihrer konkreten Setzungsgestalt und darin zur Wahrheit, sie steht ebenso im Miteinander mit anderer Freiheit.

Damit vertieft sich die Zweideutigkeit des Symbols noch einmal entscheidend. Freiheit besagt wesentlich und ursprünglich Gemeinsamkeit: Person sagt Interpersonalität. Nicht sind erst Freiheiten konstituiert, die sich dann begegnen; sie konstituieren sich nur interpersonal. Setzt Freiheit sich im Symbol, dann spricht sie dieses Wort nicht erst als bereits voll artikuliertes *zu* anderer Freiheit, sondern sie spricht es *mit* ihr, und dies nicht in (»synergistischer«) Zusammenstückung zweier Wortteile oder Worte, vielmehr wird ihr Name »einstimmig« gemeinsam gesprochen. Der Zuspruch meiner Eltern (und der schaffende Ruf des Schöpfers in diesem zeugenden Anruf), mein Hören als Grund-Antwort und meine ausdrücklich beantwortende Übernahme dieses Hörens sprechen als *ein* Sprechen das Wort, als das man mich vernimmt, setzen als *ein* gemeinsam eines Setzen meine konkrete Wirklichkeit – als das Symbol, als das ich mir und den andern erscheine und bin.

Die Ursprünglichkeit dieser Interpersonalität der Symbolisierung scheint weder bei Hegel noch auch in der Symbol-Theologie Karl Rahners genügend deutlich (und vor allem konsequenz-bildend) geworden zu sein, und dies bei allen Unterschieden beider Konzeptionen aus dem selben Grund: infolge der beherrschenden Modell-Rolle der intellektiven Funktion. Modell der Analyse ist in erster Linie das Ich-Objekt-Verhältnis statt des Ich-Du-Bezugs. Die Dialektik des Symbolgeschehens ist jedoch nicht nur (oder doch vorwiegend) einbahnig (zwischen dem Symbolisierenden und seinem Symbol), sondern prinzipell doppeltgerichtet zu sehen (zwischen *den* Symbolisierenden in der Setzung ihres Symbols). Diese »Doppelung« gilt dann aber auch von der »Dunkelheit« und Un-eindeutigkeit des Symbols.

Dieses Dunkel des Symbols nun zeigt sich zunächst als sein unaufhebbarer Mangel. Biblisch gesprochen sieht nur Gott allein ins Herz des Menschen (1 Sam, 16,7); wir sind gehalten, nach den Früchten zu fragen (Mt 7,16). Aber welches sind, erstens, die Früchte, von denen man hier auf den Baum schließen kann (er trägt die widersprechendsten)? Und gesetzt, das sei geklärt, welche Sicherheit gibt, zweitens, dieser Schluß, wenn einerseits der »Baum« für seine Früchte nicht allein verantwortlich ist und andererseits er nicht einfach trägt, was er muß, sondern was er will?

Angesichts dieser Situation scheint sich dem Denken und der Praxis zumal eine dreifache Versuchung aufzudrängen, in Ungeduld sich der schwebenden Ungewißheit dieser Doppelung zu entziehen. Diese Flucht- oder Rückzugsformen seien hier – im Blick auf ihre theoretisch-grundsätzliche (Selbst-)Rechtfertigung – als Ideologien bezeichnet.

Der Ideologie-Begriff wird also negativ verwendet, und zwar für den Versuch, Lebens-Entscheidungen, die bei aller geforderten Rationalität eben Entscheidung bleiben, rein theoretisch restlos auszuweisen; sie also durch vollständige Rationalisierung ihres Entscheidungs-Charakters zu entkleiden, indem man die bleibende Spannung zwischen dem Entweder–Oder jedes Entscheids und dem Sowohl–Als-auch seiner Gründe beseitigt[18].

1. Die erste Versuchung, ich nenne sie die *Ideologie der Immanenz*, droht als Verabsolutierung der ersten, faßlich festlegbaren Symboldimension. Bleiben wir beim religiösen Symbol

[18] An dem Vorschlag einer Typisierung dieser Versuche (*J. Splett*, Ideologie und Toleranz, in: J. B. Metz [Hrsg.], Weltverständnis im Glauben, Mainz ²1966, 269–286) hat *D. Eickelschulte* kritisiert, daß 1. hier von *einem* Ideologieverständnis ausgegangen werde und 2. der geschichtliche Wandel unbeachtet bleibe, dem die verhandelte Sache selbst unterliege (Ideologienbildung und Ideologiekritik, in: Ch. Hörgl/F. Rauh [Hrsg.], Grenzfragen des Glaubens, Einsiedeln 1967, 245–273, 246). Doch 1. kann man nicht von allen benutzten Ideologiebegriffen ausgehen; so sind auch die drei, die nach *K. Lenk* er selbst behandelt (K. Lenk [Hrsg.], Ideologie. Ideologiekritik und Wis-

(Entsprechendes läßt sich für jede Freiheitsdimension belegen): Ratio, Psychologie, Soziologie wollen mit je verschiedenen Methoden der »Entlarvung« das Symbol nur zu leicht auf die Eindeutigkeit dieser Ebene herabsetzen, und der Glaube seinerseits steht demgegenüber in der Gefahr, eine bestimmte festgewordene Symbolgestalt zur einzig gültigen und dem Heiligen gemäßen zu erklären.

Das einschlägige Stichwort lautet: Magie (Magisierung). Dies ist ja das Wesen von Magie: der Wille dazu, erstens, Freiheit zu bestimmen (dies im Unterschied zu wie immer verstandener »Naturwissenschaft«, mag sie in früheren, »vorwissenschaftlichen« Stadien uns oft auch »magisch« anmuten), zweitens, die Freiheit unmittelbar natural (nicht bloß leibhaft vermittelt) zu bestimmen. – Durch bestimmte Worte und Riten versucht Freiheit hier sich selbst wie den andern zu »binden«. Das Symbol soll hier nicht bloß formale Gültigkeit, sondern auch das inhaltliche Ja und Amen (das Heil) garantieren [19].

Die vielfachen Formen, mehr oder weniger ausgeprägt, solcher Magisierung in allen Lebensbereichen, zumal im Religiösen, sind geläufig. Wichtiger ist eine Stellungnahme zu den Versuchen, Religion und Kult (insbesondere Institution und Sakrament) überhaupt als magischen Selbstverlust zu bestimmen.

senssoziologie, Neuwied–Berlin ^{4}1970) schon bestimmte. Tatsächlich typisiert auch er, allerdings ausdrücklich nicht Ideologien, sondern die »Ideologienbildung«. Das führt zum 2. Punkt: gegenüber der historischen Typisierung »Marx–Mannheim–Geiger« ist unsere abstrakt-formaler. Sie liegt dem historischen Wandel voraus und zugrunde, gilt darum aber auch durch ihn hindurch. Wenn wir sie also im folgenden trotzdem verwenden (deshalb diese kleine Polemik), dann nicht, weil wir sie für die beste, gar einzig mögliche hielten, sondern weil sie ein Licht auf die gestellte Problematik wirft, das man bei anderer Betrachtung nicht in dieser Weise gewinnt. Der historische Aspekt hat seine eigene Erhellungskraft; aber man muß nicht schon Strukturalist sein, um mitunter die synchrone Systematik vorzuziehen.

[19] So zielt Liebeszauber einerseits nicht bloß auf körperliche Hingabe oder seelische Hörigkeit, sondern durchaus auf die (Gegen-)Liebe des Geliebten, dies aber andererseits zwingend, strikt unwiderstehlich.

2. Die Gefahr der Magie besteht man nämlich nicht dadurch, daß man ihr zu entfliehen versucht. Nicht minder irrig ist so der entgegengesetzte Versuch, bei dem sich heute Vernunft und ein bestimmtes Glaubensverständnis begegnen: der Versuch, den Glauben in seinem reinen Wesen und Vollzug der Religion entgegenzusetzen, also gewissermaßen sich *gegen* die erste für die zweite, die personale Dimension des Symbols zu entscheiden, als gäbe es sie rein für sich – oder als sollte es sie zumindest losgelöst geben.

Allerdings liegt die Grundfraglichkeit von Wort und Symbol darin, daß die Gestalt das Wesen, der Sinn die Bedeutung, die er offenbart, zugleich auch immer zu verdecken droht. Wo diese Drohung nicht mehr empfunden und mit steter Selbst-Korrektur beantwortet wird, wandeln die Symbole sich zu Idolen und das Bild des Heiligen wird dämonisch[20]. Aber eine radikale Trennung, gar Entgegensetzung von Wort (Erscheinung) und Gedanke (Wesen) verfälscht als *»transmanente«* (d.h. jenseits bleibende) *Ideologie* die Eigenwirklichkeit von Geist und Person, die Unvergleichlichkeit des Heiligen nur um so ernster, weil sublimer.

Und eben damit entmächtigt sie selber das Wesen, da sie es im Grunde als Ding neben Dinge setzt. Indem man z.B. die Sichtbarkeit von »Seele« und Ich im Leibe bestreitet, macht man sie in der Tat zum »Gespenst in der Maschine«[21]; indem man Gott die Möglichkeit abspricht, in Welt zu erscheinen, verbannt man ihn in eine Über- oder Hinterwelt.

Damit zeigt sich hier ein Aberglaube umgekehrten Vorzeichens, Magie im Negativ, sozusagen negativ-magisches Denken. War in der Magisierung Freiheit machtlos gegenüber dem sie (in Spruch oder Geste) bindenden Naturalen, so ist hier die Freiheit machtlos gegenüber dem zu entbindenden Naturalen (gegenüber Worten und Handlungen, die sie beleben und verlebendigen soll). Dort bannten Wort und Tun das Heilige, hier meint man,

[20] *J. Splett,* Reden aus Glauben. Zum christlichen Sprechen von Gott, Frankfurt/M. 1973, bes. 79ff und 109–124.

[21] *G. Ryle,* Der Begriff des Geistes, Stuttgart 1969, 13 u.ö.

sie verbannen es. Dort wurde das Absolute verendlicht, hier wird es derart ins Unendliche entrückt, daß das Endliche ihm gegenüber ebenso geschützt ist. Kurz: dort war man Gottes sicher, hier ist man es vor ihm [22].

In Tat und Wahrheit aber übergreift die Wahrheit, der Sinn, das Heilige (wie immer man diese Grundwirklichkeit nennen mag), übergreift und durchgreift das ungreifbare Personale die Kategorien und steht ihnen nicht als Sonderkategorie gegenüber, ja, es »bewährt« sich erst und eben in der Faßlichkeit.

Es legt sich ins Greifbare aus – wie anders sollte und könnte es sich zeigen und verwirklichen? – und tritt als konkrete Gestalt dann zu anderen Gestalten in Entgegensetzung. Dieser Gegensatz ist nicht ein radikaler Widerspruch, denn im Grund ist die Wirklichkeit in ihrer Vielheit eins, und nur das radikale Nein zu ihr (Mephistopheles: »Drum besser wär's, daß nichts entstünde«) widerspricht ihr endgültig. Der Gegensatz freilich besteht – ob als beschenkende Fülle erfahren oder als quälend zerreißende Unvereinbarkeit möglicher Lebensgestalten, und er ist weder faktisch noch de jure durch den Triumph einer dieser Gestalten zu beseitigen.

3. Gleichwohl bezeugt diese unaufhebbare Vielfalt nicht nur den Selbstand der zu sich ermächtigten Freiheit und die Spannung zwischen eigengesetzlichen Dimensionen, sondern sie ist immer auch vom Übergriff und Widerspruch der Schuld gezeichnet. Daher ist das Umgreifende (biblisch: der »Geist« bezüglich des »Buchstabens«) *in einem* die Wirklichkeit, das Recht und das Gericht der zahlreichen konkreten Formen, die es »symbolisieren«.

Damit droht aber als dritte sublimste Gefährdung die *Ideologie der Transzendenz*, in der das »Gericht« über die jeweiligen Gestalten verabsolutiert wird. Dieses Programm der restlosen Offenheit will Immanenz und Transmanenz dadurch überwinden, daß es den Überstieg selbst absolut setzt. Es erklärt alle Symbole für letztlich gleich gültig, und das heißt konsequent: gleichgültig

[22] *G. W. F. Hegel:* »securi adversus deum«. Philosophie der Religion, Sämtl. Werke (Glockner) 15, 53.

(um nicht zu sagen: gleich ungültig). Sie sind zwar unentbehrlich; aber ihr einziger Sinn liegt darin, als Basis des Absprungs zu dienen. Was diese Deutung unterschlägt, ist der Ernst gelebter und zu lebender Geschichte.

Im Konzept einer derartigen »Treue zu sich selbst« wird nicht bloß die Treue zum andern und zu einer übernommenen Sache vergessen, sondern in der Blindheit für den Anspruch des gegebenen Worts entgleitet sogar das Selbst, das sich hier treu bleiben wollte. Im Erotischen heißt das Ideal Don Juan, und auch wer Kierkegaard nicht immer folgen mag, wird an dieser Gestalt unschwer die Charakteristika der Freiheitsangst überhaupt gewinnen können.

Dazu ist vor allem eine Klarstellung nötig: wir handeln von Freiheitsverhältnis. Hinsichtlich bloßer Weltanschauung wäre ein objektiver Relativismus im Recht; denn ein unendliches Ganzes kann prinzipell nur in verschiedenen einander ergänzenden Aspekten zu Gesichte kommen, und diese Ansichten sind grundsätzlich gleichen Ranges, mögen sie sich auch zum Teil nach Reichtum, Tiefe und Differenziertheit werten lassen. Die absolut beste Weltanschauung gäbe es dann ebenso wenig, wie es etwa die schlechthin schönste, beste Frau geben kann.

Für den Liebenden aber, der sich entschied, ist seine Frau nicht die schönste und beste, sondern die einzige, seine Frau – zuletzt nicht mehr (obwohl all dies mitgespielt hat) aufgrund vergleichbarer Quantitäten und Qualitäten, sondern im Ineinanderblick auf das unvergleichliche Du. – Und ebenso legt der Glaubende sich nicht die Welt in Chiffren aus, von denen er dann tatsächlich nur widersinnigerweise statuieren könnte, sie gälten schlechthin. Er bezeugt vielmehr einen vernommenen Namen, ein Antlitz, das sich ihm gezeigt hat: er gibt Zeugnis vom Wort einer Freiheit. Freiheit aber kann unter ihren vielen möglichen und wirklichen Worten *eines* zu *dem* Wort erklären. – Darum sterben die Märtyrer solchen Glaubens nicht töricht für Sätze, sondern in der Treue zu erfahrener Begegnung[23].

[23] Vgl. Reden aus Glauben, 48–67 (Zeugnis, das sich festlegt).

Und dies macht sie nicht unfrei, sondern vollendet im Gegenteil ihre Freiheit. Freiheit setzt sich zwar frei und freiwillig in dem jeweiligen Symbol, aber sie setzt sich *wirklich* in solcher Setzung, und wirklich *sich*. Der »Name«, den sie so erhält, ist der ihre und kann nicht einfach wieder abgetan werden. Er soll und will dies auch gar nicht; denn Freiheit will nicht je neue Wahl, sondern langt nach ihrer endgültigen Gestalt aus; nach einer unter anderen möglichen und wirklichen Gestalten, doch der Gestalt, die *ihre* Endgültigkeit ist. In ihren Entscheidungen geht es ihr eigentlich nicht um diese Entscheide, sondern um das und den, dem sie gelten. So zielen die Entscheidungen der Freiheit auf ihre Entschiedenheit, in der sie ihre Endgültigkeit erreicht hat (siehe hierzu besonders Kap. 5).

Die Ideologie der Transzendenz kann in solcher Festlegung nur abergläubische Schwäche erblicken. Aber ist ihr Weg in die »schlechte Unendlichkeit« des je Neuen wirklich erobernder Aufbruch und nicht eher Flucht (statt »Platzangst« Klaustrophobie)? – Hier bannen Worte weder noch verbannen sie; aber deshalb – kommen wir auf Don Juan zurück –, weil sie sich damit begnügen, hier und jetzt zu bezaubern.

Die Worte sagen, was sie meinen, und meinen das, was sie sagen: eben jetzt und nur für jetzt. So könnte man sie, bloß auf dieses Jetzt geblickt, als ungeheuchelt und als »lautere Wahrheit« bezeichnen, während sie im Blick auf gestern und morgen zumindest unwahr (wenn nicht Lüge) heißen müssen. Gerade aber wenn man sie nicht Lüge nennen will, indem man sich auf ihren Augenblick beschränkt, wird man zugeben müssen, daß sie eigentlich gar nichts sagen und meinen. (Bezeichnenderweise verführt Don Juan im Grunde nicht durch Argumente, sondern durch sein Reden, ja letztlich durch seine Stimme.)

So aber spricht sich im Wort gar nicht mehr Freiheit aus, die überzeugen will, sondern psycho-physische Gestimmtheit, die »ansteckend« wirkt, und Jennys Antwort auf ein derartiges Angebot wird verständlich[24]: »Ja, Liebe, das ist leicht gesagt: /

[24] *B. Brecht*, Aufstieg und Fall der Stadt Mahagonny, 16, in: Ges. Werke in 20 Bdn, Frankfurt 1967, II, 546.

Doch, solang man täglich älter wird / Da wird nicht nach Liebe gefragt / ...Ein Mensch ist kein Tier!«

Mißtrauische Intoleranz oder Annahme von Geheimnis

Alle drei Formen der Ideologie also gehen zwar von der Freiheit aus, die sich in ihr Symbol verleiblicht (»inkarniert«); alle drei wollen die Freiheit gegen ihre Bindung durch das trübende Symbol verteidigen; eben mit ihrer Verteidigung aber richten sie sich letztlich gegen die Freiheit: sie münden in intoleranten Totalitarismus.

Die Intoleranz der immanenten Ideologie bedarf keiner Worte (nur des Hinweises vielleicht, daß sie ebenso »progressiv« wie »konservativ« bestimmt sein kann); auch die der Transmanenzideologie liegt auf der Hand; nicht minder aber gilt dieses Urteil von der Ideologie der Transzendenz, die doch der Gipfel der Toleranz zu sein scheint. Wenn alles richtig und erlaubt ist, dann auch die Parole (und die Praxis!), nichts sei richtig und erlaubt. Bekanntlich haben schon Platon und Aristoteles diese Kritik formuliert [25]. Und der Blick ins Leben bestätigt unsere Deduktion: angesichts der Kampagnen eines gewissen militanten Liberalismus und Humanismus, die durchaus ebenso ihre Autodafés begehen.

Ist dem aber so, dann drängt sich die Frage auf, ob nicht schon der Ausgangspunkt dieser drei ideologischen Versuche eine Fehlinterpretation des Symbolgeschehens darstellt. Wenn der Kampf für die Freiheit in Unfreiheit endet, dann ist vielleicht Freiheit von Anfang an zu »einfach« verstanden. Konkret: Muß ich das Dunkel des Symbolvollzugs als Schranke und Fessel der Freiheit oder nicht vielmehr als ihr eigenes Wesensmoment zu verstehen versuchen?

1. Dem Dilemma der genannten Ideologien entkommt man nur, wenn man das Dunkel des Symbols nicht nur als Mangel, sondern als Chance erfaßt. (Bedarf nicht alles werdende Leben

[25] *Aristoteles,* Metaphysik IV, 8; *Platon,* Res publ. VIII, 562f.

des Dunkels? Und werdend *ist* eine Freiheit, die sich symbolisierend erst findet.)

Damit wird offenbar das »Nichtwissen« zum Garanten der Toleranz erklärt, also das Nichtwissen zum Prinzip des Selbst- und damit zugleich des Wahrheits-Verhältnisses endlicher Freiheit gemacht. Wir sind also wieder bei Lessings Fabel von den drei Ringen? Gerade nicht. Zwar erklärt man uns heute auch seitens katholischer Theologie: »Wer immer philosophisch-metaphysische Sicherheit als möglich voraussetzt oder gar behauptet – sei er Marxist, Positivist, Aristoteliker oder ›christlicher Philosoph‹ –, ist eo ipso (ob er das subjektiv will oder nicht) der Scharfrichter der Freiheit und der Protagonist des Terrors« [26]; aber wir meinen, daß sich bei einem allgemeinen Ignoramus-Ignorabimus das Problem der Toleranz unversehens in nichts aufgelöst hat, nicht zuletzt darum, weil damit auch die Freiheit allen Anhalt verliert und diese Frage an das Belieben reiner Willkür abtreten muß. Die Forderung der Toleranz stellt sich vielmehr erst dann in ihrer evozierenden Macht, wenn man die Gültigkeit von Symbolen, wenn man Wahrheitsgewißheit annimmt. Und verlangt ist tatsächlich »praktische Toleranz« (von einer anderen zu reden, heißt die Frage verfälschen); aber das bedeutet alles andere als ein »inkonsequentes oder pädagogisches bzw. politisches oder auch opportunistisches Verhalten« [27].

Worin liegt also dann das Nichtwissen, das wir ins Gespräch bringen wollen? Der Glaubende, *ich*, der ich glaube, »weiß, wem ich geglaubt habe« (2 Tim 1,12). Aber ich weiß nicht (mit absoluter Gewißheit), *ob* ich glaube. Das klingt paradox, bezeichnet aber genau die Situation jedes Glaubens (so wie jener Ruf: »Ich glaube – hilf meinem Unglauben« – Mk 9,24).

Ich weiß, daß das Symbol meines Glaubens oder meiner Liebe mein Glauben und Lieben nicht garantiert; daß es zudem die Interpersonalwirklichkeit, die mich, den Glaubenden, den, dem ich glaube, den, an den, und das, was ich glaube, zusammen-

[26] *H.-R. Schlette*, Philosophie – Theologie – Ideologie, Köln 1968, 40.
[27] *H.-R. Schlette*, a.a.O., 98 (in der Anm. zum obigen Zitat). Vgl. den S. 48, Anm. 18 genannten Beitrag des Verf., bes. 280f.

schließt, nur unvollkommen aussagt. Ich weiß darum vom anderen nicht, ob das Symbol seines anderen Glaubens – oder das seines Unglaubens – wirklich Symbol seines Unglaubens (und nicht vielmehr eines sich selbst nicht genügend verstehenden Glaubens) ist, und ich weiß nicht, ob sein Nein zu meinem Symbol nicht nur dessen Unvollkommenheit statt des Gemeinten selbst negiert.

Die Frucht solcher »wissenden Unwissenheit« ist zuerst (tolerare!) Geduld; Geduld grundlegend mit dem eigenen Ungenügen, und nur sie erkräftigt zur Geduld mit den andern. Dann aber zeigt sich solche Geduld als Gestalt (Symbol) der Hoffnung. Wenn ich mein Symbol als nicht nur gültig, sondern auch *geglückt* vollzogen nur *erhoffen* kann und hoffen muß und soll, so darf und soll ich das auch vom Symbol des anderen hoffen.

Als Freiheitsgeschehen ist Symbolisierung Hoffnungsgeschehen. Und nur in praktisch werdender Hoffnung wird das Symbol als echtes Freiheitsgeschehen erkannt. Wird aber das Symbol des anderen nur hoffend, d.h. vertrauend (und das heißt letztlich liebend) anerkannt, dann ist solche liebende Anerkennung des anderen ein unbestechliches Kriterium für die Freiheitlichkeit, das Geglücktsein der eigenen Symbolisierung: kein absolutes Kriterium (das gibt es nicht, wie sich ergeben hat), keine hinreichende Bedingung also für die Echtheit (d.h. Wahrheit und Wahrhaftigkeit) meines Symbols, doch eine notwendige. – Damit hat sich erneut die Interpersonalität als ursprünglich-innerliche Bestimmung von Freiheit und Symbol in ihrem Wahrheitsverhältnis gezeigt.

2. Diese Interpersonalität weist aber ihrerseits die Deutung des symbolischen Dunkels noch einen Schritt weiter. Bislang haben wir es als Werde-Dunkel des Anfangs verstanden. Werden geschieht in Hoffnung. Aber worauf geht diese Hoffnung? Gewiß auf das Glücken des Werdens; aber besagt solches Glücken restlose Durchleuchtung? Freiheit kann ja prinzipiell nicht völlig gegenständlich werden. In ihrer geglückten Gestalt ist die Problematik ihrer Zweideutigkeit überwunden, doch nicht zu platter Durchsichtigkeit, sondern in den Aufgang des Geheimnisses hinein. – Was vorher Nichtwissen hieß (sei es auch »belehrtes«),

verliert nunmehr allen Anschein der Vorläufigkeit; im Vollsinn ist es vielmehr das Ziel des Wissen-wollens: das Fallen jenes Schleiers, der in der Meinung besteht, hier gebe es noch Schleier, die zu lüften seien (ist Geheimnis doch eben dies, *als* Geheimnis »heilig *offenbar*« zu sein, wie Goethe sagt); es ist der Punkt, wo sich der Zugriff des Erkennens in ergriffenes *Anerkennen* vollendet.

Was damit gemeint ist, hat Simone Weil in dem schönen Wort ausgesprochen: »Das Unbegriffene verbirgt das Unbegreifliche, und deshalb soll man es beseitigen.« [28] Um die Erscheinung dieses unbegreiflichen Kerns, nicht um psychologische Aufklärung geht es im »Erkennen« der Liebe. Und nur wenn im begreiflichen Symbol diese Unbegreiflichkeit anwest, ist es wirklich Symbol der Freiheit, Ort der Begegnung, d. h. des gemeinsamen Werdens von Person und Person. Annahme des anderen und meiner selbst wird damit – über ein »vorläufiges« Dulden hinaus – zu dem, worum es der Freiheit eigentlich und letztlich geht, indem es ihr um sie selbst geht: darum, daß Freiheit in Freiheit sei, d.h. als Miteinander im Licht der Wahrheit, des Guten.

3. Zu den Dimensionen dieser Interpersonalität sei schließlich ein letzter Gedanke erwogen, mehr angesprochen als ausgeführt oder gar »bewiesen« [29]: die Interpretation der Welt als Symbol. Symbol wessen?, hat es oben (S. 43) geheißen. Daß die Welt Symbol des Menschen sei, ist beinahe ein Gemeinplatz neuzeitlicher Philosophie, in je verschiedener Interpretation und Nuancierung. Daß die Welt (und zuhöchst der Mensch) in Spur und Bild Symbol Gottes als ihres Gestalters sei, ist ebenso allgemeine Lehre einer alten, nicht nur christlichen Tradition.

Beide Sätze seien jetzt nicht mehr selber befragt und erwogen; die abschließende Frage geht vielmehr auf ihr gegenseitiges Verhältnis.

Der Mensch hat *seine* Welt und dem zuvor sich selbst, seinen

[28] Schwerkraft und Gnade, München 1952, 231. Vgl. *K. Rahner,* Über den Begriff des Geheimnisses in der katholischen Theologie, in: Schriften ... IV, 51–99, bes. 58–61.

[29] Vgl. Gotteserfahrung im Denken, bes. 89–136.

Namen (als gesagt-vernommen), interpersonal, wie wir gesehen haben. Für den Glaubenden ist die Tiefe, der Garant dieses Interpersonalbezugs der Schöpfer-Gott, und dies so, daß er in einer wohl noch weiter aufzuhellenden, doch niemals völlig erhebbaren Weise der Ernst, das Band, die Bezüglichkeit dieses Bezugs und der »Dritte im Bunde« zumal ist. Ist dann aber nicht die Welt zuletzt in einem als Gottes und unser Symbol zu verstehen? – Im Schlußkapitel (S. 170ff) wollen wir das nochmals eigens und genauer bedenken.

Die Welt (und vor allem der Mensch selbst in ihr) als Symbol des Schöpfers und sein eigenes Symbol zumal, Symbol »gemeinsamer« Freiheit, Gestalt einer »beid«-einen freien Geschichte[30]: das scheint mir die letzte (wenn jetzt vielleicht auch bloß »extrapolierende«) Perspektive einer philosophischen Betrachtung zu sein, die dem großen Thema Wahrheit und Freiheit nachgeht. Doch wie auch sonst im Denken ist eine solche äußerste Perspektive nicht müßig; sie hat ihren Sinn in sich selbst und kann sich zudem auch für »näherliegende« Fragen als fruchtbar erweisen.

Wir wollen in ihrem Licht nur noch einen letzten Blick zurück auf das Gesagte tun: Symbol und Ideologie, nicht so sehr Freiheit und Wahrheit haben wir in diesem Kapitel definiert. Aus gutem Grund, denn natürlich stehen wir hier im *Zirkel* der Hermeneutik. Freiheit, dies war die These des ersten Kapitels, erfährt sich im Anruf, im Anspruch der Wahrheit. Ihr Symbol setzt sie ja weder beliebig noch nur genötigt (nötigen kann man zur Gestalt des Symbols, nicht zu seinem »Leben«), die Tiefe des Symbols ist die Erfahrung eines »Du sollst«, und die Tiefe dieser Tiefe ist der Sinn eines geschenkten »Du darfst«.

Solches »Du darfst« erfährt, wer das »Du sollst« vernimmt und es nicht nur vernimmt, sondern, wie unvollkommen immer, annimmt. Du darfst sollen (wollen): Du wirst zur Freiheit befreit. Von wem anders als von Freiheit? Das Wort der Freigabe,

[30] Siehe den ersten Exkurs; vgl. *A. Darlap*, Fundamentale Theologie der Heilsgeschichte, in: Mysterium Salutis I, Einsiedeln 1965, 3–156; *J. Splett*, Reden aus Glauben, bes. 42–47 und 109–124.

sein Vernehmen als erste Antwort und das reflektierte Ja dazu, das ausdrückliche Wort der Antwort; diese Vielfalt (in die noch die Vielfalt der »Zwischenmenschlichkeit« auch meines eigensten Wortes einzutragen wäre), diese Vielfalt in Einheit erst wird mein »ewiger Name«: d.h., das Symbol ist die Wirklichkeit meiner als »unserer« Freiheit.

Es wird darum auch nicht theoretisch erkannt, sondern wird, wie gesetzt, so auch nur erfaßt in einem (inter-)personalen Sich-Auftun von Person, das zwar keineswegs irrational ist, aber die rationale (Selbst-)Reflexion übersteigt bzw. allererst begründet. Also kein Primat der theoretischen, freilich auch keiner der praktischen Vernunft. Diese Grundentscheidung fällt vielmehr »in der tieferen Schicht, von der diese beiden abhängig sind und die auch nur undeutlich bezeichnet ist, wenn wir sie religiös nennen. Denn auch nicht um Entscheidung im Sinne einer spezifisch religiösen Haltung handelt es sich. Gemeint ist vielmehr die Stellung zum Unbedingten, die Freiheit und Schicksal zugleich ist und aus der das Handeln ebenso quillt wie das Erkennen« (Paul Tillich)[31].

Es ist die Entscheidung, zu der und durch die zugleich (in der Zwei-Einheit des Symbolvollzugs) die Wahrheit unsere Freiheit befreit (Joh 8,32): das Ja, in dem der Mensch sich annimmt als persönlich und »leibhaftig« gemeint – von dem Ruf, aus dem her er lebt.

2. *Exkurs: Geschlechtlichkeit*

Wie philosophische Anthropologie überhaupt steht eine philosophische Reflexion der Geschlechtlichkeit stets im »Konflikt der

[31] Gesammelte Werke IV, Stuttgart 1961, 57; vgl. *J. Splett*, Entscheidung, in: Sacramentum Mundi 1057–1061 (jetzt auch in Herders theol. Taschenlexikon); *H. Krings*, Wissen und Freiheit, in: H. Rombach (Hrsg.), Die Frage nach dem Menschen (Festschrift f. Max Müller), Freiburg–München 1966, 23–44.

Interpretationen«[1]. Die prinzipielle Alternative lautet hier: Ist der Mensch grundlegend Lebewesen (Tier), das obendrein mit mehr oder weniger Verstand und Freiheit begabt ist? Wobei diese Verstandlichkeit als Instinktschwäche, als im Lauf der Entwicklung zusätzlich gewonnene Hemmung, als fehlerhafte Überentwicklung bestimmter Hirnteile oder als Fortentwicklung der »Selbstzähmung«, als »Universalisierung der Sinnlichkeit«[2] oder wie immer interpretiert werden mag. Oder ist der Mensch grundlegend Person- und Freiheitswesen, dessen »In-(Mit-)Welt-Sein« sich als Leiblichkeit zeigt? Dies stünde der ersten, reduzierenden Interpretation als füllende, symbolische Deutung gegenüber. Sie ist symbolisch im erarbeiteten Sinn: insofern Symbol die Selbstversichtbarung von »Unsichtbarem«, das Erscheinen von Person besagt.

Diese Alternative, auf unser Thema hin weitergeführt, ergibt folgendes Entweder-Oder: *Entweder* sieht man Sexualität dualistisch als »An-sich« – als das »Tier im Menschen«. Das läßt sich auf verschiedene Weise denken.

1. kann man die Sexualität so als »Neben-« oder als »Hauptsache« verstehen; 2. erscheint sie, im einen wie im anderen Verständnis, entweder als Grund zu metaphysischer Scham oder als positiv bestimmende Verhaltensnorm; 3. wird sie, wenn im Grunde *beschämend,* in verschiedener Weise »instrumentalisiert«: moralisch als bestes Trainingsfeld der Willensstärke, Sprungbrett der Selbstvergeistigung durch tätige »Verachtung« und »Abtötung« des Leiblichen oder als bleibender Stachel zur Selbstverdemütigung; politisch als Mittel, um die Disziplin des Gegners – oder seine Ordnung als ganze – zu untergraben, doch ebenso als Ventil zur Stabilisierung der eigenen Ordnung. Dem »Make love, not war« entspricht hier, um im Militärischen zu bleiben, die einschlägige »Truppenbetreuung«: also »Samson und Delila« oder (bzw.: und) »repos du guerrier«.

Indes muß die politische »Verwendung« nicht notwendig Ausdruck einer im Grunde abwehrenden Einstellung sein. In ihr kann

[1] *P. Ricœur,* Hermeneutik und Strukturalismus, München 1973; Hermeneutik und Psychoanalyse, München 1974; *ders.,* Die Interpretation. Ein Versuch über Freud, Frankfurt/M. 1969, bes. Kap. II (auch in dem Sammelband: O. Pöggeler [Hrsg.], Hermeneutische Philosophie, München 1972).

[2] Siehe S. 160 mit Anm. 18.

sich ebensosehr eine Sicht des Sexuellen ausdrücken, die es als *normierenden* Aufruf zum Geistverzicht interpretiert. Das mag »realistisch« geschehen, in einem Fetischismus des Faktischen, wonach der Mensch »das halt brauche«, »sich's nicht durch die Rippen schwitzen könne« usw.; oder es geschieht »mystisch-orgiastisch« (und darauf zielt in der Regel das Programm »Make love...«), wobei der Bogen – um nicht zu sagen: eine innere Dynamik – von der harmlosen Natürlichkeit der »Blumenkinder« zur Faszination negativer Transzendenz zu führen scheint: de Sade, Georges Bataille, Pièrre Klossowski[3].

Oder die Geschlechtlichkeit wird nicht als »An-sich«, sondern als »Erscheinung« verstanden, d.h. als Da-sein: als die in ihrer konkreten Gestalt unableitbare Weise, wie endliche Personen als Personen da sind und einzig da sein können, nämlich nicht selbstgenügend, sondern in wesentlichem Verwiesensein und Angewiesensein auf »Nicht-Ich«.

Insofern jede dieser Deutungen philosophisch, d.h. grundsätzlich sein will, führt sie nicht bloß Gründe für sich an, sondern gibt sich zuvor selbst das Gesetz möglicher Begründung; jede stellt selbst die Regeln ihrer Deutung auf: prinzipielle Interpretation ist stets zugleich ihre eigene Hermeneutik. Darum ist die Entscheidung zwischen ihnen trotz aller möglichen und notwendigen Diskussion zuletzt keine theoretisch-wissenschaftliche[4]: »Was für eine Philosophie man wähle, hängt sonach davon ab, was man für ein Mensch ist« (Johann Gottlieb Fichte)[5].

Im Sinn solcher Entscheidung wird hier Sexualität als deutlichste Erscheinung des Bezugs zum Nicht-Ich verstanden.

Einmal wird das Andere zum Personalen überhaupt, das Naturale (siehe S. 72), vielleicht am schärfsten in der Sexualität erfahren: in der Eigengesetzlichkeit und Selbständigkeit des Triebs, der zugleich das Ich aufs stärkste in Mitleidenschaft zieht. »Vielleicht« hieß es, weil nach Meinung anderer der Hunger noch früher und tiefer an-

[3] Vgl. *Ch. Baudelaire*, Intime Tagebücher, Bern 1952, 3 (Fusées Nr. III): »Die einzige und höchste Wonne der Liebe liegt in der Gewißheit, das Böse zu tun. Und dem Mann wie der Frau ist das Wissen angeboren, daß im Bösen alle Lust zu finden ist.« Ebd. 30 (Mon Cœur mis à nu, Nr. LVII): »Unangenehm bei der Liebe ist, daß sie ein Verbrechen ist, bei dem man eines Mitschuldigen nicht entraten kann.«

[4] Vgl. Die Rede vom Heiligen, 9–16.

[5] Erste Einleitung in die Wissenschaftslehre (1797), Sämtl. Werke I, 434.

setzt und auch die Geschlechtlichkeit noch einmal untergreift. (Tatsächlich läßt sich bezüglich des Nahrungsbedürfnisses eine ähnliche Tafel der Einstellungen vorlegen, wie wir sie für die Sexualität skizziert haben. Die Stellung zu Verdauung und Ausscheidung wiederum ist derart an die Sicht der Sexualität geknüpft, daß hier die Einflußlinien in beiden Richtungen laufen.) Wir wollen das nicht diskutieren, für beide Sichten lassen sich empirische Belege nennen; jedenfalls ist der Hunger nicht entfernt in solchem Maß zugleich auf *den* Anderen gerichtet, wie das gleich bezüglich der Sexualität erörtert werden muß, und darum ist bei ihm das Ich ungleich weniger als es selbst mit im Spiel.

Doch halten wir uns zunächst noch (in »didaktischer Abstraktion«) an das Naturale. Durch die Schärfe und Nähe seiner Erfahrung wird das Ich in besonderer Weise dazu versucht, ängstlich selbstbewahrend – »angeekelt« – in sich selbst zu bleiben und sein Verwiesensein in »Verdrängung« zu leugnen. Bestimmt das Ich sich, statt vom Personalen, vom Bewußtsein her, dann muß es den Bewußtseinsverlust im sexuellen Vollzug als Selbstverlust interpretieren. Hierher gehört das griechische Verständnis der Liebe als Krankheit und des Zeugungsakts als »Apoplexie« [6], und bis heute – trotz der gemäßigteren Auskunft des Aquinaten (bezüglich des Zorns), es sei nicht gegen die Ordnung, daß die Überlegung der Vernunft aussetze im Verwirklichen des vorher vernünftig Bedachten [7] – die Klage von Humanisten wie Christen über diese Absenz, als sei Entzücken nicht stets, was es etymologisch besagt, – und eben so die »göttlichste« Möglichkeit des Menschen, nämlich die seiner *Selbstlosigkeit –:* ein Entrückt- und Außer-sich- statt Bei-sich-Sein [8].

[6] *Demokrit*, Fr. 32.

[7] S. th. II–II 158, 1 ad 2 (zur Lust, distanzierter: 153, 2 ad 2).

[8] Siehe z.B. *J. Bernhart*, De Profundis, München ⁴1952, 119: »So bringt auch das Selbstgespräch der wiederkehrenden Vernunft, daß Natürliches geschehen ist, dem animal triste nur zum Bewußtsein, daß sie verloren war. Ein dunkler Kläger verlangt Ersatz aus dem Schatze des Höchsten im Menschen, das Beleidigte im Scheitel unseres Wesens meldet seinen Anspruch auf Erfüllung einer Schuldhaftigkeit, die doch voll und gültig wiederum nur von ihm selbst zu leisten ist.«

Vgl. in diesem Zusammenhang zwei Tagebuchnotizen von *H. de Montherlant*, die freilich teilweise (aus der Natur der Sache heraus) den Bezug auf das Andere überschreiten zum Bezug auf *den* Anderen hin: »Das Ver-

Oder dem Ich droht – im Gegenzug – die Gefahr faszinierter Selbstaufgabe in das Andere hinein, die Verlockung zur Preisgabe der Unterschiede (der sogenannten Subjekt-Objekt-Spaltung durch das »nichtende« Bewußtsein) in das ungeschiedene Eins des bewußtlos Nächtigen hinein. Beides, jene Angst wie diese Faszination, hat (aus der bestimmend gewordenen männlichen Sicht) sein großes Gegenüber im Bild der »Magna Mater« geschaffen, oder besser: gefunden; in deren schreckend-verzauberndem Doppelantlitz[9] erscheint der Doppelaspekt der Natur und des Naturhaften überhaupt.

Dies Naturale nun, in seiner Eigengesetzlichkeit Grenze von Ich und Person, steht (nach der hier vertretenen »symbolischen« Deutung) im Dienst einer anderen »Grenze« des Personalen: der *zwischen* Person und Person. – Auch diese Andersheit wird am schärfsten zwischen den Geschlechtern erfahren, sprechen Mann und Frau leib-geistig doch geradezu »zwei Sprachen«[10].

Und wieder drängen sich die verschiedenen Möglichkeiten auf, wie das Ich sich der Bedrohung durch das Anderssein des anderen glaubt entziehen zu können. Einerseits sind das Schutzmechanismen der Abwertung, Umfälschung, Gleichschaltung oder Hinaufsteigerung. Demzufolge erklärt der Mann die Frau entweder für minderwertig (aristotelisch: »mißglückter Mann«, neuzeitlich: »konstitutionell schwachsinnig«) oder für »hinterhältig«, »heimtückisch« oder ähnlich[11], oder er »verharmlost« sie zum guten Kumpel (Leit-

trauen ist eine der göttlichen Möglichkeiten des Menschen« und »Mit wem habe ich denn in meiner Jugend geschlafen, daß ich damals, und zwar ehrlich, über das *omne animal* sinniert habe, da man doch erst *nachher* weiß, was man empfangen und was man gegeben hat?« (Geh, spiel mit diesem Staub. Tagebücher 1958–1964, Köln–Berlin 1958, 257f und 251.) – Vgl. *J. und I. Splett,* Meditation der Gemeinsamkeit. Aspekte einer ehelichen Anthropologie, ²A-St. Michael 1981, II 4.

[9] Vgl. *E. Neumann,* Die Große Mutter. Der Archetyp des Großen Weiblichen, Zürich 1956.

[10] Vgl. Meditation der Gemeinsamkeit 87–97 und 48–58. René Stangeler in: *H. v. Doderer,* Die Strudlhofstiege, München 1966, 498: »Man müßte zwei verschiedene Wörterbücher anlegen, ein weibliches und ein männliches...« Nur: wer soll sie jeweils verfassen, er oder sie?

[11] Vgl. den 26. Brief Screwtapes an seinen Neffen Wormwood: »Eine Frau versteht unter der Selbstlosigkeit hauptsächlich: sich um anderer willen zu mühen; ein Mann versteht darunter: andere nicht zu bemühen ...

bild »Kameradschaftsehe«, »Lebens-team« oder ähnlich); schließlich gibt es die Hochstilisierung zur unsinnlichen Lebensgeleiterin und Walterin des Geistes (eine Sicht, die zugleich den unpersönlichen Gebrauch käuflicher Geschlechtswesen gewissermaßen sächlichen Charakters zuläßt). Was hier in der männlichen Perspektive aufgezählt wurde, hat selbstverständlich sein Gegenstück in der weiblichen Sicht des Mannes, auf jeder Seite wird dies wohl ausdrücklichst und in entschiedenster Zuspitzung von den Homosexuellen formuliert.

Andererseits zeigt sich gerade in bestimmten homosexuellen Lebensformen am deutlichsten auch das entgegengesetzte Versagen im Austrag der zu bestehenden Spannung: statt Selbstbewahrung faszinierter Selbstverlust in Hörigkeit und Vergötzung des jeweils andern Geschlechts.

Bei alldem wird die unvergleichliche Sonderstellung der Geschlechtlichkeit darin sichtbar, daß hier, wie gesagt, der Bezug auf den Anderen sich im Bezug auf das Andere konkretisiert, wie umgekehrt der Bezug auf das Andere Moment des Bezugs auf den Anderen ist. Damit entfallen einmal alle »Glas-Wasser-Theorien« als (»naive« oder interessierte) Verkürzungen. Die sexuelle Begierde des Menschen zielt keineswegs bloß auf »Spannungsabfluß« oder umgekehrt auf Steigerung dieser Spannung, ihr eigentliches Ziel ist vielmehr die Begierde des Anderen (ausweisbar bis in die gewöhnlichen Onaniephantasien hinein).

Ebenso entfallen als (wiederum »naive« oder interessierte) Abstraktionen Theorien ganzmenschlicher Begegnung, die die Geschlechtlichkeit zur quantité négligeable (oder doch wenigstens als – soweit möglich – »à négliger«) auffassen wollen, sich also wei-

Dadurch also, daß die Frau nur daran denkt, Gutes zu tun, und der Mann, die Rechte der andern zu respektieren, wird jedes Geschlecht das andere ohne jeden sichtlichen Grund als durch und durch selbstsüchtig ansehen« (*C. S. Lewis*, Dienstanweisung für einen Unterteufel, Freiburg 1958 u.ö. [Herderbücherei] 112f). – Man wird geradezu an die ethologische Erklärung der »Erbfeindschaft« zwischen Hund und Katze erinnert, wonach sie im Mißverständnis artspezifischen Verhaltens gründe. So deutet etwa der Hund das Schweifwedeln der Katze als Freundlichkeit statt als Drohgebärde und wird dann vom Tatzenhieb überrascht (vgl. die weitverbreitete Meinung, Katzen seien »falsch«).

gern, den Doppelsinn des biblischen »Erkennens« (z.B. Gen 4,1) völlig ernst zu nehmen [12].

Als Freiheitsverhältnis kennt dieses vielfache Zueinander nicht eine einzige »ideale« Gestalt. Hier herrscht Geschichtlichkeit vom epochal-kulturellen Rahmen bis in individuelle Unterschiede und den Wandel innerhalb der Lebensgeschichte jedes Einzelnen hinein. Gerade auch hier gilt: Die Natur des Menschen ist – nicht seine Vernunft oder seine Animalität als solche oder etwa deren »kentaurisch« unglückliches Zusammengeschirrtsein [13], sondern – seine Kultur (oder »Unkultur«).

Freiheit kann sich (siehe unten S. 162) nur als Freigabe verwirklichen; wer den anderen bindet, bindet sich selbst. Frei zum anderen aber ist man umgekehrt nur in Freiheit von ihm. »Frei von« heißt hierbei nicht: unbedürftig, losgelöst, sondern: gelöst im Zueinander. Personbezug sagt Einheit als Gegenüber, Einssein in dem, was trennt, und Getrennt-, Unterschiedensein eben durch das, was eint (nämlich eben das Personsein und das In-Bezug-Sein): »Nähe durch Abstand« und umgekehrt.

Dies wird als heilloser Wechsel von Distanzlosigkeit und Fremdheit erfahren, wenn es als bloßes Ich-Du-Gegenüber gelebt wird und nicht – so die Grundthese unserer Reflexionen –: zugleich (wie »anonym« auch immer) von Gott her und auf ihn hin. Daraus erklärt sich das allgemein beobachtbare Faktum, daß Profanisierung der Sexualität zu ihrer Dämonisierung oder zur Neurotisierung des Menschen führt und daß aus ihrer Vergötzung die Entpersönlichung der Partner folgt. Recht verstanden aber bedeutet sie als ausgezeichnete Erfahrung des anderen (im doppelten Sinn) eine bedeutsame Initiation in die Erfahrung des Ganz-Anderen als solchen [14].

[12] Überlegungen zur Rolle der Geschlechter außerhalb der Ehe füreinander hat vor Jahren *D. v. Hildebrand* vorgelegt: Die Menschheit am Scheideweg. Gesammelte Abhandlungen und Vorträge (hrsg. v. K. Mertens), Regensburg o.J. (1954), 127–145.

[13] Vgl. *E. Fink*, Spiel als Weltsymbol, Stuttgart 1960, 42ff (Die Stellung des Menschen in der kentaurischen Metaphysik des Abendlandes).

[14] Vgl. Meditation der Gemeinsamkeit I 3. – Von dorther versteht man 1. die zentrale Rolle der Sexualität in vielen Religionen, 2. Israels Widerstand gegen solche »Naturalisierung«, und 3. das Fortwirken dieses Mißtrauens (das ursprünglich nicht dem Geschlecht, sondern dessen Sakralisierung galt) im Christentum, wo es sich mit den griechischen Vorbehalten verbindet.

Nur vom absoluten Personwillen Gottes her wird der Einzelne gegenüber dem umgreifend Naturalen oder quasi-natural Gesellschaftlichen als Selbstzweck möglich. Nur so muß »Ich liebe dich« nicht im Grunde heißen: »Ich will dich haben (ich brauche dich, um dich zu gebrauchen)«, sondern: »Ich will dich« im Sinn von »Es soll dich geben« (so wie italienische Liebende noch heute nicht allein »ti amo« zueinander sagen, sondern auch: »ti voglio bene«).

Hier ist der Ort zu einer klärenden Bemerkung bezüglich der »christlichen Verteufelung von Sexus und Frau«. Die Fakten sollen weder geleugnet noch beschönigt werden [15]. Doch ist 1. an die griechische Herkunft so mancher scheinbar genuin christlicher Fehlhaltung zu erinnern. Und 2. gilt es klar zu sehen, daß die Korrektur christlichen Fehlverhaltens nicht darin bestehen kann, einfach antikische oder außerchristliche »Unbefangenheit« dem Eros gegenüber zum Vorbild zu nehmen. Nicht nur, weil mit dieser Unbefangenheit sich (gemäß Punkt 1) auch eine eigene Befangenheit verbindet, sondern vor allem deshalb, weil die Würde der Person und der Ewigkeitsrang jedes Einzelnen uns tatsächlich erst durch die jüdisch-christliche Botschaft offenbar geworden sind.

Außerhalb dieser Person erschließenden Offenbarungsgeschichte [16] wird das Absolutheitsmoment von Person – im asiatischen wie im griechischen Denken – nur im Begriff des Geistigen und Ideellen »schematisiert«, mit der entsprechenden »Befangenheit« gegenüber dem Materiell-Leiblichen im allgemeinen, dem Sexuellen im besonderen. Reine Unbefangenheit gibt es nur um den Preis der Unbewußtheit dieser Unbedingtheitsdimension. – Es geht also nicht darum, christliche Verkürzungen zu entschuldigen, aber darum, zu sehen, daß sie das Scheitern in einer Situation sind, von der mancher Einwand in seiner »Unschuld« offenbar nichts ahnt.

Und stellt sich schon in ungeschichtlich abstrahierender Betrachtung die Aufgabe, daß Person das eigengesetzliche Naturale zu

[15] Vgl. etwa *A. u. W. Leibbrand*, Formen des Eros. Kultur- und Geistesgeschichte der Liebe. 2 Bde. Freiburg–München 1972. Ausgeklammert bleibt übrigens dort wie hier eine soziopsychologische Erörterung der spezifisch neuzeitlichen Verdrängung des Sexuellen durch das arbeits- und sparsamkeitsorientierte bürgerliche Bewußtsein, ob es sich nun christlich verstand oder nicht.

[16] Vgl. *W. Pannenberg*, Grundfragen systematischer Theologie, Gesammelte Aufsätze, Göttingen 1967, 381–384.

durchformen hat, statt sich ihm einfach zu ergeben, so verschärft sich diese Situation nochmals durch die Erfahrung von Schuld. – Tatsächlich scheint inzwischen jenes schlichte Mißverständnis sexueller Befreiungsparolen weithin überwunden, wonach in einer Welt »entfremdender« Zwänge ausgerechnet die Dimension des Sexuellen der fortbestehende Paradiesgarten sei, offen für jeden, der sich entschließe, leistungsverweigernd in ihn heimzukehren (psychologisch gesagt: in ihn zu »regredieren«). Weder Höllentor noch Paradies, ist vielmehr auch und gerade dieser Lebensraum die ihm als Gabe und Aufgabe gegebene Welt des Menschen.

»Ti voglio bene«: Solch ansichhaltendes Sein-Lassen des Anderen in gleichwohl intensiver Bemühung um ihn ist das »Jungfräulichkeitsmoment« von Ehe; im Charisma des evangelischen Rates wird es eigens sichtbar gemacht. Umgekehrt versichtbart die Sakramentalität der christlichen Ehe (statt daß sie bloß »erlaubte Sünde« wäre) den Interpersonalbezug zölibatärer Lebensform (in Abhebung von einem leib- und frauenverachtenden Junggesellentum). Bezeichnenderweise steht darum die Ehe heute ebenso in Frage wie die Jungfräulichkeit.

Was in beidem angezeigt wird und im besten Fall anfänglich da ist, die vorhin genannte Freiheit der Liebe, steht in Vollendung noch aus. Nicht aufgrund unserer Leiblichkeit, wie asiatisch-griechisch vermeint wird, sondern aufgrund verschuldeter Unheilssituation (siehe Kap. 5 und den Exkurs zu Kap. 3). Darum heißt das Ziel auch nicht Entleiblichung und differenzloses (gleichsam farblos weißes) Eins, sondern geglückte Leibhaftigkeit und Einssein als Zusammenklang des Unterschiedenen.

Darauf aber deutet eben die so oft beargwöhnte Erfahrung leibhaftiger Lust voraus. Gewiß droht die Gefahr ihrer Isolierung; aber wenn man sie isoliert sieht (isoliert auf das bewußtlose Nu und auf das darin – bewußlos – »sich« genießende Ich), verliert sie sich gerade. Wirklich entfaltet sie sich erst im Gesamtgeschehen des »Liebesspiels«, d.h. wenn sie in Liebe (also in gegenseitiger »Aufmerksamkeit« auf die Andersheit des Anderen) gegeben und empfangen wird. So aber ist sie mehr als Flucht-Traum und Vorspiegelung, mehr auch als Vor-Spiegelung eines noch gänzlich Künftigen, sondern sie ist schon dessen fragmentarische An-kunft: »Angeld«[17].

[17] Ausführlich zu Geschlechtlichkeit und Ehe: Der Mensch ist Person, Kap. 5 u. 6; über Scham als Diskretion: Lernziel Menschlichkeit, Kap. 3.

3. GEMEINSAME FREIHEIT: DIALEKTIK DER AUTORITÄT

»Das Symbol gibt zu denken«, diesen Satz liebt Paul Ricœur[1] gewiß auch darum, weil er selbst genug zu denken aufgibt. Das vorhergehende Kapitel hat vor allem die Mehrdeutigkeit des Symbols und die Formen mißtrauischen Rückzugs angesichts dessen erwogen. Das Symbol gibt zu denken, d.h. es verlangt nach Deutung seiner, und zu dieser Deutung bedarf es reflektierter Entscheidung. Insofern aber nun Symbol, wie bedacht, nicht Einzelgeschehen, sondern stets gemeinsames Ereignis ist, sind auch Entscheidung und Deutung nicht bloß individuell (griechisch: atomistisch) zu sehen. Es gibt private und offizielle, autorisierte, autoritative Interpretationen, so wenn z.B. ein kirchliches »Lehramt« die »Symbola« (d.h. Glaubensbekenntnisse) einer Gemeinschaft bindend auslegt.

Damit ist die Denkaufgabe dieses Kapitels benannt: die Spannung von Freiheit und Autorität im Freiheits-Miteinander.

Freiheit als »Standpunkt« des Problemhorizonts

Als erstes stellt sich hier die Frage, von woher, in welcher Perspektive das Verhältnis beider in den Blick zu nehmen sei. Wir fragen dies vor aller genaueren Definition von Freiheit und Autorität (da deren nähere Bestimmung ja das *Ziel* dieses Kapitels darstellt), einfach aufgrund des allgemeinen Vorverständnisses beider.

Danach kann man hier zumindest vage von »Spannung« sprechen, und sogleich zeigt sich, daß es einen »unparteiischen«

[1] Symbolik des Bösen, Freiburg–München 1971, 385ff.

Standpunkt in unserer Problematik offenbar nicht gibt, gar nicht geben kann. – Es gibt keinen Standpunkt jenseits von Autorität und Freiheit; denn wer ihn einzunehmen erklärte, beanspruchte eben dadurch Autorität über die Kontrahenten; das heißt aber, er hätte sich in Wahrheit schon mit einer der Parteien identifiziert.

Man kann nun, gerade aufgrund dieser Einsicht, dem Versuch, das zu erhellende Verhältnis von der Autorität aus zu klären, nicht vorwerfen, er sei unfreiheitlich und – wie das Schlagwort lautet: »autoritär«. Dieser Vorwurf – in solch prinzipieller Allgemeinheit – hätte nur Sinn, wenn es einen neutralen Ausgangspunkt gäbe. Man kann die Perspektive der Autorität also nicht als solche disqualifizieren; denn das hieße wiederum, die Position der Freiheit, von der aus man ja hier qualifizierte, statt als Partner-Position als Stelle richterlicher Autorität zu behaupten. Damit aber widerspräche man dem eignen Ansatz (und gebärdete sich so tatsächlich seinerseits autoritär)[2]. – Doch man wird daraufhin ein Argument von der Autorität her nicht als neutralen Urteilsspruch akzeptieren, sondern es eben als Argumentation des Partners hören und entgegennehmen. Jedenfalls in philosophischer Reflexion; und darum geht es hier.

Andererseits muß eine solche Reflexion, die Autorität nur als Partner zuläßt, sich bewußt sein, ihrerseits Partner, nicht Richter zu sein. Kurzum, die Frage des Themas stellen, heißt: sich engagieren. Engagement besagt hier unausweichlich Engagement für eins der Momente. Redlichkeit verlangt, sich dessen bewußt zu sein und zu bleiben. Ob damit eine Übereinkunft unmöglich wird, ist keineswegs schon ausgemacht (vielleicht gibt es sie in Wahrheit *immer* nur zwischen Partnern selber, nicht durch richterlichen Entscheid).

Theologie, die diesen Namen verdient, wird, als Sprechen von Gott und seinem Auftrag in Jesus Christus her, unser Thema autoritativ behandeln – um eben so die Botschaft von der Befreiung unserer Freiheit auszurichten. Philosophie versteht sich

[2] Vgl. hierzu etwa die detaillierten Analysen von *R. Schaeffler*, Religion und kritisches Bewußtsein, Freiburg–München 1973.

demgegenüber als prinzipielle Selbstreflexion des Menschen, oder – um dieses Wort gleich ins Philosophisch-Abstrakte zu transponieren – als (Selbst-)Reflexion freien Selbstbewußtseins bzw. selbstbewußter Freiheit (wobei, wie sich gezeigt hat, die Adjektive unnötig, weil pleonastisch sind).

Freiheit verstehen die Überlegungen dieses Buchs nicht als eine Eigenschaft unter andern, sondern als wesentliche Verfaßtheit, sozusagen als *das* Wesen des reflektierenden Selbst (so daß wir – gemäß S. 44 – metonymisch auch das Selbst als solches einfach Freiheit nennen). Sie sagt Selbstbestimmung, Selbstursächlichkeit. Als der Autorität gegenüber »unverdächtiger« (weil primär theologischer) Zeuge für dieses Vorverständnis sei der Aquinate zitiert: »Liber est, qui sui causa est.« [3]

[3] *J. de Vries* in: J. de Vries/W. Brugger (Hrsg.), Der Mensch vor dem Anspruch der Wahrheit und der Freiheit, Frankfurt/M. 1973, zum Beitrag des Verf.: Antwort gerufener Freiheit. Philosophisches zum Gebet (239–255), 243: »Ursprünglich ist das Wort ›homo liber sui causa est‹ allerdings Übersetzung des aristotelischen ἄνθρωπος ἐλεύθερος ὁ ἑαυτοῦ ἕνεκα ... ὤν (Metaph. I 2, 982b, 25f), d.h. der (soziologisch) Freie (im Gegensatz zum Sklaven) ist jener, der um seiner selbst willen da ist (nicht um eines anderen willen), das lat. ›causa‹ ist als Übersetzung des griech. ἕνεκα grammatisch als Ablativ, nicht als Nominativ aufzufassen, sachlich ist die gemeinte Kausalität die des Zieles (›um willen‹). So versteht Thomas das Wort nicht nur in seinem Kommentar zur eigentlichen Fundstelle (d.h. In 1 Met., lect. 3, n. 58), sondern z.B. auch in: De regimine principum 1, 2, n. 5 (Opuscula philosophica, ed. Perrier, p. 224); so wohl auch noch S.c. gent. III 112, 3. Absatz. – An anderen Stellen dagegen faßt Thomas das ›causa sui‹ als ›Ursache seiner selbst‹, d.h. ›causa‹ grammatisch als Nominativ, sachlich als *wirkende* Ursache. Die ›causa sui‹ wäre also eine Ursache, die sich selbst schlechthin, d.h. zu ihrem ersten Sein, hervorbringt. Die sachliche Berechtigung, eine ›causa sui‹ in diesem Sinn anzunehmen, wird aber von Thomas stets abgelehnt. So schon De ente et essentia, c. 4, n. 22 (nach der Zählung von Perrier, a.a.O., p. 41). – Ohne Zweifel gibt es aber auch Stellen, in denen Thomas das ›causa sui« von der (über das erste Sein hinausgehenden, weiteren) Selbstverwirklichung, wie sie im freien Wirken erfolgt, gebraucht, also ›causa sui‹ grammatisch als Nominativ, sachlich als Wirkursache versteht und ihm doch einen berechtigten Sinn zuerkennt; so S.th. I–II 108, 1 ad 2; II–II 19, 4; S. c. gent. II 48, Absatz Item; IV 22, Absatz Considerandum. An solchen Stellen scheint der ursprüngliche (soziologische) Sinn von ›sui causa‹ vergessen zu sein; die einprägsame Formel wird unabhängig von ihrem ursprünglichen Sinn weiter verwendet.«

Demgegenüber erscheint Autorität in einem ersten Hinblick als Grenze oder Schranke dieser Selbstbestimmung. Nicht als käme allen faktischen Grenzen der Freiheit Autorität zu; aber Autorität erscheint ihrerseits als Bestimmung oder auch Bestimmungs-Anspruch »von außen« gegenüber dem Wesen von und dem Willen zu innerer Selbstbestimmung. Fragen wir darum zunächst grundsätzlich nach den Grenzen von Freiheit.

Die Grenzen der Freiheit

Selbstbestimmung gibt es nur als Selbstbewußtsein, d.h. das Selbst muß als solches sich auf sich als Selbst beziehen können und beziehen. Die Grundbedingung solchen Selbstverhältnisses stellt sicher das dar, was man die Selbsthelle der Freiheit und des Geistes genannt hat. Denn wie sollte das Selbst sich auf sich »zurückbeugen« (re-flektieren), zu sich (in »reditio«) zurückkehren können, wenn es das, worauf es zurückkäme, nicht als es selbst erkennte, das heißt aber, es als dieses je schon erkannt *hätte* (also wenn es sich nicht als sich *wüßte;* wissen aber heißt: »gekannt, gesehen haben«: novi, οἶδα).

Doch nicht um diese Grundbedingung, ohne die nur die Unmöglichkeit eines »Fortgangs ins unendliche« bliebe, ist es jetzt zu tun, sondern um die Wesensweise ihrer Verwirklichung. Und dazu gilt, was nach Fichte und Hegel vor allem die Dialogiker unseres Jahrhunderts erarbeitet haben: Allein am Du wird das Ich zum Ich. Den Anstoß zur »Rückbeugung« muß das Ich am Nicht-Ich erfahren (weil es sonst eben ins unendliche ausflösse); die »Ranghöhe« der »Refraktion« aber setzt gleichzeitig das Maß erreichter »reditio«, des Zu-sich-Kommens und Bei-sich-Seins des Ich; d.h., das eigentlich entsprechende Nicht-Ich des Ich muß seinerseits ein Ich sein[4].

Mit anderen Worten (siehe oben S. 47): Konkrete Freiheit ist möglich und wirklich nur als Interpersonalität, als Freiheits-Vielheit. Freiheit als wirkliche bedarf der Gestalt, Gestalt heißt

[4] Vgl. als Gegenbild das Phänomen der Wolfskinder: *L. Malson,* Die wilden Kinder, Frankfurt/M. 1972.

Kontur, Kontur besagt Grenze, Grenze besagt das Aneinander-Grenzen von mindestens zweien. (Ein Grenzen ans Nichts, also an nichts, wäre – wie schon einführend anklang – kein Grenzen; es wäre entweder positiv gefüllte übergestaltliche Grenzenlosigkeit: »grenzenlosen Lebens ganzer und zugleich vollkommener Besitz«[5], oder die »schlechte Unendlichkeit« gestaltlos leerer Möglichkeit.)

Das Einander-»Begrenzen« von Freiheiten heißt Begegnung, insofern es nicht rein faktisches Nebeneinander, sondern Bezug als Sich-Beziehen, Bewußtseins- und Freiheitsgestalt ist. Dieses Miteinander der Freiheiten bedarf nun eines »Raums« beziehungsweise eines »Mediums«, das weder mit den Freiheiten einfach identisch noch seinerseits Freiheit sein kann. Anders gesagt (um die hier eigentlich erforderte ausführliche Analyse ebenso verkürzt und gleich veranschaulicht zu bieten wie schon im Vorangegangenen): Die Kommunikation der Freiheiten bedarf eines »Trägers von Information«, der einerseits »Eigenstruktur« besitzt (um Information »tragen« zu können) und andererseits von sich her unveränderlich, unfrei ist (damit er sie unverändert bewahrt).

Das heißt: Wenn Freiheiten mit- und füreinander sein sollen, dann müssen sie leibhaft sein, wie immer das, was hier Leib heißt, dann konkret aussehen mag. Und diese Leibhaftigkeit, ihr Einander-Erscheinen, unterscheidet sich von ihnen selbst. (Dies war ja der Grund für die Be-denklichkeit des Symbols.) – Die Grenze von Freiheit zu Freiheit impliziert also eine weitere Begrenzung ihrer jeweiligen Selbstbestimmung durch die Struktur (die Eigengesetzlichkeit) ihrer Erscheinung(sdimensionen): das Personale wird durch das »Naturale« begrenzt[6].

Die Gesetzlichkeit des Naturalen wie die »Macht« des Faktischen im Miteinander der Freiheiten überhaupt (von der geschichtlich gewordenen Struktur einer bestimmten Sprache über das Nicht-ungesagt-machen-Können eines gesprochenen

[5] *Boethius*, De consolatione philosophiae V 6.

[6] Siehe *W. G. Jacobs*, Trieb als sittliches Phänomen, Bonn 1967, und S. 61ff den Exkurs zum 2. Kapitel.

Wortes bis zur transzendentalen Notwendigkeit des Nicht-Widerspruchs) möchte ich die Grenze der Freiheit am *Muß* nennen. Schon hinsichtlich ihrer leuchtet ein, daß sie nicht bloß Schranke und Mauer, sondern zugleich Kontur konkreter Freiheit ist. Will sagen, ein Freisein von diesem Muß würde die Freiheit nicht »wirklicher« (wirkender, mächtiger, freier) machen, sondern unwirklich. Keine konkrete Gestalt dieses Muß muß sein, aber eine konkrete Gestalt muß sein, wenn Freiheit sein soll.

Dennoch kann Freiheit sich bei dieser faktischen Einsicht nicht beruhigen. Die Frage meldet sich, ob solche Wirklichkeit, wenn es sie nur auf diese Weise geben kann, dann überhaupt zu wünschen sei. Freiheit steht unausweichlich in ihr; aber muß sie dieses ihr Los akzeptieren? – Wenn sie es *müßte*, wäre sie letztlich nicht mehr Freiheit. Welche Gestalt aber hat dann zuletzt ihr Ja oder Nein zu dieser Tatsächlichkeit?

Davon hat das erste Kapitel gehandelt: Wenn Freiheit *wirklich* sein will (verdeutlichen wir das Gemeinte am Beispiel der Sprache), wenn sie sich aus- und dem anderen zusprechen will, dann muß sie den Sprachregeln folgen (eine rein subjektive Individualsprache wäre keine), sie muß weiterhin sagen, was ist (oder zumindest behaupten, sie täte es, weil sonst ihr Reden wieder zur bloßen Privatsprache würde). Freiheit muß also richtig und wahr sprechen. Und »wahr« besagt, daß sie nicht bloß faktisch mit der Wirklichkeit übereinkommt (wie ein photographisches Abbild), sondern wissend und wollend diese Übereinkunft gewissermaßen verdoppelt, d.h. sie als solche nochmals im Vollzug behauptet.

In dieser Verdoppelung zeigt sich, daß der Sachverhalt nicht zwingt: man *muß* nicht so reden. Zugleich aber kann diese Selbststellungnahme nicht willkürlich sein, denn ihr Maß ist der Sachverhalt, den das Urteil behauptet, nicht das sprechende Ich.

Da »freie« Willkür doch in Wahrheit nur der subjektiven Nötigung des Ich entspränge (seiner psycho-physischen Situation)[7],

[7] Im selben Sinn benennt das Wort »Zufall« nicht etwa eine besondere Form von (»freiem«) Ereignis oder Ursache–Wirkung–Verhältnis, sondern spricht präzise nur die Unkenntnis des tatsächlichen Zusammenhangs aus. Darum ist »Zufall« keine Erklärung, sondern der Name für deren Fehlen.

fallen privates Belieben und ein überindividuelles, »strukturales« »Nicht-anders-Können« letztlich zusammen. Daraus folgt, wie wir gesehen haben, daß Freiheit sich nur so zur Sprache bringen kann, daß sie sich einem *Sollen* unterstellt: d. h. einem Anspruch, demgegenüber sie zwar anders könnte, doch nicht darf: »also ist ein freier Wille und ein Wille unter sittlichen Gesetzen einerlei« [8].

Das Woher eines solchen Sollens aber ist das, was hier mit Autorität gemeint sein soll.

Autorität

Eine Grundalternative im heutigen Verständnis von Autorität ist ja die, sie entweder als faktisches *Anerkanntsein* des Autoritätsträgers (seitens der Gruppe von Menschen, für die er Autorität ist) oder als berechtigten *Anspruch auf Anerkennung* zu bestimmen. – Die Gründe für jenes Faktum wie für diesen Anspruch können in der Person oder in ihrem Amt liegen, wobei wiederum Person und Amt auf verschiedene Weise verstanden werden. Ihre Deutung läßt sich auf einer gleitenden Skala vom Personalen zum Funktionalen hin anordnen, je nach der Fragestellung, die sie beantwortet – von der Frage: Wer bist du? (was bist du?) über: Was leistest du? zu: Wozu bist du (mehr oder weniger) notwendig oder nützlich? Dies sowohl bezüglich der Lehrautorität des Fachmannes, die sich dem Wahrheitssuchenden zur Risikoverminderung anbietet, wie bezüglich der Führungsautorität, die der Risikoverminderung in der Verwirklichung der Wahrheit dienen soll.

Verständlicherweise gibt eine Zeit, die vom »wissenschaftlichen« Denken, d. h. von dem Ideal allgemein verifizierbarer Empirie und effizienter Prognostik, bestimmt ist, der faktisch-soziologischen Bestimmung von Autorität den Vorzug. Ihre Brauchbarkeit, ja ihre Notwendigkeit ist unbestreitbar und sei

[8] *I. Kant*, Grundlegung zur Metaphysik der Sitten, 1785, 98 (Werke [Weischedel] IV 82).

hier auch nicht bestritten – zumal nicht bloß szientistische Vorlieben, sondern vor allem Erfahrungen mit angemaßter Autorität zu dieser Vorzugswahl bestimmen. Dennoch hätte man damit die Frage des Normativen wiederum autoritär beantwortet, wenn man nicht ausdrücklich erklärte, man spare sie aus. Unterbleibt dieser Vorbehalt nämlich, ist damit das Faktische zur Norm erhoben: Was ist, das ist, wie und weil es so ist, rechtens. Die Konsequenzen bedürfen keiner weiteren Worte.

Bekennt man aber die Begrenztheit dieser Konzeption, dann gibt man zu, daß sie gerade den Kern des Problems, den quälenden Stachel der gestellten Frage nicht erreicht. Tatsächlich sind ja die »letzten« Fragen keineswegs überall und immer am Platze. Aber an ihrem Platz stellen sie sich dann unabweisbar – nicht bloß faktisch, sondern *rechtens* unabweisbar: also im Sinn des zweiten Verständnisses von Autorität.

Mit anderen Worten, es geht hier – wie stets im philosophischen Reden – um die strittigen Begriffe in reflektiertem (reduplikativem) Verständnis: um Freiheit *als* Freiheit gegenüber Autorität *als* solcher. Beobachtbarer »Gehorsam« jedoch verrät nicht, wem er eigentlich gilt. Er kann aus eigener innerer Einsicht entspringen, für die das Wort der Autorität nicht mehr war als Anstoß und Hinweis; er kann aus äußeren (z.B. Nützlichkeits-) Erwägungen folgen; er kann schließlich das Ergebnis erfolgreicher Dressur (»Konditionierung«) sein, nach dem Muster des Pawlowschen Hundes. Dann aber handelt es sich gar nicht um Autorität (*als* solche) – im letzten Fall obendrein auch nicht mehr um Freiheit.

So sei hier bewußt der andere Ansatz versucht, und bewußt ist dabei nicht nur seine »Unzeitgemäßheit«, sondern auch seine tatsächlich gegebene Ideologie-Anfälligkeit: wir wählen den Weg »von oben«. Autorität heißt also das Woher des Sollens. Nach dem zum Sollen Gesagten darf und muß man zugleich auch formulieren: das Woher des Dürfens – insofern die Grenze sich als Kontur der Gestalt, d.h. zugleich als positive Möglichkeitsbedingung von Freiheit gezeigt hat.

Das klingt übrigens auch in der Etymologie des Wortes an. »Auctor« ist der Urheber, Gewährsmann, Bürge; »augere« heißt vermehren, fördern, wachsen und gedeihen machen. Das Bildwort vom Licht (S. 25f) für dieses Woher meint darum nicht bloß die richtende Wahrheit, vor der alles offenbar wird, nicht bloß die Hoheit selbst-begründeten Anspruchs, sondern auch die Bedingung und den Ursprung jeglichen Lebens.

Die Wahrheit, das Gute ist so zugleich jenes, das sein soll, und das, was gut ist, was erfüllt werden soll und erfüllt. Mit einem anderen Namen, der diesen Doppelaspekt in sich enthält: es ist *Sinn*, oder besser: das Woher allen Sinns, jedenfalls wenn man »Sinn« mit Bernhard Welte definiert als die Übereinkunft meiner mit mir selbst als Übereinkunft mit dem Seienden im Ganzen[9].

Aber nicht hier liegt die Problematik unseres Themas. Sie ergibt sich vielmehr daraus, daß dieser bestimmende und ermöglichende (schöpferische) Anspruch an die Freiheit nun von derart angerufener Freiheit selbst gegenüber anderen artikuliert wird[10].

Setzen wir dazu noch einmal bei der Autorität des »Lichtes« selber ein. Hier fallen tatsächlich die beiden Autoritäts-Auffassungen zusammen; denn die Wahrheit soll nicht nur sein, sie wird auch immer schon anerkannt und gewollt. Wer spricht, akzeptiert damit (logisch gefaßt) das Nicht-Widerspruchs-Prinzip. Er will nicht zugleich sagen und nicht sagen, was er sagt. Selbst der Lügner muß vorgeben, sagen zu wollen, was ist, um angehört zu werden; und darüber hinaus untersteht seine Lüge selber noch einmal diesem Gesetz, um sich überhaupt formulieren zu können. Und dieser logische Aspekt zeigt Umfassenderes an: den Willen, das Grundgewilltsein zur Wahrheit, aufgrund dessen der Lügner nicht bloß zur Realität, nicht bloß zur Erwartung des anderen, sondern vor allem zu sich selbst in Widerspruch steht: »Hier wirkt sich die Wahrheit dahin aus, daß die Lüge die lügnerische Zunge quält«, heißt es in einer Notiz Leonardos da Vinci[11]; die abstrakteren Kantischen Stichworte dazu sind: Moralität – Legalität – Autonomie.

[9] *B. Welte*, Auf der Spur des Ewigen, Freiburg 1965, 20 und 22. (Statt »meiner« und »mir« zöge ich dabei »unser« und »uns« vor.)

[10] Biblisch gesprochen ist es das Thema: »Nennt euch nicht Rabbi; denn einer ist euer Meister, ihr aber seid alle Brüder« (Mt 23,8).

[11] Philosophische Tagebücher (G. Zamboni), Reinbek 1958, 95.

Moralität wird einzig dadurch erreicht, daß Freiheit sich mit der Norm der Wahrheit identifiziert, d.h. es gibt sie allein als Autonomie. Die Freiheit steht dann nicht mehr unter, sondern im Gesetz. (Die Wahrheit ist eben gerade und nur so »höher als mein Höchstes«, daß sie nicht fremde Gewalt, sondern »innerer als mein Innerstes« ist.)[12]

Mit anderen Worten: reine Autorität »herrscht« durch Überzeugung[13]. – Die Problematik innerweltlicher Autorität zeigt sich nun darin, daß die beiden Aspekte Anspruch und Anerkanntsein auseinandertreten. Faktisch gründet die Herrschaft innerweltlicher Autorität nicht bloß auf *Überzeugung*, also auf der freien Zustimmung der Folgeleistenden, auch nicht bloß auf *Macht*, d.h. unabhängig von der Zustimmung der »Untergebenen«, sondern stets auch auf *Zwang;* d.h., sie behauptet sich gegen die Ablehnung der Betroffenen. Welche Deutung fordert oder erlaubt dieses Faktum?

Dialektik der Delegation

Vorausgesetzt wird, dem bisher Gesagten zufolge, daß alle Autorität »von Gott« ist; will sagen: sie muß sich vor der Norm des Wahren und Guten ausweisen und kann nur von daher legitimiert werden. Eine rein soziologisch-funktionale Interpretation soll damit nicht bestritten, sondern weiter befragt und prinzipiell gerechtfertigt werden. Denn es gilt zwar: Wenn Ordnung sein soll, und derer bedarf es, wenn ein Miteinander von Freiheiten möglich sein soll, bedarf es irgendwelcher Anordnungsinstanzen. Aber 1. unterstehen deren Auskünfte und Anordnungen nicht bloß dem Nützlichkeitsstandpunkt, sondern der Norm der Wahrheit und des Guten (des »Menschenwürdigen«). Eine

[12] Vgl. Röm 2,14: nicht erst von dem durch Christus Befreiten wird gesagt, es sei der Knechtschaft des Gesetzes ledig, sondern von den Heiden gilt, wenn sie der Wahrheit folgen: ἑαυτοῖς εἰσιν νόμος – sie sind autonom.

[13] Biblisch: Sie richtet nicht; wer sich ihr verweigert, richtet sich selbst bzw. hat sich damit schon gerichtet.

menschenunwürdige Ordnung soll eben nicht sein, und zwar auch dann nicht, wenn die (entsprechend »entfremdeten«) Mitglieder einer bestimmten Gemeinschaft selbst dies wollten. 2. führt die hypothetische Notwendigkeit von zunächst funktional verstandener Autorität auf die Frage, ob und woher überhaupt Gemeinschaft von Freiheiten sein solle (in der es dann freilich Autorität geben muß).

Die These, daß alle Autorität »von Gott« sei, muß also nicht schon jene »autoritäre« Ideologisierung bestehender Herrschaftsstrukturen besagen, in deren Dienst sie oft genug gestellt worden ist; im Gegenteil weist sie auf die einzige Norm einer Kritik hin, die ihrerseits nicht ideologisch und so Freiheit zerstörend sein will[14].

Diese Norm läßt sich formulieren als: Freiheit soll sein, Freiheit im Miteinander, d.h. als »Reich der Freiheiten«, und dieses Reich als Reich der Wahrheit, der Gerechtigkeit, des Friedens, der Liebe. Damit sollen dann auch die »Grenzen« der Freiheit sein, von denen wir gehandelt haben, weil sie unabdingbare Bedingungen dieser Gemeinsamkeit sind, welche sein soll.

Dabei geht es jetzt in erster Linie um die Grenze von Freiheit zu Freiheit. Sie ist unter zwei Stichworten zu verdeutlichen: *Macht* und *Pluralismus*. Zum ersten braucht es nicht viel. »*Macht*« = Bestimmung des andern, vorgängig zu dessen Stellungnahme, ist nur ein anderes Wort für diese Grenze selbst. Freiheit bestimmt Freiheit einfach dadurch, daß – und insofern als – es sie gibt.

Die derart bestimmte Freiheit hat freilich in ihrer Zustimmung zur Wahrheit und zur Grenze überhaupt auch dem Dasein anderer Freiheit und so ihrem eigenen Bestimmtwerden durch diese zugestimmt – sonst wäre sie gar nicht; denn diese Zustimmung

[14] Bezeichnenderweise steht *dieser* Aspekt an jener alttestamentlichen Stelle im Vordergrund, auf die Paulus Röm 13,1 anspielt: Weish 6,1ff: »Hört, ihr Könige, ... die ihr euch brüstet mit Völkermassen! Denn vom Herrn ward euch die Macht und die Herrschaft vom Höchsten, der eure Werke prüfen und eure Pläne untersuchen wird ... Vgl. *J. Splett,* Die Rede vom Heiligen 272–283.

ist die einzige Weise, wie sie ihrer eigenen Wirklichkeit zustimmen kann, und Freiheit gibt es nicht anders denn kraft eigener Einwilligung [15]. Aber sie hat nicht dieser konkreten Gestalt der anderen Freiheit und dieser konkreten Weise ihres Bestimmens zugestimmt (so sehr sie ihrerseits, einfachhin durch ihr Dasein, diese Gestalt und Weise *mit*bestimmt).

Doch sollte sie dann nicht wenigstens nachträglich zustimmen, um das Machtverhältnis in ein reines Miteinander aufzulösen? Damit sind wir bei dem zweiten Stichwort angekommen, dem *Pluralismus.*

Anerkennung des andern als andern ist allerdings die einzige Weise, wie Freiheit mit Freiheit zusammen bestehen kann. Hegel hat in beeindruckenden Analysen diesen Weg vom Kampf auf Leben und Tod über die Dialektik von Herr und Knecht und immer subtilere Formen des Zwangs bis zu jener »Versöhnung« nachgezeichnet, in der die Freiheiten sich zum Miteins befreien: »Das versöhnende Ja, worin beide Ich von ihrem entgegengesetzten Dasein ablassen, ist das Dasein des zur Zweiheit ausgedehnten Ichs, das darin sich gleich bleibt und in seiner vollkommenen Entäußerung und Gegenteile die Gewißheit seiner selbst hat; – es ist der erscheinende Gott mitten unter ihnen, die sich als das reine Wissen wissen.« [16]

Aber wie wissen beide sich nun als das reine Wissen? Wenn sie der Wahrheit die Ehre geben, dann doch nur so, daß sie auf jeweils ihre Weise (»ad modum recipientis«) in der Wahrheit stehen. Diese »modi« sind aber verschieden, die »Perspektiven« differieren – und sie differieren unaufhebbar. Nicht als ob damit jede Verständigung verunmöglicht würde: man kann sich in den Standpunkt des andern und in seine Perspektive versetzen, aber

[15] Vgl. S. 70 mit Anm. 3. *R. Guardini* sagt mit seiner Gabe erhellender Anschaulichkeit, Gott schaffe Person »durch einen Akt, der ihre Würde vorwegnimmt und ebendamit begründet, nämlich durch Anruf. Die Dinge entstehen aus Gottes Befehl; die Person aus seinem Anruf« (Welt und Person, Würzburg [5]1962, 145). Die Überlegungen dieses Buchs wollen zeigen, daß damit nichts »Erbauliches« gesagt ist, sondern nur artikuliert wird, was in der Selbsterfahrung der Freiheit selbst hervortritt.

[16] *G. W. F. Hegel,* Sämtl. Werke (Glockner) 2, 516.

doch nur vom eigenen Standpunkt aus, in der eigenen Perspektive. Ein bloß zur Zweiheit ausgedehntes *Ich* ist also das versöhnte Wir gerade nicht.

Doch ist das Wir eben in dieser Differenz tatsächlich der erscheinende Gott, d.h. Gottes Erscheinen. Und es ist dies gerade als wechselseitige Anerkennung und Anerkanntheit von Autorität. Was mit diesem ersten Aspekt von Pluralität und Pluralismus (d.h. anerkannter Pluralität) gemeint ist, sei an einem berühmten Gleichnis des Cusaners verdeutlicht.

Seiner Unterweisung »De visione Dei« (1453) für das Kloster Tegernsee fügt er eines jener Bilder bei, die so gemalt sind, daß sie den Beschauer unter jedem gewählten Blickwinkel unmittelbar anzublicken scheinen. Stellen die Mönche sich nun im Halbkreis um dieses Bild, dann findet jeder sich direkt und wie ausschließlich von ihm angeblickt (und wer, das Bild im Auge behaltend, es im Halbkreis umschreitet, erfährt, wie dessen Blick ihm ständig folgt). Damit wird im Übergang vom Mittelalter zur Neuzeit in genialer Weise die »Subjektivität« des Denkens und Redens von Gott und allem deutlich gemacht und zugleich legitimiert, anders gesagt: der wesenhafte Doppelsinn des Genetivs im Titel dieser Schrift, daß Gottes Sehen sein Gesehenwerden, sein Gesehenwerden die Weise ist, wie er den Sehenden ansieht[17].

Doch nicht so sehr darum geht es uns jetzt als vielmehr um die Frage, wie, woher man wisse, daß hier *Gott* blickt. Das weiß ich nicht daher, daß ich sehe, wie sein Blick mir folgt, sondern daher, daß ich zugleich *höre* (und es *glaube*), daß dem andern dieser Blick in nicht minderer »Ausschließlichkeit« zugewandt ist. Dies also, daß jenes Bild mich derart ungeteilt anblickt, daß es zugleich auch den andern ungeteilt anblickt, macht seine »Göttlichkeit« aus. Dann weiß ich aber dessen Göttlichkeit weder allein aus meinem Sehen, meiner Einsicht, noch allein aus meinem Hören, dem Vertrauen auf den anderen als Autorität, sondern strikt erst aus beiden zusammen.

[17] Vgl. *W. Schulz*, Der Gott der neuzeitlichen Metaphysik, Pfullingen [4]1969. Siehe unten S. 170ff.

Wollte ich diese Differenz überwinden, indem ich mich, statt dem andern zu glauben, zur Nachprüfung genau an seinen Platz stellte (wenn das ginge), oder sein Umschreiten mitmachte, dann fände ich zwar tatsächlich uns beide erblickt, aber die »Göttlichkeit« dieses Blickens hätte sich – mir und ihm – entzogen. Ebenso entzöge sie sich freilich, wenn man sich auf gläubiges Hören beschränkte, ohne selbst sehen zu wollen, und wiederum entzöge sie sich dann beiden.

Der Sinn zeigt sich also nicht unmittelbar an sich selbst, nur in eigener Autorität, er zeigt sich prinzipiell vermittelt [18], allerdings so, daß diese Vermittlung seine Unmittelbarkeit nicht aufhebt. Woher glaube ich denn dem andern das Unglaubliche, auch er werde angeblickt, wenn nicht von daher, daß ich in meinem Angeblicktwerden einen »Überschuß«, eine Souveränität und »Herrlichkeit« erfahre, die mich das Zeugnis des andern geradezu als befreiende Ausdeutung meiner von mir allein nicht zu fassenden Erfahrung akzeptieren läßt? – In diesem Sinn wechselseitiger Akzeptation gehört Autorität offenbar zum Wesen der Freiheit [19].

Doch mit dieser prinzipiellen Schwebe ist nur der eine Aspekt des Pluralismus beschrieben. Tatsächlich wird ja nicht bloß theoretisch erblickt, so daß sich Ansichten ergänzen. Was hier Sehen und Gesehenwerden heißt, meint den Vollzug, das Leben der jeweiligen Freiheit überhaupt: ihren Selbst- und Weltentwurf, der sich auch und vor allem im Handeln ausdrückt.

In der konkreten Verwirklichung aber verwandelt sich ein theoretisches »Sowohl – als auch« nicht selten in ein »Entweder – oder«. Hier schließen Entwürfe sich aus, statt sich zu ergänzen.

[18] Biblisch (Joh 14,8f): Herr, zeige uns den Vater ... Wer mich gesehen hat ...

[19] Und auch die »visio beatifica« ist letztlich nicht anders als in dieser Struktur zu verstehen und zu erhoffen, also nicht als Überwindung der Mitmenschlichkeit in ein selbstgenügendes Von-Angesicht-zu-Angesicht »Gottes und meiner Seele«, sondern als Befreiung und »Erlösung« unserer Gemeinsamkeit – dies freilich eben aufgrund des Geheimnisses eines jeden.

Auch hier muß Freiheit Freiheit anerkennen, d.h. achten. Doch das verbietet nicht, daß sie unter Umständen in der Treue zu ihrem Ruf mit allen legitimen Mitteln ihre Konzeption gegenüber der anderen durchzusetzen versucht, ja dies versuchen muß und soll[20].

Dies scheint der Punkt zu sein, wo – auch und gerade vor dem Hintergrund der christlichen Botschaft von der Erlösung und dem letztgültigen »Es ist gut« über allem – die Rede von Tragik angebracht und unvermeidlich ist. Denn jeder streitet hier nicht für sich, sondern für die Wahrheit, jeder beruft sich nicht auf sich, sondern auf die ihm delegierte Autorität. Das Buch Daniel redet bezüglich dessen von dem Streit der Völker-Engel (Dan 10,13), der Mythos vom Kampf der Götter; am konsequentesten spricht sich diese Erfahrung wohl in dem Wort aus, das Goethe zum Motto des vierten Teils seiner Autobiographie gewählt hat: Nemo contra deum nisi deus ipse – Gott allein ist gegen Gott.

Alles hängt freilich daran, daß die in Streit stehenden Autoritäten sich bleibend als abkünftig wissen: also gerade nicht als Gott. Daß sie die Dialektik aushalten, einerseits delegiert, verantwortlich zu sein; also nicht befugt dazu, auf ihren Einsatz zu verzichten; andererseits aber nur delegiert, daher mit jenem letzten Vorbehalt, daß doch nicht sie schlechthin die Wahrheit

[20] Ein denkwürdiger Beleg solchen Bewußtseins in Entschiedenheit und Gelöstheit zumal (das darum den andern nicht verketzern muß, um sich zu behaupten) ist ein Brief des Ignatius v. Loyola an Franz v. Borja, dem Karl V. den Kardinalshut verschaffen wollte: Er sei so entschlossen, dies zu verhindern, »daß ich die feste Überzeugung hatte und noch habe: würde ich nicht so handeln, so könnte ich Gott unserem Herrn nicht eine gute, sondern nur eine sehr schlechte Rechenschaft ablegen. Bei alledem hielt und halte ich daran fest: auch wenn es der Wille Gottes ist, daß ich mich auf diesen Standpunkt stelle, während andere die gegenteilige Stellung einnehmen und Ihnen diese Würde doch verliehen würde, so bedeutet das keinerlei Widerspruch. Denn es kann wohl sein, daß der selbe Geist Gottes mich aus gewissen Gründen zu dem einen drängt und andere zum Gegenteil... Füge es Gott unser Herr in allen zu seinem größeren Lob!« Brief vom 5.6. 1552 (Monumenta Ignatiana, Ser. I, IV, 283–285; *Ignatius von Loyola*, Geistliche Briefe [H. Rahner], Einsiedeln 1956, 212–214). – Vgl. zum Ganzen *H. U. v. Balthasar,* Theodramatik I Prolegomena, Einsiedeln 1973, etwa 63–70.

wahren, diese vielmehr in und über allem Streit sich selber wahrt. Es geht also um die gewagte Schwebe zwischen »Defaitismus« und »Triumphalismus« oder »Totalitarismus«, zwischen Verzicht auf Autoritätsanspruch und totalitärer Tyrannis.

Dialektik meint ja eine innere Gegensätzlichkeit, die über schlichte Polarität entscheidend hinausgeht, indem hier die »Pole« nicht bloß sich einander unauflösbar gegenüberstehen, sondern zugleich einer den andern in sich selbst enthält, und zwar nicht beiläufig, vielmehr als seine innerste Wahrheit. Diese Schwebe verkompliziert sich noch dadurch, daß bei aller prinzipiellen »Gleichberechtigung« der delegierten Autoritäten doch das Wesen von Perspektivität und Geschichtlichkeit verkannt (nämlich selber ungeschichtlich verstanden) wäre, wenn man daraus die faktische Egalität aller Standpunkte, ihre gleichgültige Gleich-Gültigkeit[21] herleiten wollte. Nicht alle Orte und nicht alle Zeiten haben gleiches Gewicht, gerade weil sie nicht nur von unserem »Sehen«, von unserem »Wollen und Laufen« erwirkt sind, sondern vom »Blick« und Anruf dessen, der uns angeht.

Und auch dieses Erwirken geschieht nicht unvermittelt, sondern in vermittelter Unmittelbarkeit. Im Bild des Cusaners gesprochen: Nicht nur vermitteln mein Sehen *und* Hören mir miteinander den erscheinenden Gott; mein Sehen als solches ist schon nicht bloß mein individuelles Sehen. Ich habe sehen *gelernt,* und dies unvermeidlich auf eine bestimmte Weise, im Eingang in eine umrissene Tradition, in der Übernahme von konkretem Erbe. Dank dem *Licht selbst,* das sich mir in Wahrheit darin vermittelt, vermag ich das traditionelle Gesetz zu überschreiten, nach dem ich antrete; doch auch diesen Überstieg kann ich – aus der *Vermittlung* des Unmittelbaren – wieder nur nach diesem Gesetz vollziehen.

Insofern wird also die »Partner-Struktur« von Freiheit zu Freiheit in doppelter Weise gehaltlich bestimmt: einmal grundsätzlich, aus der Herkunft der Freiheit von Tradition und ihrer bleibenden Verwiesenheit auf diese, die Partner und Autorität zugleich ist; sodann »von Fall zu Fall« dadurch, daß in jemandes

[21] Siehe oben S. 51f.

Wort und Werk »mehr Welt« aufgeht und gegenwärtig wird, daß einer »mehr sieht«[22].

Dieser Sachverhalt erleichtert freilich die Entscheidung keineswegs, er erlaubt keinen »Kurzschluß«; er kompliziert die Auseinandersetzung vielmehr, wie gesagt, und kompliziert sie nochmals dadurch, daß de facto nicht bloß »Engel« mit verschiedenen »Namen« einander bekämpfen, nicht bloß Perspektiven in Differenz stehen, nicht bloß verschieden empfangener Sinn, sondern immer auch Eigensinn, durch Eigenwille und »Niederhalten der Wahrheit« gebrochene Perspektiven, usurpierte Titel.

Die Tragik ist niemals rein, sondern von Schuld gezeichnet, ohne daß jemand – und das potenziert die Tragik – die Grenzlinie zwischen Tragik und Schuld ziehen könnte, da sein Abgrenzen selbst noch einmal in dieser Unheilssituation steht.

Kann man aber diese Abgrenzung nicht treffen, dann kann man nicht richterlich erkennen, wo die Delegation endet und die Usurpation beginnt, wo Usurpation zwar als solche abgewiesen werden muß, doch sie den Auftrag selbst noch nicht zerstört – und wo sie diesen gänzlich verscherzt hat. Solches Urteil ist oft notwendig und darf nicht aus Feigheit oder Bequemlichkeit unterbleiben, aber es muß sich zugleich selbst unter das Gericht der Wahrheit stellen, in deren Namen es ergeht, und muß zuletzt deren Richtspruch erwarten[23].

Die Dialektik der Delegation zeigt so in einem ersten Schritt, daß es die Wesens-Situation des Menschen verfehlt, von innerweltlicher Autorität zu verlangen, daß sie stets überzeuge. Die Wahrheit selbst in ihrem Licht überzeugt: freilich auch sie nur so, daß der Mensch in ihre Freiheit sich befreien *läßt*, daß er *ihr* Gesetz als das eigene übernimmt. Die Dialektik von Selbstverlust

[22] So ist es das Amt der Dichter, uns mit eigenen Augen sehen zu lehren, was wir ohne sie nicht sähen. Und wer ist, wenn es nicht gelingt, dadurch »widerlegt«? Wann ist das Urteil erlaubt oder gar gefordert, das man von Sokrates bezüglich Heraklits berichtet: »Was ich davon verstanden habe, zeugt von hohem Geist; und wie ich glaube, auch das, was ich nicht verstanden habe« (Diog. Leart. II, 22)? – *M. Müller* berichtet (Erfahrung und Geschichte 564) eine mündliche Äußerung Husserls in seiner Polemik gegen Geyser: »Wer mehr sieht (erfährt), hat immer recht.«

[23] Siehe oben S. 45.

und Selbstgewinn steht hier im Ursprung: nur im Verzicht auf den Eigen-Sinn kommt man zur eigenen Wahrheit[24].

Der Wahrheits*zeuge* kann nicht in dieser Weise überzeugen. Er bezeugt ja nie nur *die* Wahrheit, sondern stets auch die seine (*die* Wahrheit – auf seine Weise), und darin ist jenes Moment an Tatsächlichkeit endlicher Freiheit gegeben, für das wir den Namen »Macht« verwendet haben. Hier gilt in der Tat: contra factum non valent argumenta – diesen Sachverhalt hebt keine Diskussion auf.

Man kann sich fragen, ob konkret nicht schon auf diesem Stand der Reflexion Macht Zwang mit einschließt. Das Faktum geht ja nicht bloß meiner Zustimmung voraus, sondern besteht auch gegen meinen Willen. Vollends wird Zwang unausweichlich, wenn man hinzunimmt, daß die Dialektik der Delegation konkret stets auch von Schuld bestimmt wird. D.h., jedenfalls nicht gegenüber dem Bösen, gegenüber tätigem Angriff auf Freiheit, macht Autorität sich etwa unglaubwürdig, wenn sie sich auf Zwang stützt. Anders nämlich gäbe sie sich selber auf (und verstieße so ihrerseits gegen ihr Mandat).

Zugleich aber weiß sie sich selbst von Schuld und Selbstsucht nicht frei. Sie muß sich darum gegenwärtig halten, daß der Aufstand gegen ihren Zwang stets *auch* berechtigt, seinerseits autorisiert ist. Dieses Bewußtsein fordert die zumindest innerliche Selbstbegrenzung jeder Auseinandersetzung und verbietet den »totalen Krieg«[25].

[24] Einer der großen philosophischen Zeugen und Anwälte dieser Forderung ist Hegel; vgl. *J. Flügge*, Die sittlichen Grundlagen des Denkens bei Hegel, Heidelberg ²1968.

[25] Der Gegenwart stellt sich damit ein oft nicht klar genug gesehenes Problem. In der Vergangenheit konnte man diesem Gebot dadurch Genüge tun, daß man die »Seele Gott überließ«, auch wenn man den Menschen bannte und verbrannte. Wo bleibt dieser wenigstens innere Freiheitsraum, wenn man eine solche Dimension der Freiheit leugnet? Hier ist nicht so sehr an die »Gehirnwäsche« des Ostens und die Folter der Diktaturen gedacht, sondern durchaus an den »humanistischen« Westen, wo einerseits die Wahrung dieses Raums ja Programm ist, andererseits der Gegner aber nicht selten in einer Weise »erledigt« wird, die nach dem Selbstverständnis der Kontrahenten durchaus total ist, also die – unentschuldbaren – »klassischen« Autodafés radikal übertrifft.

Der letzte Schritt des Kapitels stellt sich unter den Titel einer ökumenischen Dokumentation über das Zweite Vatikanum, den Karl Barth seinerzeit als fast genial zu nennenden Einfall bezeichnet hat[26].

1. Den ersten Sinn des Titels: *Autorität für Freiheit,* haben wir erörtert, und zwar seinerseits im doppelten Sinn dieses »für«: Autorität als Grenze von Freiheit (nur für Freiheit gibt es Autorität, sonst herrschte bloße Tatsächlichkeit) und Autorität als deren Kontur, d. h. Ermöglichung (Freiheit gibt es nur unter Autorität: »Ein freier Wille und ein Wille unter sittlichen Gesetzen ...«).

Sosehr sich das erste, die Grenze, aufhob in das zweite, die Kontur, so sehr wäre Autorität doch verkannt, wenn man sie einzig als Kontur verstände, d.h., sie in dieser Funktionalität aufgehen ließe. Die Wahrheit steht nicht im Dienst der Selbstfindung und Selbstwerdung des Erkennenden, das Gute nicht im Dienst der Selbstvollendung der Freiheit. Vielmehr kommt der Erkennende nur so zu sich und wird die Freiheit nur dann sie selbst, wenn es ihm und ihr statt um sich selber um die Wahrheit und das Gute geht.

Man weist auf die Ideologiegefährdung eines solchen Ansatzes hin – und mit Recht. Man erklärt, es dürfe zwar nicht um den Einzelnen gehen, oder um eine Gruppe, doch auch nicht um »die Wahrheit«; denn in Wirklichkeit sei sie dann immer doch nur dessen oder deren Wahrheit. Gehen müsse es um die reale Freiheit aller, um den Menschen als solchen. Gewiß, aber wer ist dieser Mensch und was ist seine Freiheit?

Erinnern wir hierzu an Sätze aus einem früheren Buch Hans Urs von Balthasars, die bis heute ihre Aktualität wohl nicht verloren haben[27]: Balthasar nennt dort die Gegenwart eine tragische

[26] *J. Chr. Hampe* (Hrsg.), Die Autorität der Freiheit, 3 Bde., München 1967. (Barths Urteil auf der vorderen Umschlagklappe von Bd. III.)

[27] *H. U. v. Balthasar*, Die Gottesfrage des heutigen Menschen, München 1956, 206f.

Epoche, »denn sie muß gleichzeitig beides einsehen: daß auf der Welt zuletzt nichts anderes sich verlohnt (weil nichts anderes da ist, wofür man sich einsetzen kann) als der Mensch – und daß der Mensch sich letztlich doch nicht lohnt. Und so ist es die Zeit der Philanthropie und des vollendeten Humanismus, da alle Weltanschauungen – östliche und westliche und jede, die sich in der Mitte dazwischen einzurichten versucht – sich nur noch um den Menschen drehen und um die Hilfe und Förderung und Entfaltung, die man ihm angedeihen lassen kann, und doch diese Sorge einen offen oder verdeckt bittern, zynischen oder süßlich-faden oder sanitären und unpersönlichen, unmenschlichen Beigeschmack hat. Aus dieser Tragik gibt es keinen Ausweg, und der Mensch ist sich darüber klar.«

Belege erübrigen sich, vom »Elend der kritischen Theorie« [28] bis zu den Aktivitäten der Gewalt, die sich zum Teil, mit Recht oder Unrecht, darauf berufen. Und ist diese Ambivalenz von Menschenliebe bis zur Selbstaufopferung und zugleich gequältester Ungeduld mit diesen Menschen in Verachtung ihrer nicht für den das Allerverständlichste, der überzeugt ist, »daß nicht die Menschheit das Ziel der Menschwerdung ist« [29]?

Daß dies nicht heißen kann, die Freiheit zum Mittel, zur Stufe auf irgend etwas anderes hin zu erklären, bedarf keines Wortes. Es muß um *sie*, um *ihre* Identität, ihr Heil und ihr Glück gehen: um ihren Frieden und um ihre »Freude«. Aber wie soll das ein reales Ziel, eine ernsthafte Hoffnung sein angesichts der unleugbaren Unfreiheit der Freiheit, ihrer Selbstentfremdung? Wieweit lassen sich also alle Identitätsangebote als illusionär entlarven? [30]

[28] *G. Rohrmoser*, Das Elend der kritischen Theorie, Freiburg ^{2}1970.

[29] *Konrad Weiß*, zitiert bei J. Pieper, Hoffnung und Geschichte, München 1967, 123.

[30] Vgl. *G. Rohrmoser*, a.a.O. 85, der in der Auseinandersetzung mit H. Marcuse auf das Thema der Freude zu sprechen kommt: »Das neue Testament und die Reformatoren, vor allem Martin Luther, waren der Meinung, daß es im christlichen Glauben um nichts anderes als um die Freude gehe, und zwar unter der Bedingung, daß die Menschen, die auf dem Grunde des christlichen Glaubens Anteil an der Freude gewonnen haben, die Realität

Mit anderen Worten, es geht um die Befreiung der »unfreien Freiheit«. Und dies von woher? Von nirgendwo anders her als von Freiheit.

2. Damit kommt die zweite Bedeutung unseres Abschnitt-Titels ins Spiel: Autorität der Freiheit im Sinn des Genetivus explicativus: *Freiheit als Autorität.* Wiederum ist der Titel auch innerhalb dieses Sinns nochmals doppelt zu lesen.

Zunächst im Verständnis von Autorität als Anspruchs-Instanz. Schon der Unbedingtheitscharakter des Du-sollst kann letztlich, wie früher (S. 23 u. 28) bedacht, nicht von Sachverhalten ausgehen, sondern von deren autoritativer Interpretation. Auch das sachlichste »Naturrecht« setzt den Imperativ voraus, daß die »Natur« Maß und Norm des Verhaltens sein *solle.* Dieser Anspruch an Freiheit hat selbst Willens- und Freiheits-Charakter, er kann sich also nicht allein einzig an Freiheit richten, er muß zugleich auch von Freiheit ausgehen, um sich – in seinem Wesensunterschied zu jeder Muß-Struktur – an Freiheit *als* solche richten zu können. (Das aber tut er, unmittelbar, anstatt, wie das Muß, nur die Möglichkeit einer Stellungnahme zu ihm einzuräumen, die dieser Struktur aber äußerlich bleibt.)

Muß also alle Autorität sich als Freiheitsanspruch erweisen, d.h. zuletzt als »delegiert« von dem Freiheitsgrund und -abgrund der Wahrheit und Liebe schlechthin, dann muß zugleich alle Anspruchs-Autorität (alles Du-sollst) sich zuletzt als delegiert erweisen von jener Freiheitswirklichkeit, die sich als Sinn-Autorität und Ursprung, als Werden- und Wachsenlassen offenbart. Es ergibt sich also: das Du-sollst legitimiert sich zuletzt aus einem Du-darfst (du darfst in der Wahrheit, im Reich des Guten sein).

so illusionslos und unverkürzt sehen, daß alle Argumente, die gegen den Entwurf des menschlichen Daseins von der Freude her sprechen können, bereits in den Grund des Glaubens hineingenommen sind. Es wäre vielleicht sinnvoll, unter die Kriterien der apologetischen Frage nach der Wahrheit der christlichen Religion das Kriterium aufzunehmen, welchen Verzicht an Einsicht in die Wirklichkeit jene Positionen fordern, die für die Menschen Freude als Motiv eines geglückten Lebens annehmen.«

Das Gute ist – »in-über« seinem Gesolltsein – das, was gut ist. Die Wahrheit ist – in-über ihrem Bejaht-werden-sollen – das, was ist und Licht ist. *Die* (die reine) Autorität ist – in-über ihrem Anspruch an den Angerufenen – bei und in sich, »sie selbst«, gefüllte Selbigkeit (»Seligkeit«): Freiheit.

Eben diese Qualität der »Selbsthaftigkeit« [31] und Unantastbarkeit ist es, die den sie erfahrenden Menschen als das »Ganz-Andere« bestürzt und ihn auf sein eigenes »Nicht-Sein« zurückwirft [32].

Die Freiheitsentfremdung durch Schuld soll das nächste Kapitel behandeln. Sie potenziert gewissermaßen diese Nichtigkeit nochmals. Und angesichts ihrer wird es gänzlich unabweisbar, daß der Mensch dem unbedingten Anspruch gegenüber keine Ansprüche mehr geltend machen kann. Doch schon, indem Freiheit sich als aus dem Nichts ihrer selbst gerufen erkennt, sieht sie ein, daß diesem »wachsen lassenden« Anruf nicht ein Anspruch ihrerseits vorhergegangen sein kann. So weiß sich Freiheit als der *Gnade* verdankt und als bleibend angewiesen auf Gnade.

Tatsächlich ist Gnade die höchste Form aller Autorität. Bis heute spiegelt sich das im Begnadigungsrecht des Hoheitsträgers des Staates, des Königs oder des Präsidenten. An den außergewöhnlichen Gnadenakten wird offenbar, daß das Gesetz über-

[31] *B. Welte,* Heilsverständnis. Philosophische Untersuchung einiger Voraussetzungen zum Verständnis des Christentums, Freiburg 1966, 104f: Das Geheimnis ist es selbst, nicht unser Begriff, auch nicht einfachhin die Grenze unseres Begreifens, so daß es auf diese äußerste Weise doch noch unser wäre. Als das Unbedingte waltet es in sich und aus sich selbst und geht erst so, nur so uns unbedingt an. Ist also das Geheimnis nicht eine (neuzeitlich verstandene) »Idee«, dann besagt seine Selbsthaftigkeit die Selbst(be)gründung seiner: »Das unendliche Geheimnis ist selbst es selbst.«

[32] *B. Otto,* Das Heilige, München [31–35]1963, 8ff, in Anknüpfung an Gen 18,27: »Kreaturgefühl«, »Erde und Asche«; *M. Scheler,* Vom Ewigen im Menschen, Bern–München [4]1954, 163: »Ich nichts – Du alles (– »Ich bin nicht Nichts schlechthin, sondern ein Geschöpf)«; *P. Tillich,* Systematische Theologie I, Stuttgart [3]1956, 133: »Das ›Stigma‹ der Endlichkeit«, »der ›Schock‹, der das Bewußtsein ergreift, wenn es der Bedrohung durch das Nichtsein begegnet.« Ausführlich hierzu: *J. Splett,* Die Rede vom Heiligen.

haupt (die Ordnung des Miteinander der Freiheiten) nicht etwas Naturales, sondern ursprünglich personal ist. Von dorther zeigt sich dieses Gnadenhaft-Personale dann auch in alltäglicher Unscheinbarkeit im konkreten Gelebtwerden aller (wie fragmentarisch auch immer) glückenden Autoritätsverhältnisse[33].

Damit zeigt sich aber auch der innerste Punkt, wo Freiheit vor Autorität den Stachel zum Aufstand erfährt. Dieser Stachel der Autorität der Freiheit ist präzise die Freiheit der Autorität: es ist – jenseits der Furcht vor der Möglichkeit ihrer Un- als Widergesetzlichkeit – die Demütigung des Menschen durch ihre Übergesetzlichkeit; anders gesagt, durch die göttlich souveräne »Herr-lichkeit« ihrer[34]. – Und doch liegt allein darin Hoffnung auf mögliches Heil[35].

[33] Vgl. *E. Zacher* (Freiheit und Autorität in der Kirche, in dem gleichnamigen Heft Nr. 85 der Schriften der Evangelischen Akademie in Hessen und Nassau, Frankfurt 1969, 12): »Die Frage ›Was ist Autorität?‹ muß nun um eine Nuance, aber entscheidend verändert werden: ›Wer ist Autorität?‹ lautet sie genau ... [und beantwortet sich aus erfahrener Bereicherung]. In dieser Erfahrung, mit der Gabe zu wachsen, geschieht beim Empfangenden Überzeugung. Gleichzeitig vermittelt sich daran ein Zeichen der Autorität, an dem sie immer zu erkennen sein wird: Glaubwürdigkeit.«

[34] Siehe etwa *E. Blochs* steten Widerspruch gegen das »Pathos des Oben«, »mit heteronom-mythischer Prävalenz des ›Gerichts‹, der ›Gnade‹, des uns entzogen Transzendenten als des ›Unverfügbaren‹« (Atheismus im Christentum, Frankfurt 1968, 71). In dem Vortrag »Atheismus im Christentum« von 1968: »Wäre statt Entmythologisierung nicht das Thema von Entgötzung oder gar Enttheokratisierung, wäre das nicht das Problem? Gibts da nicht einen ›Herrn‹, gibts nicht das Herr–Knecht-Verhältnis ungeheuerster Art, gibts nicht das Hineinbetteln, das Niederknien, das Untertänigsein, die Zerknirschtheit, die Menschen belastet mit der Erbsünde, die *›Gnade, die vor Recht ergeht‹?* Völlig altmodische Kategorien!« (Es spricht Ernst Bloch. Vier Reden. Suhrkamp-Verlag 1970, Platte II A, Beiheft, 10.)

[35] Und dieser Frage von Heil (Erlösung) und Unheil voraus, besteht, wie gesagt, einzig in solcher Freiheit Autorität, d.h. es wird – dem Stachel in dieser Erfahrung dialektisch zuwider – einzig so die *Würde* gerufener Freiheit gewahrt; denn nur so steht sie vor Freiheit statt unter einem Gesetz, das zuletzt blindes Faktum wäre, wie hoffnungsträchtig »gärend« auch immer (vgl. über Blochs widersprüchlichen Hoffnungsbegriff vom *Verf.*: Docta Spes. Zu Ernst Blochs Ontologie des Noch-Nicht-Seins, in: Theologie und Philosophie 44 [1969] 383–394, bes. 390ff). Siehe auch den Exkurs zum Kapitel.

3. Freilich verschärft sich nun gerade unter dieser Rücksicht noch einmal die vorher bedachte »Dialektik der Delegation«. Begnadende Freiheit wirkt nicht nur als allgemeines »transzendentales« Gesetz (sie tut auch dies, und zwar grundlegend – diesem Wirken entspringt der Gnaden-Charakter des Daseins [36]), sondern sie handelt zugleich und vor allem in einer besonderen Ausdrücklichkeit. Das heißt, innerhalb der allgemeinen »Delegations-Struktur« von Schöpfung und Geschichte ereignet sich »Bund« und explizite Heilsgeschichte. Unter den Menschen, darin Gott als er »im andern seiner« da ist, und unter den Menschenworten, in denen die Wahrheit sich ausspricht, ist nach dem christlichen Glauben *einer der* Mensch, dessen Name als einziger Heil bringt, ist *ein* Wort *das* Wort, *ein* Buch *die* Botschaft.

Die philosophische Reflexion, Selbstreflexion innerweltlicher Freiheit, ist damit an ihre Grenze gekommen. Bewußt überschritten ist diese so freilich noch nicht. Was hier angesprochen wurde, läßt sich nämlich durchaus in der Reflexion auf die Freiheits- als Religionsgeschichte selbst erheben: Bernhard Welte nennt es in seiner Analyse des Selbstverständnisses der Freiheit (als des Vorverständnisses ihres möglichen Heils) »so etwas wie das Apriori eines personalen Heilandes« [37].

Gerade in ihrem höchsten (man ist versucht zu sagen: göttlichsten) Zuspruch: als befreiende Gnade, »muß« reine Autorität sich also am entschiedensten »inkarnieren«, in das Ärgernis einer irdischen Freiheit hinein, die erklärt: »Ich aber sage euch ...«, »Wer an mich glaubt ...«, »Ich bin ...« Und dieses Ärgernis setzt sich fort, da dieser »Mittler« seinerseits nur im Zeugnis der Zeugen, durch Tradition hindurch zugänglich wird. So sind die fragwürdigen irdischen Autoritäten, anstatt entmachtet, offenbar endgültig etabliert – in einer Weise, die dem anscheinend unvermeidlichen Mißbrauch, dem Autoritären, unvergleichliche Möglichkeiten eröffnet.

[36] Vgl. *R. Guardini,* Freiheit – Gnade – Schicksal, München ⁵1967; *F. Ulrich,* Der Mensch als Anfang. Zur philosophischen Anthropologie der Kindheit, Einsiedeln 1970.

[37] *B. Welte,* Heilsverständnis 228.

Und doch ist innerhalb dieser Glaubensgemeinschaft solcher Mißbrauch von nun an in einer Weise kritisierbar, wie es sie vorher nicht gab. Die Berufung auf die Wahrheit muß nämlich nun nicht mehr ihrerseits so auf das Unendliche gehen, daß dieses entweder – als Unendliches – keinen wirklichen Maßstab bietet oder – soll es ihn bieten – dies nur als das recht endliche »Unendliche« des jeweiligen Protestierenden tut. Die Berufung bezieht sich vielmehr auf das in dieser Gemeinschaft gemeinsam anerkannte »Bild« und »Wort« des Absoluten. Nicht als gewönne sie damit ungeschichtlich-mechanisch handhabbare Kriterien (der Buchstabe tötet noch immer und nun gerade). Nicht als gäbe es seither in irgendeiner konkreten Frage nurmehr *eine* mögliche richtige (»christliche«) Antwort. Aber es gibt ein Maß, ein Urbild in »Modellen« [38], an dem ablesbar ist, was Autorität als Autorität der Freiheit zu sein hat – oder sagen wir noch behutsamer: was sie auf jeden Fall nicht (mehr) sein darf.

3. Exkurs: Gerechtigkeit und Liebe

»Gemeinsame Freiheit« wird im Haupttext des Kapitels auf den Grundbegriff »Autorität« hin in den Blick genommen. Gleichsam senkrecht zu dieser Sicht steht die Überlegung dieses Exkurses. Wie Gemeinsamkeit als solche läßt sich nämlich auch Autorität konkret als Gestalt von Liebe oder von Gerechtigkeit betrachten.

Dabei ist zunächst dieses »oder« ebenso vage wie bereits das »und« der Überschrift. Für die einen spricht beides einen entschiedenen Gegensatz aus; nicht nur dort, wo man Liebe mit Rausch oder Sentimentalität und Gerechtigkeit mit rationalisierter Rachsucht, Egoismus oder doch bedachter Selbstabgrenzung der Egoismen verwechselt, sondern auch und eben dort, wo man eins wie das andere als »Tugend« anerkennt – bis hin zu der geläufigen Entgegensetzung in der christlichen Predigt, der Himmel sei Gestalt der Liebe Gottes, die Hölle die Erscheinung göttlicher Gerechtigkeit.

[38] Vgl. *J. Blank*, Zum Problem »Ethischer Normen« im Neuen Testament, in: Concilium 3 (1967) 356–362; *ders.*, Das Evangelium als Garantie der Freiheit, Würzburg 1970.

Andererseits heißt eben die Hölle bei Dante Werk der Liebe Gottes, und katholische Theologie lehrt, daß der Mensch – aus Gnade – den Himmel wirklich *verdient* (daß so dem – aus Gnade – reuigen Sünder Verzeihung *gebührt*[1]). Nach biblischem Sprachgebrauch heißt ein solcher Mensch, ein Liebender also, ein »Gerechter«. Hier werden »und« und »oder« also eher zu »als«, bzw. »d.h.«.

Gegensatz und Selbigkeit nun werden in der klassischen Moral und Ethik »aufgehoben«. Dort wird einmal die Liebe als »Wesensform aller Tugenden« bestimmt, d.h. als das, was alle Tugend erst zur Tugend macht. Und insofern *ist* Gerechtigkeit Liebe. Da ferner alle Tugendaspekte zusammengehören, der Verstoß gegen ein Gebot sich gegen alle verfehlt[2], ist ebenso die Liebe (auch) Gerechtigkeit. – Andererseits ist sie bloß *auch* Gerechtigkeit, und insofern Gerechtigkeit eben Gerechtigkeit ist, ist sie nicht einfach Liebe, schon gar nicht eine ihrer anderen Gestalten wie etwa Barmherzigkeit oder Milde usf.

Eigentlich wären jetzt Liebe und Gerechtigkeit genauer zu bestimmen, um von da aus die Sondergestalt erscheinen zu lassen, in der hier die Grundbezüglichkeit von Freiheit und Symbol sich auslegt. Aus diesem weiten Problemfeld sei jedoch hier ein begrenzter Ausschnitt gewählt, in einer Überlegung, die auch als Exkurs zum 4. Kapitel aufgefaßt werden kann. Und zwar sollen jene drei Grundkonstellationen von Gerechtigkeit und Liebe überdacht werden, die nach jüdisch-christlichem Verständnis die Geschichte zwischen Gott und dem Menschen (in seinen drei »[Zu-]Ständen«) markieren: der heile Ursprung, das Unheil der Absage und deren gnadenhaft schöpferische Umwandlung in Heilsgeschichte.

Es geht, wenn man so will, um eine *»mythische« Erzählung;* deren Reflexion indes mag unser Vor-Verständnis von Gerechtigkeit und Liebe (und so das Verständnis von Gemeinschaft überhaupt) nicht weniger vertiefen als eine definitorische Analyse.

Freiheit erfährt sich als das, was nicht nur faktisch da ist (»geworfen«), sondern sein soll (als »gerufen«). Gerufen ist sie aber nicht einfach zu sich als solcher, zu formaler Wahlfreiheit, sondern zu ihrer Fülle. Das heißt, 1.: zu sich als Wesens-Bezug auf andere Freiheit (sie ist also gerufen in ein *Reich* der Freiheiten); das heißt, 2.: gerufen in eine Inhaltlichkeit und Qualität ihrer selbst und dieses

[1] Vgl. z.B. *B. Schüller*, Gesetz und Freiheit, Düsseldorf 1966, 133.
[2] Ebd. 75ff (siehe Jak 2,12).

Reiches, nämlich in das Ja und Wechsel-Ja zu diesen Bezügen und darüber hinaus ins Ja und Miteinander-Ja nicht nur zur Existenz dieses Reichs überhaupt, sondern zum Sinn und Sein-*sollen* der Gemeinsamkeit. Freiheit ist also gerufen in das Ja zu jenem Ja und Amen, aus dem sie und ihr Miteinander entspringt. Und nochmals tiefer in das Ja zu dem *Sprecher* jenes schöpferischen Ja – letztlich (soweit das möglich ist) sogar unabhängig von dessen Ja. Weniger formalphilosophisch gesagt: der Mensch ist gerufen dazu, die anderen (und sich selbst) zu lieben und darin zuvor den gemeinsamen Schöpfer, nicht nur *als* Schöpfer, sondern zuletzt um seiner selber willen, in selbstvergessenem »Dank ob deiner Herrlichkeit«.

Im Ja dieses Morgens sagt die Freiheit Ja zum Gesamt dieses Reiches, das formal Reich der Freiheit, material-inhaltlich hingegen Reich der Liebe heißt. Sie sagt Ja zum Gesamt und insofern und von daher Ja zum Einzelnen, auch zu sich. Egoismus – Altruismus stellen sich hier nicht als Alternative, da es weder um dich noch um mich geht, sondern um uns, um uns aber, insofern es uns um uns alle und um Gott-mit-uns (wie ihm um uns-mit-ihm) zu tun ist.

Gerechtigkeit als das »suum cuique« – »Jedem das Seine« ist darin mit enthalten; doch das Moment, das sie darstellt, tritt als solches nicht hervor. Thematisch ist vielmehr gewissermaßen das »nostrum nobis« – »uns das Unsrige«, wobei »nostrum«, das Unsrige, zu allererst »nos«: mich und dich, uns alle selber, meint. Denn was hier jedem und allen gehört, ist nicht etwas, sondern gerade jedweder, sind alle. Gott *ist* Gott-mit-und-für-uns, unser Gott; die Menschen sind sein und gehören von daher einander, nicht beansprucht, sondern frei geschenkt (als frei sich schenkend).

Solche Gemeinsamkeit schließt Unterschiede, Grade, Ordnungen nicht aus, vielmehr fordert es sie. – Es gibt wohl kein besseres Bild dafür als das des Spiels und des Tanzes [3]. Im geglückten Tanz gibt es keine »Abgrenzung« der Freiheiten, sondern die eine Gestalt ihrer geordneten Gemeinsamkeit. Eine Gemeinsamkeit, die man nicht in Anteile zerlegen kann – so sehr dabei der eine »führt«, der andere sich führen läßt –, in der vielmehr alle gemeinsam das eine Gemeinsame erwirken: eben die Ingestalt ihrer Gemeinsamkeit.

Wie aber nun, wenn einer der Partner Nein sagt? Verzichten wir jetzt darauf, nach den möglichen Gründen solcher Verneinung zu fragen. (Zuletzt ist es, behaupten wir – siehe Seite 114 –, nicht Stolz

[3] Siehe S. 153 mit Anm. 55.

oder Hochmut, sondern Angst des Selbst um sich selbst.) Warum auch immer, das Nein ist gesagt und getan worden (und wird immer von neuem gesprochen). Was wird daraufhin aus dem Miteinander?

Ein Fehltritt im Tanz ist dafür ein zu harmloses Bild. Freilich macht es bereits deutlich, daß nun ein »Zählen« und Abgrenzen der »Freiheitsbereiche« (der einander in die Quere geratene Füße) notwendig wird. In Wirklichkeit ist das Nein kein Fehltritt, sondern ausdrückliches Nein zum Gesamt aus eigensüchtigem Ja zu sich selbst.

Die Selbsthingabe wird hier als Selbstaufgabe gedeutet. Die Freiheit will sich statt dessen in sich behaupten. In dieser Behauptung aber erfährt sie sich bald nicht bloß durch die Hingabeordnung, sondern schließlich durch das reine Dasein anderer Freiheit bedroht. Wer sich dem Ineinanderblick der Liebe entzieht, empfindet sich nun angeblickt, beobachtet, »objektiviert«, d.h. zum Gegenstand des Blicks der anderen geworden. Er erfährt mit einem Wort die von Sartre meisterhaft analysierte zerstörende Bedrohung des Selbst durch die Tatsache seines Erblickt-seins [4]. Es genügt also nicht, aus der Gemeinsamkeit des Ineinanderblicks herauszutreten, um sein Selbst als Selbst zu behaupten. Es ergibt sich, daß der Blick der andern ausgelöscht werden muß. Das Nein zum Gesamt wird zum Nein jedem anderen Einzelnen gegenüber. Selbstsucht wird so unausweichlich Haß, der Egoismus Mord.

Aber Mord ist letztlich Selbstmord; denn Freiheit hat sich selber nur im Gegenüber zu anderer Freiheit. Das Ich hat sich und weiß sich (d.h. es *ist* als Ich) überhaupt nur angesichts des Du. Der Augenblick kommt, wo die Freiheit sich dieses Verhalts bewußt wird. Damit gerät sie vor eine Entscheidung.

»Konsequent« wäre nun der Selbstmord, also absoluter Nihilismus: »Die Sonne Satans: Gier nach dem Nichts« (George Bernanos). Doch vor dem Äußersten schreckt der Mensch in glücklicher Inkonsequenz noch zurück. Und dann errichtet er die Schranke des *Gesetzes:* Der Weg ins Nichts wird vor dem letzten Abgrund durch eine Schranke gesperrt; angesichts der Selbstvernichtung arrangiert sich der Egoismus. Die Sucht zum Selbst hält an sich und bescheidet sich als Maßform der Gerechtigkeit oder vielmehr: der Rechtmäßigkeit, der Gesetzlichkeit oder Legalität.

Die Brüchigkeit dieser Schranke bedarf keiner Worte. Die Balance

[4] *J.-P. Sartre,* Das Sein und das Nichts, Hamburg 1962, 338–397.

457 ff

der Selbstsucht, Widerbild des Spiels der Liebe, droht in jedem Augenblick – und zwar gerade an der Selbstsucht selbst, ihren Übergriffen oder ihrem Mißtrauen – zu zerbrechen. Gesetzlichkeit schiebt so den Untergang nur hinaus – wenn sie ihn nicht (durch die Willkürlichkeit ihrer Schranken zum Aufstand reizend) gar beschleunigt (vgl. Röm 7).

Wie stellt sich demgegenüber die Gerechtigkeit dar? Sie ist, wie gesagt, als Tugend Gestalt der Liebe, ihre Gestalt aber angesichts des zerstörenden Nein. Darum wird in ihr nun das vorher unthematische »Jedem das Seine« thematisch, als legitime Verteidigung des Eigenen und des Ich gegen die angedrohte Vernichtung. Das Ich, die Freiheit selbst wird geschützt; denn auch sie soll sein; aber vor allem gilt es die Möglichkeit zur Fülle dieses Formalen zu schützen: zur Gemeinsamkeit und deren Qualität, der Liebe. Und dies eben um der Liebe willen.

Von der Gesetzlichkeit unterscheidet die Gerechtigkeit sich also durch ihren Willen zum Ganzen. Sie kann dieses Ganze zunächst einzig negativ bewahren, durch das Nein zu seiner Verneinung. Doch sie bewahrt es nur dann, wenn sie ihre eigene Vorläufigkeit kennt und bekennt, wenn sie also selbst daran leidet, »nur« Gerechtigkeit zu sein. Das heißt, sie bewahrt das Leben, um die Möglichkeit des *guten* Lebens zu bewahren; sie beschützt das Leben als die Möglichkeit der Liebe. Aber diese Möglichkeit in Wirklichkeit zu wandeln übersteigt ihre Macht. Ja, nicht einmal die Möglichkeit scheint sie offen halten zu können. Zerbrach die Gesetzlichkeit am Nein in ihr, so scheint die Gerechtigkeit an dem Nein ihr gegenüber zerbrechen zu müssen.

Glaukon sagt es im 2. Buch von Platons »Staat«: »Unter diesen Umständen wird der Gerechte gegeißelt, gefoltert, in Ketten gelegt und geblendet werden an beiden Augen, und schließlich wird man ihn nach allen Martern noch ans Kreuz schlagen ...« [5]

Es gibt keinen Ausweg. – »Wo aber sich die Sünde erfüllt hat, da ist über-übergeflossen die Gnade« (Röm 5,20). Wir haben das Geheimnis des Bösen unerklärt hinnehmen müssen; jetzt gelangen wir vor das tiefere Geheimnis der Erlösung.

Wir wollen auch in diesem Exkurs (einem »Ausflug« teils ins Theologische hinein) keine Dogmatik treiben, sondern Philosophie – zum Teil freilich so, daß wir erst nur einen »Mythos« vorgestellt

[5] Res publ. II 361e–362a.

haben, der der Philosophie »zu denken geben« sollte. Soviel ist jedoch über die Deutung des Kreuzesgeschehens zu sagen: Das christliche Bewußtsein wird in dieser Frage weithin durch die (obendrein vergröberte) Wiedergutmachungstheorie Anselms von Canterbury bestimmt. In diesem Versuch, Gerechtigkeit und Liebe Gottes zu vermitteln, sind zweifellos entscheidende biblische und menschliche Einsichten eingefangen. Aber man wird »doch nicht leugnen können, daß das perfekt logisierte göttlich-menschliche Rechtssystem, das Anselm aufgerichtet hat, die Perspektiven verzerrt und mit seiner ehernen Logik das Gottesbild in ein unheimliches Licht tauchen kann«. Das Kreuz ist gerade nicht zu verstehen »innerhalb eines Mechanismus des beleidigten und wiederhergestellten Rechts«. Als wäre es »die Form, wie die unendlich beleidigte Gerechtigkeit Gottes mit einer unendlichen Sühne wieder versöhnt würde«[6]. – Wenn man »Gerechtigkeit« so versteht, wie vorhin dargelegt wurde, dann ist sie tatsächlich kein gleichberechtigtes Pendant zur Liebe, so daß sie ihr gegenüber ausbalanciert werden müßte, um im Zuge der Erlösung nicht zu kurz zu kommen.

Knüpfen wir unmittelbar an Platons »Prophezeiung« an. – Ein Mensch hat das Los des Gerechten auf sich genommen, unter Verzicht auf allen ihm »rechtens« zustehenden Schutz, dies aber nicht bloß der (gar *seiner*) Gerechtigkeit wegen, sondern »für uns«. Der Mensch, der das vermochte, konnte nicht einfach einer aus diesem Unheilszusammenhang sein, sondern nur »von oben« (Joh 3,13; 1,18). Aber weil er von oben war, vermochte er nicht nur »alle Gerechtigkeit zu erfüllen« (Mt 3,15), und zwar so, daß er sie als Liebe erfüllte (denn nur so ist sie erfüllbar). All das würde das Elend des Menschen nur endgültig besiegeln – ohne das tiefste, unausdenkbare Vermögen dieser Liebe von oben: daß sie nämlich, in ihrer ohnmächtigen Rechtlichkeit, durch ihren Tod hindurch zum »Anfang« (Kol 1,18) einer neuen Freiheitsordnung werden konnte und geworden ist.

[6] *J. Ratzinger*, Einführung in das Christentum, München [6]1969, 187–189, 230–242; die Zitate: 189 und 231. Der »christliche Erlösungsbegriff« ist darum auch nicht der »einer ihr ohnmächtiges Geschöpf nur vom eigenen Zorn befreienden göttlichen Liebe« (*G.-G. Grau*, Christlicher Glaube und intellektuelle Redlichkeit. Eine religionsphilosophische Studie über Nietzsche, Frankfurt/M. 1958, 264), sondern der einer Befreiung unfreier Freiheit aus Gnade. Siehe unten S. 120ff und *J. Splett*, Zum Sinn von Religion, in: Lebendiges Zeugnis 1973, H. 1/2, 14–30.

Seit dieser Eine bis in seinen Tod gerecht war und zugleich doch nicht als überwundener Phantast im Tode blieb, ist Gerechtigkeit möglich – und ist es vor allem der Selbstsucht möglich geworden, ihre süchtige Versteifung aufzugeben, ihre Niederlage einzugestehen, die die Auferweckung dieses Mannes aus dem Tod seiner Selbstlosigkeit darstellt, und sich wieder zur Liebe befreien zu lassen. Auch dieses Lassen wird ihr gegeben. Gleichwohl wird es ihr nicht aufgezwungen, gibt es sich doch als das Angebot gemeinsamer Freiheit.

Wer sich dem verweigern wollte, der erführe Gott dann allerdings in sich getreuer (2 Tim 2, 13) Gerechtigkeit: als den, der ihm das Seine, das er festhalten will, läßt. Jedem das Seine, d. h. sich selbst ein jeder, das wäre tatsächlich die Hölle. (Aber auch das wäre – als nur von Gottes Gnaden möglich – nochmals eine Weise seines Ja zur endlichen Freiheit und ihrem Entschluß, und darin sein Ja zum Freiheits-Gesamt, also Gestalt seiner Liebe.)

Noch ist indes »nicht offenbar geworden, was wir sind« (1 Joh 3, 2; Kor 4, 5). Darum decken Rechts- und Liebesordnung sich nicht. Und die Liebesordnung als Rechts-, d. h. als Zwangsordnung zu statuieren, führt, wie das Beispiel Hegel–Marx belegt, zu einer Zwangsordnung ohne Liebe. Auch in diesem Sinn also verlangt die Liebe, um ihrer selbst willen, eine von ihr unterschiedene, nur ihre *Möglichkeit* garantierende, Ordnung des Rechts. Das anzuerkennen ist die Demut einer Liebe, die nicht zuletzt sich selbst noch auf dem Weg (zu sich) weiß [7].

So bedarf es der Instanzen, die eine gerechte Verteilung der Güter gewährleisten, es bedarf des Rechtsschutzes vor dem Unrecht, und

[7] *Hegel* selber bemerkt z. B. hinsichtlich der Vaterlandsliebe, die eigentlich in der Alltagsbewährung sich zeige: »Wie aber die Menschen häufig lieber großmütig als rechtlich sind, so überreden sie sich leicht, jenen außerordentlichen Patriotismus [der Selbstaufopferung] zu besitzen, um sich diese wahrhafte Gesinnung [alltäglicher Pflichterfüllung] zu ersparen oder ihren Mangel zu entschuldigen.« Grundlinien der Philosophie des Rechts, § 268 Anm. (Sämtl. Werke [Glockner] 7, 345f). Siehe im selben Sinn *F. W. J. Schelling* in der Freiheits-Schrift (S. W. I. Abt. VII 393): »Schon ist vorauszusehen, daß auf dem Wege, wo jeder früher eine schöne Seele als eine vernünftige sein, und lieber edel heißen als gerecht sein will, die Sittenlehre noch auf den allgemeinen Begriff des *Geschmacks* zurückgeführt werden wird, wonach sodann das Laster nur noch in einem schlechten oder verdorbenen Geschmack bestehen würde.« (Dies zugleich als Parallele zu dem Hegelzitat, an das die folgende Anmerkung erinnert.)

es bedarf jener Gerechtigkeit, die dem Schuldigen sein Recht auf Strafe nicht wegdisputiert[8].

Freilich kann, wie das vierte Kapitel bedenkt, keine Strafe, auch nicht die reuevoll übernommene, die Sinnzerstörung freien Neins überwinden. Sie ist nur der Tat gewordene Ruf einer »Hoffnung wider alle Hoffnung« (Röm 5,18). Beantworten kann ihn letztlich nur einer. Nur einer kann mit Vollmacht sagen: Siehe, ich mache alles neu (Apk 21,5).

Derart ist für den Christen Gottes Gericht in seinem Sohn Offenbarung einer Gerechtigkeit, die gerecht *macht* (Röm 3,21–26) als Liebe[9].

Damit ist das Gesetz auch unserer Gerechtigkeit jenes des Überflusses geworden: »Wenn eure Gerechtigkeit nicht mehr überfließt als die der Schriftgelehrten und Pharisäer...« (Mt 5,20). Das »Jedem das Seine« hat so seinen Sinn gewandelt; es beschreibt kein Minimum, sondern jenes Übermaß, das schließlich Gott selbst, der immer Größere, ist: Ist es doch eigentlich er, der eines jeden Eigen ist, ihm innerer als jeder Mensch sich selbst. *Gott* den anderen geben, indem man *sich selbst* ihnen gibt, ist fortan die gebotene Gerechtigkeit. Aber sie ist uns im Doppelsinn des Worts »geboten«. Sie ist uns nicht bloß – uns erdrückend – aufgegeben, sondern zugleich, ja dem zuvor – trotz allem gegenteiligen Anschein –, uns gegeben. Sonst könnten nicht immer wieder sterbliche und schuldig gewordene Menschen, mitunter sogar wir selbst, sie sich ereignen lassen[10].

Doch brechen wir unsern Exkurs hiermit ab; was er in knappen Behauptungen weitgehend ungeschützt »vorgestellt« hat, dürfte im Denk-Zusammenhang der folgenden Kapitel zumindest ein Stück weit *wißbar* und einsichtig werden.

[8] Siehe unten S. 120, Anm. 34.

[9] Vgl. *J. Ratzinger*, a. a. O., S. 270–272, zu einem ähnlichen Fehlverständnis des Gerichtes, wie wir es oben hinsichtlich des Kreuzes zu bedenken hatten. Hier ist es der Übergang vom »Maran atha – Herr, komm!« (Apk 22,20; 1 Kor 16,22) des Urchristentums zum gefürchteten »Dies irae« des Mittelalters bis heute, den man nicht weit genug hinausschieben kann. Wieder ist *jede* der beiden Sichten, isoliert genommen, ungenügend. Beide gehören zusammen, doch wie, unter wessen Primat? – Entsprechendes gilt für den je »privaten Jüngsten Tag« und seine Reflexion im fünften Kapitel.

[10] Darum ist zuletzt wie zuerst, vor aller Tat und nach manchem Versäumnis, dies das oberste Gebot aller »Gerechtigkeit« (s. u. S. 177ff): der »Dank ob deiner Herrlichkeit« an jene Liebe, die uns – trotz uns – in den Dienst der Gerechtigkeit nimmt, indem sie uns zur Liebe recht macht.

4. UNFREIE FREIHEIT: SCHULD

Grenze als Kontur, nicht Einengung, Abbruch, sondern Möglichkeit; Gemeinsamkeit der Freiheiten als Freiheitsraum: das zeigt die dialogisch-dialektische Struktur konkreter Freiheit; man könnte auch sagen: ihre Dramatik. Auch die dunkleren, die tragischen Aspekte dieser Dramatik sind schon angeklungen.

»Des Herzens Woge schäumte nicht so schön empor, und würde Geist, wenn nicht der alte stumme Fels, das Schicksal, ihr entgegenstände.« So schreibt mit nicht ganz unverdächtigem Pathos Hölderlins Hyperion an Bellarmin [1]. Nüchterner und zugleich prinzipieller liest sich die Bildrede des Philosophen in der Einleitung zur Kritik der reinen Vernunft: »Die leichte Taube, indem sie im freien Fluge die Luft teilt, deren Widerstand sie fühlt, könnte die Vorstellung fassen, daß es ihr im luftleeren Raum noch viel besser gelingen werde.« [2] Ohne Bild gesprochen: absolut frei zu sein ist »ein nach der transzendentalen Analyse der Freiheit widersprüchlicher Ausdruck« [3].

Der Titel »Unfreie Freiheit« kann darum nicht jene Grenzen kennzeichnen wollen, die im vorigen Kapitel bedacht worden sind. Also nicht die Schranken, die im Miteinander schon das bloße Dasein des einen für den anderen setzt (eher schon, daß es als *Schranke* erscheint); ebensowenig die Eigengesetzlichkeit des Faktischen und Naturalen, darin Freiheit und Person erscheinen und sich begegnen; schließlich trifft die Überschrift erst recht nicht die Bedingtheit durch logische und Seins-Notwen-

[1] Kleine Stuttgarter Ausgabe 3, 43.

[2] KrV A5, B8f.

[3] *H. Krings*, Freiheit. Ein Versuch Gott zu denken, in: Philos. Jhrb. 77 (1970) 225–237, 233.

digkeiten und durch den unbedingten Anspruch der Wahrheit. All das macht Freiheit nicht unfrei, sondern allererst frei – so wie die Luft den Taubenflug gerade trägt.

Selbstverständlich – um im Bild zu bleiben – trägt die Luft nicht bloß; ein Sturm mag den Flug nicht nur erschweren, sondern gar unmöglich machen. Die »Willensfreiheit« unterliegt erheblichen Einschränkungen. Doch auch dies ist nicht unser Thema. Die formelle Freiheit (samt den bedachten Konturen und den *beschränkenden* Grenzen) sei vielmehr vorausgesetzt – wie übrigens wohl auch von Luther in seiner Schrift »De servo arbitrio« von 1525. Dies trotz aller Fragwürdigkeiten in seiner Polemik gegen Erasmus, und zwar darum, weil es ihm gar nicht um die Frage »Determinismus – Indeterminismus« ging. Luther stritt für die Wahrheit, daß wir von uns aus nicht nur oft zu dem unfähig sind, was wir wollen, sondern daß wir vor allem das nicht können, was wir dennoch sollen [4]. Gegen Kants berühmten Satz, der unausgesprochen auch unseren Reflexionen bis jetzt als Basis gedient zu haben scheint: »Du kannst, denn du sollst.« [5]

Eben dies ist jetzt auch unser Thema, also die oft umgangene, weil uns derart angehende, Frage der Schuld.

Das Wort »Schuld«, von »sollen« hergeleitet, meint zunächst die Verpflichtung zu einer Leistung, besonders einer finanziellen

[4] Vgl. etwa *J. J. McSorley*, Luthers Lehre vom unfreien Willen nach seiner Hauptschrift De Servo Arbitrio im Lichte der biblischen und kirchlichen Tradition, München 1967; *K. Schwarzwäller*, Theologia crucis. Luthers Lehre von Prädestination nach De servo arbitrio, München 1970. Natürlich wäre das Recht, ja schon die Möglichkeit einer Trennung von philosophischer Freiheitslehre und theologischer (Un-)Freiheitsverkündigung, wie Luther sie etwa WA 18, 781 (Clemen 3,285) vornimmt, zu diskutieren – und dies durchaus im Blick auf diese Schrift selbst, insofern auch Luther philosophisch argumentiert (bes. WA 18, 715f [Clemen 3, 210f]). Hier genüge der Hinweis auf seine Intention.

[5] Der Mensch »urteilt also, daß er etwas kann, darum, weil er sich bewußt ist, daß er es soll« (KpV 1788, 54; Werke [W. Weischedel] IV 140); Anthropologie in pragm. Absicht 1798, ²1800, 38 (WW VI 439): Was der Mensch »auf den Geheiß seiner moralisch-gebietenden Vernunft will, das soll er, folglich kann er es auch tun (denn das Unmögliche wird ihm die Vernunft nicht gebieten)«.

Leistung (heute noch heißt sie in der Buchführung das Soll). Als Verpflichtung zu einer Bußleistung verstanden, bezeichnet das Wort dann auch deren Ursprung: die Verfehlung, das Verbrechen. Und dies ist hier gemeint. Nicht also Schuldsein im neutralen Sinn als Ursache-sein und gar nicht die gegenläufige Bedeutung von schulden als verdanken, schuldig sein = sich verdanken. Schuld ist Verfehlung, in der Freiheit sich verfehlt hat. – Gibt es das überhaupt: nicht einen andern oder anderes, sondern sich selbst verfehlen? Und, wenn ja, wie könnte man sich wieder finden?

Existenziale Phänomenologie

Wer philosophisch hiervon handeln will, wird wohl auch heute noch zuerst auf die Paragraphen 54 bis 60 von »Sein und Zeit«[6] zurückkommen müssen, wo Martin Heidegger Gewissen, Anruf-verstehen und Schuld in ursprünglicher (existenzialer) Interpretation untersucht. – Das, was gemeinhin »Stimme des Gewissens« heißt, charakterisiert Heidegger als Anruf des Daseins »auf sein eigenstes Selbstseinkönnen« – gegenüber der Verlorenheit in dem, was »man« sagt und tut. Dieser Anruf ergeht »in der Weise des Aufrufs zum eigensten Schuldigsein« (269).

Was heißt nun Schuldigsein? Dessen philosophische Bestimmung muß bei dem ansetzen, was das übliche Verständnis mit diesem Wort sagen will, bzw. was es darüber sagt; dies aber doch nicht so, daß wir das Alltagsverständnis als erste und entscheidende Instanz unserer Auslegung anzuerkennen hätten. Denkt man vielmehr an die Verfallenheit und Selbstentfremdung des alltäglichen Daseins und seines Selbstverständnisses, die jetzt nicht aufgewiesen und entfaltet zu werden brauchen, dann hat man eher davon auszugehen, daß hier das Gesuchte stets mehr oder weniger verstellt und verfehlt wird.

Trotzdem müssen wir von ihm ausgehen. Das Kriterium nun, aufgrund dessen in diesem verkürzten Verstehen die ursprüngli-

[6] Tübingen [10]1963.

che »Idee« des Phänomens zur Sprache gebracht werden kann, sieht Heidegger im »ich bin« (schuldig): »Liegt etwa, was in uneigentlicher Auslegung als ›Schuld‹ verstanden wird, im Sein des Daseins als solchem, so zwar, daß es schon, sofern es faktisch existiert, auch schuldig *ist*?« (281).

Das übliche Schuldverständnis bringt Heidegger auf die Formel: Grund-sein für einen Mangel – so, daß von daher dieses Grundsein selbst als »mangelhaft« bestimmt werden muß. – Der Schütze, der sein Ziel verfehlt, *ist* dann ein solcher, der das Ziel verfehlt hat, d.h. er ist (zumindest augenblicks) ein schlechter Schütze.

Versucht man jetzt, das spezifisch menschliche Mangel-Verursachen von dem her zu begreifen, was die besondere Seinsweise des Menschen auchmacht (das »Dasein« oder seine »Existenz«), dann verlangt das für Heidegger eine entschiedene Formalisierung des Redens von »Schuld«. Mangel und Mangelhaftigkeit dürfen dann nicht mehr als Fehlen von etwas aufgefaßt werden, das eigentlich da und vorhanden sein sollte; denn Dasein selbst hat nicht den Charakter von Vorhandenheit. Ein Gegenstand, Zeug ist vorhanden (oder nicht vorhanden); beim Menschen trifft solches Reden gerade das Menschliche an ihm nicht [7].

»Mangel« kann hier also nicht das Fehlen, das Nicht-Vorhandensein von etwas bedeuten, und dann kann man auch nicht mehr rückläufig von ihm her seinen Grund als mangelhaft bestimmen. – Darum ist in solchem Verständnis Schuldigsein nicht

[7] Anwesend-, Gegenwärtig-, »Präsent«sein ist etwas anderes als Vorhandensein. Und solch personale »Gegenwart« kommt zum körperlichen Vorhandensein nicht bloß hinzu; sie liegt in einer anderen eigenen Dimension. Deren Grundbegriffe (Kategorien) benennt Heidegger darum auch mit einem eigenen Namen: Existenziale oder Existenzialien.

Von dorther läßt der Unterschied zwischen »existenzial« und »existenziell« (Jaspers: »existentiell«) sich deutlich machen: »›existentiell‹ markiert alles, was den konkreten Vollzug [der] Selbstverwirklichung [von »Existenz«] ausmacht, ›existenzial‹ alles, was die konkreten Vollzugsweisen in ihrer Möglichkeit ontologisch konstituiert« (*H. Ogiermann*, Existentiell, existenzial, personal. Information und Diskussion, in: Scholastik 40 [1965] 321–351, 323).

mehr, wie sonst, die Folge von Verschuldung, sondern im Gegenteil macht es diese erst möglich. Schuldigsein ist im voraus zu aller konkreten Verschuldung die ursprüngliche Nichtigkeit des Daseins. Nichtig aber ist das Dasein, insofern es nicht alles mögliche sein kann, sondern stets nur als je dieses Dasein existiert. – Dasein existiert nur in der Wahl bestimmter Möglichkeiten, »im Tragen des Nichtgewählthabens und Nichtauchwählenkönnens der anderen« dadurch ausgeschlossenen Möglichkeiten (285).

Es leuchtet ein, daß solches Nicht keinen Mangel an Seinsollendem, kein Zurückbleiben hinter einem Ideal-Ziel darstellt. Erfüllung und Verfehlung, Gut und Böse zeigen sich vielmehr erst als mögliche Formen der Verwirklichung dieser prinzipiell »nichtigen« Freiheit.

Heidegger stellt in § 59 dieser seiner Konzeption die »vulgäre Gewissensauslegung« gegenüber. Danach gebe das Gewissen 1. kritisch verrechenbare Maximen, 2. beziehe es sich auf bestimmte Taten oder Unterlassungen, 3. zeige es sich als Richter und Mahner, mit dem man rechnend verhandle, 4. werde es in der Dimension des besorgenden Ausgleichens von Schuld und Unschuld erlebt.

Wenn das »vulgäre« Verständnis des Gewissens wirklich so beschrieben werden müßte, dann drängte sich freilich die Frage geradezu auf, die Heidegger anschließend stellt, nämlich »ob diese Ruferfahrung den Ruf sich völlig ›ausrufen‹ läßt« (293).

Tatsächlich zeigt sich phänomenologischer Besinnung, daß Schuldbewußtsein und Reue nicht bloß sagen: »Ach, was habe ich getan!«, sondern: »Wer bin ich, daß ich solches tun konnte![8] Aber wie ist diese Wesenhaftigkeit zu verstehen? – Wenn Schuld mein Wesen ist, dann kann ich sie so wenig bereuen wie mein Wesen selbst. Darum hat Heideggers ontologischer Schuldbegriff ausdrücklich nichts mit Bekenntnis und Reue zu schaffen; existenziale Schuld mißt sich an keinem Du-sollst.

[8] *M. Scheler*, Vom Ewigen im Menschen, Bern ^{4}1954, 40 (Reue und Wiedergeburt).

Man soll den Ruf sich ausrufen lassen; doch wie, als was muß man ihn hören? Hat solche existenziale Deutung ihn als ihn selbst zu Wort kommen lassen?

Das ist jetzt nicht im Sinn moralischer Anweisung gedacht. Daß existenziales nicht existenzielles Verstehen ist, merkt Heidegger noch einmal eigens an. Gefragt ist vielmehr, ob die existenziale Analyse dem existenziellen Erfahren entspreche, ob es sich in ihr wiedererkennen könne. Oder ist nicht der Formalisierung gerade jene Qualität zum Opfer gefallen, die hier das eigentliche Problem stellt (als »Vorwurf« nicht nur für das Denken), jene Qualität, die Schuld zur Schuld macht? Mit anderen Worten: Heidegger spricht hier – vielleicht – von Endlichkeit, doch sicher nicht von Schuld.

Existenzielles Verständnis: Antwort des Mythos

Heideggers Kriterium war das »Ich bin« (schuldig): In der Tat scheint der einzig mögliche Ausgangspunkt einer philosophischen Reflexion über Schuld das vom Menschen immer schon gesprochene Bekenntnis seines eigenen Schuldigseins. Und dies so, daß hier in besonderer Weise sich jenes Verständnis von Philosophie nahelegt, das sie nicht als distanziert-objektive Wissenschaft oder Über-Wissenschaft versteht, sondern als umgreifende und prinzipielle *Selbst*reflexion endlicher Freiheit.

1. Als so prinzipielle Auslegung muß sie zugleich ihre eigene Hermeneutik sein; denn alle Hermeneutik ist ihrerseits Interpretation, Auslegung von Welt- als Selbstverständnis. Dies freilich nicht als ipsistischer Zirkel, sondern in Auslegung von Begegnendem, von Erfahrung. Die Reflexion dieser Auslegung geschieht methodisch und so ihrerseits selbstkritisch reflektiert: derart ist Philosophie – besonders als selbstkritische – überindividuell, dia- und polylogisch statt Monolog; und in all dem ist sie »Wissenschaft« im klassischen Sinn, doch gerade nicht im modernen Verständnis der sciences. Das Schuldbekenntnis bedeutet ihr darum nicht ein Objekt distanzierter Analyse (wir

werden sehen, warum es sich dieser entzieht), sondern die bleibende Basis einstimmender Wiederholung.

Diese Voraussetzung hat Konsequenzen, die nur scheinbar bloß methodisch sind und darum ausdrücklich aufgeführt seien:

a) Schuld als Thema philosophischer Reflexion gibt nicht zuerst das mögliche Schuldigsein- oder -werden*können*, die Fehlbarkeit des Menschen aufgrund seiner Endlichkeit, zu bedenken [9]. So dunkel bereits diese Frage bleibt: der eigentliche Anstoß des Denkens (und, wie gesagt, nicht bloß für das Denken) ist die unableitbar faktisch je schon geschehene Realisierung dieser Möglichkeit. (Auch Denken kann ja eine Form der Abwehr und Flucht sein: auf raffiniertere Weise »faule« Vernunft.)

b) Eben darum ist »Schuld« auch nicht eigentlich ein Thema der Ethik. Deren Frage ist das Gute, insofern es getan werden soll. Ob man diese Forderung als Wesensstreben, Pflichtanspruch oder Wertanruf interpretiert, jedenfalls gilt sie nicht nur unabhängig von der Schuld, sondern gewissermaßen sogar um sie unbekümmert fort. Die Ethik wird also im Doppelsinn des Wortes von der Schuld nicht betroffen – im Unterschied zum Menschen selbst.

c) Ebenso weisen Stichworte wie »Strafe«, »Wiedergutmachung« und ähnliches, die in der Ethik wie vor allem im Recht eine Rolle spielen, die Reflexion fast sofort, man möchte sagen: im ersten Schritt schon, über diese Disziplinen hinaus. Sie führen nicht nur zurück auf grundsätzliche Fragen zu Norm, Anspruch und menschlicher Freiheit, sondern vor allem voraus: Was machen Strafe und Wiedergutmachung gut? Und gibt beim Thema »Schuld« nicht gerade und besonders das zu denken, was prinzipiell nicht derart gut gemacht werden kann: eben die begangene Schuld selbst?

d) So ist es wohl mehr als nur historisch bedeutsam, daß der ursprüngliche Ort des Schuldbekenntnisses offenbar im religiösen Vollzug liegt (so wie Ethik und Recht ursprünglich religiös

[9] Siehe dazu etwa *B. Welte*, Über das Böse. Eine thomistische Untersuchung, Freiburg 1959; *P. Ricœur*, Die Fehlbarkeit des Menschen. Phänomenologie der Schuld I, Freiburg–München 1971.

bestimmt gewesen sind). »Der Begriff der Schuld gehört als Totalitätsbestimmung wesentlich der religiösen Sphäre an« (Sören Kierkegaard)[10]. Dies ist zwar anscheinend kaum noch der Ort heutiger Schulderfahrung. Gerade deswegen aber wird unsere Reflexion sich darauf beziehen. Denn eben weil unser Problem sich (oder besser: uns) derart »existenziell« und distanzlos stellt, dürfte es nützlich sein, bei seiner uns ferneren Auslegung zu beginnen. Deren Nähe wird rasch deutlich werden.

Das religiöse Bekenntnis nun spricht sich symbolisch aus. Es tut dies, wie die Geschichte zeigt, faktisch; die Reflexionen des 2. Kapitels auf die Wesensstruktur möglicher Selbstdarstellung von Freiheit haben verdeutlicht, daß es dies notwendig tut: Freiheit erscheint als sie selbst in Symbolen, d.h. in Anschaulichkeiten, die Unanschauliches vergegenwärtigen. Solche Symbole können nicht greifbar eindeutige Zeichen sein, weil das Bezeichnete (das sich Bezeichnende!) nicht greifbar eindeutig ist. Darum bedürfen die Symbole der Deutung.

Sie wird noch innerhalb dieser symbolischen Dimension durch den übergreifenden Mythos geleistet. Kann man also den Mythos bereits als eine erste Kritik (d.h. Unterscheidung) und Klärung der Einzelsymbole auffassen, so wird später seine »vorwissenschaftliche« Sicht (sowie deren Absicht) durch die entstehende Natur- und Geschichtswissenschaft kritisch verneint. Solche Verneinung versteht ihn freilich nicht und fordert dadurch ein neues kritisches Verstehen des Mythos heraus. Dieses Verstehen leistet die Philosophie.

Damit sind die Schritte der folgenden Reflexion angegeben: Symbol – Mythos – Philosophie. Man wäre versucht, mit Wilhelm Nestle zu formulieren: vom Mythos zum Logos. Aber das trifft es nicht recht. Eher wäre zu sagen: Vom quasi wissenschaftlichen Logos des Mythos zu dessen symbolischem Logos. – Doch versuchen wir statt der Programm-Diskussion lieber die Durchführung selbst.

[10] Abschließende unwissenschaftliche Nachschrift zu den Philosophischen Brocken, 2. Teil, Düsseldorf–Köln 1958, 247 (S.V. VII 468)

2. Als Ursymbole des Schuldbekenntnisses hat im Blick auf die Religionsgeschichte Paul Ricœur die Leitworte »Befleckung«, »Sünde« und »Straffälligkeit« bedacht [11]. »Befleckung«, bezogen auf Reinheit, akzentuiert an der die Ordnung verletzenden und das Heil gefährdenden Schuld eine gewisse Äußerlichkeit und die Tatsache, daß es sich nicht bloß um einen Mangel, sondern um eine irgendwie faßbare Realität handelt. »Sünde« kennzeichnet diese Verletzung als den Bruch eines Freiheits-Verhältnisses zu einem oder zu dem einen Gott, als individuelle Tat, aber durchaus auch als überindividuelle, den Einzelnen überkommende Unheilsgewalt. Mit dem Begriff der »Straffälligkeit«, d.h. der Strafbarkeit des Verantwortlichen, insofern er mit Vorbedacht oder zumindest fahrlässig gehandelt hat, erscheint ausdrücklich sozusagen das »Für-sich« der Schuld. (Einer Befleckung dagegen wird man nicht selten erst viel später gewahr, und das Maß der Sünde ist der alldurchdringliche Blick Gottes [12], nicht das eigene »gute Gewissen«.)

Dieses Schuldverständnis erscheint in drei einander mehrfach entgegengesetzten Gestalten: Ethisch-juridisch zeigt es sich zuerst in Griechenland. Einmal in der Unterscheidung von Kosmos- und Polis-Gesetz [13], sodann in der Unterscheidung von absichtlicher und unabsichtlicher Verfehlung [14]. – Ethisch-religiös prägt sich das Bewußtsein der Straffälligkeit im nachexilischen Judentum aus. Es versteht sich als Gemeinde, die zum Zeugnis konsequenter »Heteronomie« nach der Thora verpflichtet ist, und bildet so ein ungemein feines Gewissen aus,

[11] *P. Ricœur*, Symbolik des Bösen. Phänomenologie der Schuld II, Freiburg–München 1971. (Statt mit »Straffälligkeit« hat Maria Otto »culpabilité« dort mit »Schuld« übersetzt. Wir wählen das schwerfällige Wort, weil es uns gerade um die nähere Präzisierung des Schuldverständnisses geht.)

[12] Siehe oben S. 45. Vgl. *R. Pettazzoni*, Der allwissende Gott. Zur Geschichte der Gottesidee, Frankfurt 1960.

[13] Im Kosmos sind entweder alle schuldig – nach dem berühmten Spruch des Anaximander – oder alles ist gut für den Gott – nach Heraklit (Fragm. 102); das positive Recht der Polis fixiert Recht und Unrecht.

[14] Mord kommt vor den Areopag; versehentliche Tötung vor die Epheten im Palladium.

doch ebenso auch Skrupulosität und den Legalismus des Pharisäertums. – In Antwort darauf treibt die psychisch-theologische Gesetzes-Polemik des Paulus den ethisch-religiösen Schuldbegriff in die Schärfe der Antinomie: Die Selbstauslegung des Schuldbekenntnisses gipfelt im »Begriff« der geknechteten, unfreien Freiheit [15].

3. Die Widersprüchlichkeit dieses Bekenntnisses, das nicht nur die Unfreiheit der Freiheit, sondern – den Widerspruch gewissermaßen potenzierend – ihre Selbstversklavung ausspricht, nötigt zu einer weitergreifenden (Selbst-)Deutung. Diese Auslegung will, das Menschengeschlecht umfassend, seine Geschichte als ganze interpretieren. – Im Blick auf die tatsächlich vorgelegten Deutungen schließen wir uns wiederum Paul Ricœur an und übernehmen seine Typologie, die vier Gestalten der Gesamtantwort unterscheidet.

Dies sind, erstens, die sumero-akkadische Deutung der Schöpfung als göttergeschichtliches (theogonisches) Drama. Götter oder ein Gott der jüngeren Generation erheben sich gegen das ältere Chaos und begründen gewalttätig eine neue Ordnung. Der König erneuert diese Urtat im jährlichen Ritus, außerdem im heiligen Krieg gegen die neuerwachten Chaosmächte. »Schuld« hieße hier, zu den prinzipiell schon überwundenen (chthonischen, titanischen) Mächten zu gehören.

Das darin anklingende tragische Element wird, zweitens, zum Thema im griechischen Drama vom boshaft verblendenden Gott (gedacht ist hier besonders an den »gefesselten Prometheus« des Aischylos, auch an seine »Perser«). Die Prädestination zur Schuld trifft hier auf heroischen, doch letztlich vergeblichen Widerstand des Menschen. Diese Antwort vermag nur das Schauspiel, nicht aber das Denken zu geben. Entsprechend wird auch die Erlösung aus dieser Situation nur durch »Mitleid« und »Furcht« im (Mit-)Erleben des Dramas selber möglich. Man ver-

[15] Eine Aussage, von der auch philosophisch (wir kommen darauf zurück) zu fragen wäre, ob sie unverkürzt nicht erst *nach* der Erfahrung der Befreiung dieser Freiheit (durch eine Freiheit »von außen« [biblisch: »oben«]) möglich sei.

steht von daher Platons scharfen Protest im 2. Buch der »Politeia«[16].

Den dritten Antwortversuch stellt der Adam-Mythos dar. In der ursprünglich guten Schöpfung setzt Adam, d.h., der Mensch, in Freiheit die Schuld des Ungehorsams – und doch so, daß er sie fortsetzt; denn wenn auch über das »An-sich« und »In-sich« des Verführers so wenig gesagt werden kann wie über die dem Fall irgendwie doch »vorangehende« Unschuld, so muß doch beides, Unschuld und Verführer, sozusagen als »Grenzbegriff« der mythischen Selbstauslegung des schuldbekennenden Menschen festgehalten werden. – Die mögliche Erlösung wird im Bild des Zweiten Adam vorgestellt, unter der »mystischen« Konzeption der Eingliederung[17] wie unter der juristischen von Prozeß und Loskauf.

Wird in diesen drei Mythen der Mensch als Ganzheit gesehen, so zeichnet den vierten Antwortversuch aus, daß er den Menschen in Leib und Seele scheidet. Sich auf orphische Lehren berufend, erhält dieser Mythos erst im Neuplatonismus seine ausgebildete Gestalt: als Lehre von der »geraubten« oder (unverschuldet) gefallenen Seele. Sie haust im Körper als dem Ort des Exils, der Versuchung und der Höllendrohung und kann ihr Heil finden in der Erkenntnis dieses Zustandes als solchen, also in der Erkenntnis ihrer vergessenen Göttlichkeit: »Nicht darum geht es, ohne Sünde zu sein, sondern Gott zu sein.«[18]

Philosophische Reflexion

Warum die Erinnerung an diese Mythen? – Darum, weil in unserer Frage vielleicht am deutlichsten wird, daß die Selbstreflexion endlicher Freiheit auch und gerade als philosophische nicht ab-

[16] Res publ. II 379c–380a; hinsichtlich »Furcht« und »Mitleid« (Aristoteles, Poetik 6) sei hier nur auf *W. Schadewaldts* Aufsatz von 1955 hingewiesen: Furcht und Mitleid?, in: ders., Antike und Gegenwart. Über die Tragödie, München (dtv) 1966, 16–60.

[17] Vgl. das Weinstock-Bild Joh 15 und das Paulinische »In Christo«.

[18] *Plotin*, Enn I 2, 6, 2f.

strakt apriorisch, sondern aposteriorisch, d.h. jeweils nachträglich und konkret sein muß. Die Prinzipialität, die wir schon in der Einführung für sie beansprucht haben, besteht nicht in der (gar »voraussetzungslosen«) Anfänglichkeit umfassender Erstauslegung, sondern darin, daß sie die stets schon geschehene Selbstauslegung der Freiheit stets von neuem radikal, d.h. auf ihre Wurzeln hin, befragt. Freiheit, sich auf sich als Freiheit besinnend, hat es nicht mit puren Fakten zu tun, und seien es »Tatsachen des Bewußtseins«, sondern sie trifft auf Freiheit, das heißt: auf getroffene *Entscheidung* – und auf ein (wie immer geartetes) Bewußtsein dieser Situation. So bezieht die philosophische Reflexion des Schuldbekenntnisses sich stets schon auf das Selbstverständnis dieser Konfession und auf deren erste grundlegende Selbstreflexion.

1. Freiheit sagt sich als sie selbst notwendig im Symbol aus, in prinzipiell mehrdeutiger Selbstdarstellung. Als Darstellung nie nur des Selbst, sondern des Selbst*verständnisses* – und als Appell an das Verständnis des andern – sind solche Symbole ihrerseits nicht stumm; sie sind keine starren, abgeschlossenen Fakten, sondern selber Deutung und wesentlich auf (weitere) Deutung bezogen. (Schon die Befleckung ist ein anderes als ein Schmutz-Fleck, das zeigt unmittelbar die »nur« symbolische Gestalt der ihr zugeordneten Waschung oder Reinigung.)

Eine erste, zum Teil kritische, Deutung der primären Symbole bieten die Mythen in ihrer Gesamtdeutung der Freiheits-Situation. Indem nun einerseits Mythos auf Mythos trifft, andererseits die mythische Deutung als solche Widerspruch von der historischen wie der naturwissenschaftlichen Forschung erfährt, wird eine weitergehende Selbstklärung des darin sich auslegenden Bewußtseins unvermeidlich. Diese Klärung führt vor allem dazu, die Mythen symbolisch zu verstehen, d.h. eben als Selbstauslegung der Freiheit statt als »vor-wissenschaftliche« Herkunftserklärung bestimmter natürlicher oder gesellschaftlicher Gegebenheiten [19].

[19] Derart symbolisch sei hier auch der Adam-Mythos verstanden, also nicht schon im Sinn seiner späteren theologischen Auslegung in der klassischen »Erbsünde«-Lehre. Eher als Aussage über die erfahrene »Sünde der

Weiterhin nötigt der Klärungswille zu einer Entscheidung angesichts der verschiedenen, einander auch widersprechenden Interpretationsangebote; denn da es um die Klärung von Selbstverständnis geht, bleibt eine alles »verstehende« (bloß phänomenologische) Registratur der vorfindlichen Antworten und Antworttypen unzureichend. – Andererseits läßt sich, eben weil es um Selbstverständnis geht, kein eindeutiges *äußeres* Kriterium der rechten Wahl benennen; sondern allein das Selbst und seine in der Wahl gewonnene Identität sind das Maß, an dem die Wahrheit der Antwort sich mißt.

Allerdings ist das Selbst hier nicht isoliert zu verstehen, sondern – wie auch die Mythen gezeigt haben – als in doppelter Hinsicht sich selbst übersteigend. Das Selbst transzendiert sich einmal in der interpersonalen Selbst-Erfahrung: als Freiheit im Reich von Freiheitsbezügen [20], sodann, indem es, in solcher Gemeinsamkeit, sich vor oder »unter« der Wahrheit, dem Licht des Heiligen, weiß.

Die als Maß berufene Identität ist also die Selbstübereinstimmung eines Selbst-Überstiegs. Wahr ist demnach eine Auslegung des Selbstverständnisses, »wenn die Transzendenz sich in ihr vollendet und die vermittelte transzendentale Einheit hervorgeht« [21], man könnte sagen: wenn ihre Wahrheit, wenn die Übereinkunft erscheint. So ist das Kriterium der Wahrheit der In-eins-Fall, den der Name »Sinn« bezeichnet; erfahren in der geschenkten Identität der sich übersteigenden Freiheit. Es liegt auf der Hand, daß solche Identität nicht beweisbar ist, nur bezeugbar. »Oder besser: sie wird durch Bezeugung bewiesen« (341).

Welt« (*P. Schoonenberg*, in: J. Feiner/M. Löhrer [Hrsg.], Mysterium Salutis 2, 886–898 u. 928–941 [Lit.]; *K.H. Weger*, Theologie der Erbsünde, Freiburg 1970).

[20] Daher hier der Doppelsinn des Wortes »Selbstbegegnung«: Wenn Freiheit auf Freiheit trifft, begegnet sie stets ihresgleichen – aber so, daß sie zugleich jeweils *sich* selbst begegnet. Selbst ist das Ich wie das Du; eben so aber sind sie – in ihrer Selb- und Gegenständigkeit – dasselbe.

[21] *H. Krings*, Transzendentale Logik (S. 46, Anm. 17) 340.

Beziehen wir dies nun auf unser Thema, so ist die primäre Bezeugung keine andere als gerade jenes Bekenntnis, das, als Bekenntnis von Schuld, hier ausgelegt werden soll.

2. In einem ersten Schritt wird nun vertreten, daß diesem Zeugnis nur der Adam-Mythos entspricht.

Auch wenn wir damit noch nicht erklären, das Schuldbekenntnis seinerseits entspreche der wirklichen Situation der Freiheit (die Erörterung dieser Frage bedeutet vielmehr einen eigenen zweiten Schritt), so ist doch zu sehen und einzugestehen, daß schon diese Aussage nicht rein »objektiv« ist, ja, daß sie es gar nicht sein kann. – Eben deshalb jedoch wäre es auch die gegenteilige Aussage nicht. Immerhin läßt unser Votum sich wohl in folgender Weise begründen.

Im Bekenntnis ihrer wird Schuld eingestanden zuerst als etwas, das nicht sein sollte noch soll *und* das nicht sein *mußte*. Sie wird sodann bekannt als Verfehlung und Versäumnis nicht nur dem Mitmenschen oder dem eigenen »besseren Selbst« gegenüber, sondern, eben darin und vor allem, als Versagen gegenüber einem unbedingten »heiligen« Anspruch[22]. Und sie wird schließlich bereut als etwas, das von sich und vom Schuldigen her nicht aufgehoben werden kann – während zugleich mit diesem Bekenntnis sich der Ruf nach ihrer Tilgung ausspricht.

Dieses Betroffenwerden und Sich-Treffen-Lassen von einem unbestreitbaren Anspruch des Guten, dessen Fraglosigkeit das Bildwort vom »Licht«, die religiöse Rede von der »Herrlichkeit« und der religionsphilosophische Name des Heiligen meinen, – dieses Betroffensein läßt es keineswegs zu, die Anspruchs-Instanz als ursprünglich nächtiges Chaos oder als nachträglich jüngere Ordnungsmacht aufzufassen; es verbietet erst recht, sie als verblendende Bösartigkeit zu denunzieren, und untersagt schließlich ebenso jene Deutung, die die gefallene Freiheit schon durch die bloße Erkenntnis ihrer vergessenen Göttlichkeit erlöst wissen will.

[22] Vgl. Lk 15,21: »Vater, ich habe gesündigt gegen den Himmel und vor dir…«

Andererseits sind durch den Adam-Mythos die anderen Antworten nicht einfachhin abgetan und erledigt. Da auch sie Auslegungen des Schuldbekenntnisses sind, müssen vielmehr ihre Anstöße von diesem Mythos aufgenommen sein und von ihm mit beantwortet werden, wenn er sich als die entsprechende Deutung soll ausweisen können.

Die theogonische wie die tragische Weltsicht reflektieren eine gewisse Vorgängigkeit des Bösen, die der Adam-Mythos in seiner Konzeption als Versuchung ausspricht: Der Mensch selbst wird schuldig; aber er setzt seine Schuld doch nur so, daß er sie fortsetzt. Nicht Bosheit, sondern Schwäche ist offenbar die wesentliche Bestimmung menschlichen Schuldigwerdens (ohne daß es damit aufhörte, ein *Schuldig*werden zu sein). Nicht Hochgemutheit, sondern Angst[23] bestimmt die Versuchungs-Situation, und das Versagen liegt eher in Mißtrauen (»Kleinglauben«) als im Stolz.

Verschiebt jedoch diese Auskunft die Frage nicht bloß? – Vielleicht liegt, möchte ich antworten, das bedeutsamste Wahrheits-»Kriterium« dieses Mythos darin, daß er auf weitere geschichtliche Erklärungen verzichtet. Abgewiesen wird von ihm die Ursprünglichkeit des Chaos (denn das durch Gottes Wort Geschaffene ist gut), abgewiesen wird die Verdächtigung Gottes (denn er schafft aus freier Güte); aber positiv wird über das Woher der Schuld des Menschen nichts geäußert; es bleibt hier, wie schon gesagt, beim Grenzbegriff von etwas, das in seinem »An-sich« prinzipiell nicht zugänglich ist, das jedoch in seinem »Für-uns« eine unumgängliche Bestimmung des »Für-sich« menschlichen Schuldbewußtseins darstellt.

3. Gleichwohl beläßt der Fortgang der Reflexion es auch hier nicht bei der klaren Scheidung, die etwa Platons berühmtes Wort vollzieht: »Der Wählende ist schuld, Gott ist schuldlos« [24], und die in Israel vor allem Jeremia und Ezechiel vertreten. Beide erklären: »Nur wer selbst saure Trauben ißt, dem werden die Zähne stumpf« (Jer 31,29f; Ez 18).

[23] Vgl. Hebr 2,15: Christus befreit, »die durch Furcht vor dem Tod ihr ganzes Leben lang der Sklaverei verfallen waren«.

[24] Res publ. X 617e.

Der Widerspruch des chaotischen und besonders des tragischen Mythos gegen diese Beschuldigung des leidenden Menschen wird in der Tradition des Adam-Mythos durch das Buch Ijob aufgenommen und aufs äußerste zugespitzt. Denn gerade und nur unter der Voraussetzung eines allmächtig-gerechten Gottes stellt sich das Problem des leidenden Gerechten in solcher Schärfe. Damit ist, was die übrigen Mythen sozusagen durch Unterbietung erledigen wollen, unausweichliche Aufgabe geworden: das Thema der Theodizee, der »Rechtfertigung« Gottes[25].

Die Antwort des Ijob-Buchs zeigt sich jedoch wiederum nicht als bloßer Abweis, sondern als bewahrende »Aufhebung« dieser anderen Mythen. Die rein ethische (man könnte auch sagen: prophetische) Argumentation der Freunde Ijobs wird nämlich verworfen – und auch Ijob bekennt, unrecht geredet zu haben (Ijob 42,6), offenbar insofern, als er selbst in seiner Anklage diese ethische Maßvorstellung zugrundegelegt hat. Gott wird nämlich als überethisch Heiliger offenbar und als solcher von Ijob anerkannt. Dies geschieht in einer Weise, die (wie zuvor das An-sich des Versuchers) rationalem Begreifen entgeht, doch ohne deswegen als »irrational« aufgefaßt werden zu dürfen; denn die in den kosmischen Bildern ausgedrückte Erfahrung entzieht sich solcher Alternative[26]. – Indem die Antwort des Ijob-Buchs auf die Frage des leidenden Gerechten sich dann (bei Deutero-Jesaja) zum Bild des leidenden Jahwe-Knechts auslegt, nimmt sie schließlich auch das Wort des orphischen Mythos auf: Die »Lösung« der quälenden Frage liegt nun tatsächlich in der Erkennt-

[25] Man darf sich wohl fragen, ob die Unvermeidlichkeit dieses Themas den Kritikern seiner konkreten Durchführung immer so klar war – und klar ist, wie es zu wünschen wäre. – Vgl. *W. Kern/J. Splett,* Theodizee-Problem, in: Sacramentum Mundi IV 848–860 (Lit.; jetzt auch in Herders theol. Taschenlexikon); *J. Splett,* Gotteserfahrung im Denken 207–255.

[26] Vielleicht darf man zu der geschilderten »Erleuchtung« an entsprechend »anti-logische« Methoden des Zen erinnern. Ijob hat ja nicht eigentlich die Natur und übermächtige Tiere gesehen, sondern »in« ihnen, durch sie und von ihnen her seinen Herrn: »Nun aber hat dich mein Auge geschaut« (42,5).

nis Gottes bzw. in der Erkenntnis der Gottzugehörigkeit des Leidenden, zuletzt gar (christlich): im Erkennen seiner Göttlichkeit.

Doch dieser Leidende ist hier der unschuldige *Andere.* Indem der Schuldige ihn so erkennt, potenziert sich gewissermaßen die Erkenntnis seiner eigenen Schuldhaftigkeit – vor allem insofern, als er das Leiden des Unschuldigen auf sich selbst beziehen muß. Und vor aller näheren Bestimmung und »Rationalisierung« dieses Zusammenhangs (also vor jeder möglichen Deutung eines »Anstatt« oder »Für« dieses Leids) *muß* der Mensch das unschuldige Leiden irgendwie auf sich beziehen, wenn ihm versagt ist, sich (chaotisch gedacht) auf Gottes vorethische Gebundenheit oder (tragisch gedeutet) auf die Willkür Gottes zu berufen.

Damit muß nun endlich die Frage zu Wort kommen, ob die Selbstauslegung der Freiheit im Schuld-Eingeständnis, die uns bisher als Maß galt, überhaupt der Wirklichkeit entspreche, bzw. von welcher Art diese Entsprechung zur realen Situation des Bekennenden sei. Es könnte sich ja auch um ein Selbstmißverständnis handeln, dessen Bedingungen aufgeklärt werden müßten. Es fragt sich – gerade im Blick auf die eben skizzierte Zuspitzung der Schuld-Situation –, ob nicht eine tragische Deutung eher im Recht sei (»eher« insofern, als sie dem Schuldbekenntnis nicht so sehr – auf seiner Ebene – widerspräche, als daß sie es verstehend »hinterfragte« und in sich »aufheben« wollte).

Fluchtdeutungen

Vor jeder weiteren Erörterung jedoch ist eines festzuhalten: Gerade wenn das Schuldbekenntnis das der Wirklichkeit Gemäße und von ihr Geforderte sein sollte, müßte man mit Versuchen seiner Leugnung oder, subtiler, seiner Umdeutung rechnen, und dies nahezu unvermeidlich. Hier trifft man nämlich nicht nur eine gewisse Parallele zu dem Sachverhalt, daß der Irrende seinen Irrtum nicht weiß. Das klang schon oben bei der existenzialen Interpretation an, und es zeigte die Grenze einer Schuldreflexion, die einseitig vom Gewissen bzw. vom Schuldbewußtsein und der Straffälligkeit ausgeht. Aber auch wenn – etwa durch »prophetischen« Anruf[27] – der Schuldige seiner Schuld erst überführt werden soll, so kann das nur als Sich-Überführen-*Lassen* geschehen (mit Heideggers Worten: als »Gewissenhaben-wollen« und »Schuldig-sein-wollen«).

Schuldverfehlung jedoch ist nicht einfach Irrtum. Sie besagt nicht bloß ein Nichtsehen, sondern ein Nicht-sehen-Wollen, ein »Niederhalten« der Wahrheit, und dies so lange, als sie nicht in »Umsinnung« ausdrücklich widerrufen wird. Kaum irgendwo wird man also von vornherein mit einer derartigen Wahrscheinlichkeit von »Verdrängung«, Abwehr und (sei's halb-)bewußter »ideologischer« Umdeutung rechnen müssen wie im Fall der Leugnung von Schuld. Und es scheint mir bedenkenswert, daß man in einer Zeit derart allbeherrschenden Ideologieverdachts diese fast übermächtige Versuchung zumeist offenbar ignoriert.

Damit wird nicht behauptet, es sei jedes Schuldbekenntnis über jeglichen Verdacht erhaben; es soll nur an die näherliegende Richtung des Verdachts erinnert werden – auch und gerade nochmals dort, wo man es höchstwahrscheinlich mit einem ungerechtfertigten, krankhaften Schuldbewußtsein zu tun hat. – Eine philosophische Anthropologie als Philosophie der Freiheit darf in der Tat die (selbst)kritische Auseinandersetzung mit den verschiedenen Schulen der Psychoanalyse wie auch der Soziologie nicht umgehen, ganz abgesehen von den philosophischen Argumenten des Determinismus.

Ausführlich ist das freilich hier und jetzt nicht möglich. Doch dürfte manches dazu schon in den bisherigen Kapiteln klar geworden sein. Und wenigstens ein Hinweis sei bezüglich der Tiefenpsychologie notiert, dem noch immer verbreiteten Vorurteil gegenüber, ihr gehe es in erster Linie um die Beseitigung des Schuldbewußtseins. Nach den wiederholten Richtigstellungen führender Analytiker zielt ihre Therapie gerade darauf, dem gebundenen Menschen die »Fähigkeit, zu trauern«, zum Gewis-

[27] Vgl. Nathan vor David bezüglich des Uria (2 Sam [2 Kön] 12).

sen-haben(-wollen) wieder zu eröffnen[28]. Der Aufbau übermächtiger Schuldkomplexe zeigt sich dann nicht bloß als soziopsychisch bedingte Erkrankung oder als Ergebnis der Indoktrination von interessierter (etwa kirchlicher) Seite, sondern ebenso, wenn nicht sogar eher, als mehr oder auch minder unbewußte Flucht vor der tatsächlich zu verantwortenden Schuld. Selbstaggression wie Projektion erscheinen darin gewissermaßen als Privatform des urchaotischen oder tragischen Mythos, so wie diese Mythen als Großformen individueller Weisen der Abwehr aufgefaßt werden können.

Das sei hier für jenen Mythos verdeutlicht, den Theodor Haecker als *die* abendländische Verfehlung des Theodizeeproblems bezeichnet hat (in diesem Problem hat der Anstoß der Schulderfahrung ja, wie gesagt, seine Spitze): für die tragische Weltanschauung[29]. In ihr wird Schuld auf das wesensgegebene Versagen der Endlichkeit als solcher zurückgeführt, die Endlichkeit also als solche tragisiert, wobei diese Tragisierung in heller oder dunkler gefärbtem »amor fati«, in Zustimmung oder Protest und Klage sich darstellen mag.

So wird beispielsweise der biblische Sündenfall als das begrüßenswerte Zusichkommen endlicher Freiheit gedeutet. Für Kant stellt er die Entdeckung eines Vermögens dar, »sich selbst eine Lebensweise auszuwählen, und nicht gleich anderen Tieren an eine einzige gebunden zu sein«, den Übergang »aus der Vor-

[28] Das rechte Gewissen ist ja keine »Überich-«, sondern gerade eine Ich-Funktion. Vgl. *S. Freuds* Bemerkung, daß die Analyse, unter Umständen gegen den übermächtigen Widerstand des Krankheitsbedürfnisses, »dem Ich des Kranken die Freiheit schaffen soll, sich so oder anders zu entscheiden« (Ges. Werke, London 1940ff, XIII, 280 Anm. [Das Ich und das Es]). – Siehe zum Ganzen die umfangreiche Arbeit von *W. Lauer*, Schuld – das komplexe Phänomen. Ein Vergleich zwischen schicksals- und daseinsanalytischem Schuldverständnis im Lichte christlicher Ethik, Kevelaer 1972. L. Szondi, M. Heidegger, L. Binswanger und M. Boss sind die Hauptnamen; aber phänomenologisch, psychologisch, philosophisch und theologisch beschränkt die Untersuchung sich nicht auf sie und bedeutet so (samt biblischem und juristischem Exkurs) eine förderliche Ergänzung zur Symbolik Ricœurs.

[29] *Th. Haecker*, Schöpfer und Schöpfung, München ²1949, 30–42.

mundschaft der Natur in den Stand der Freiheit«[30]. Für Hegel ist »in der Tat« die »erste Reflexion, worin das Natürliche als Böses ist, ein Zustand, der nicht sein soll, d.i. der aufgehoben werden soll, – aber nicht ein solcher, der nicht eintreten soll: er ist eingetreten, indem Bewußtsein der Mensch ist«[31].

Dieser gleichsam heroischen Deutung kann man eine eher »klagend-tragische« an die Seite stellen: so Kants Rede vom »krumme[n] Holze, als woraus der Mensch gemacht ist«[32], am umfassendsten wohl Leibniz' These von der besten aller möglichen Welten: ein »Optimismus«, den Voltaires Kritik nicht eigentlich widerlegt, sondern als fatalen entlarvt hat, wird darin doch die Gebundenheit Gottes an die metaphysischen Gegebenheiten verkündet, angesichts derer die Welt – faute de mieux – als das Bestmögliche akzeptiert werden muß.

Damit aber wird, worauf das Schuldbekenntnis zielt, zum Wesen und Sein des Menschen gemacht. Wesen und Sein indes sind, wie gesagt, nicht mehr bereubar – jedenfalls nicht vom Menschen. Die Ausweitung der Schuld schlägt so unmittelbar in Entschuldigung um, zunächst in die des Menschen – unter Beschuldigung Gottes, sodann auch Gottes, indem das Theodizeeproblem durch Verweis auf die ontologischen »Verhältnisse« gelöst wird, die nun einmal »nicht so« sind[33].

[30] *I. Kant*, Mutmaßlicher Anfang der Menschengeschichte, in: Berlinische Monatsschrift, Januar 1786, 1–27, 7 u. 12f. (WW [Weischedel] VI, 88 u. 92.)

[31] *G. W. F. Hegel*, Die absolute Religion (G. Lasson), Leipzig 1929 (Nachdr. Hamburg 1966), 123 (vgl. Sämtl. Werke [Glockner] 16, 258–270). Siehe *E. Lämmerzahl*, Der Sündenfall in der Philosophie des deutschen Idealismus, Berlin 1934. Vgl. Ernst Blochs wiederholt gebrauchtes Wort von der Schlange als Raupe der Göttin Vernunft; in der neueren Psychologie wäre hier wohl die Lehre von der Individuation in der Schule C. G. Jungs zu diskutieren.

[32] Idee zu einer allgemeinen Geschichte in weltbürgerlicher Absicht: Berlinische Monatsschrift, Nov. 1784, 397 (WW VI 41).

[33] In dieselbe Richtung geht offenbar auch der Versuch *H. Bisels*, bes. in: Das Leid in der Welt und die Liebe Gottes, Düsseldorf 1972. Er erklärt die Liebe zu einem reinen und schuldlosen Gott für unreif und Haß gebärend (80) und versteht Gott als liebend Schuldigen (als Liebenden, der unvermeidlich schuldig wird).

All solchen Antwortversuchen gegenüber fordert aber Hegels berühmte Behauptung vom Recht des Verbrechers auf Strafe nach wie vor Gehör: »Darin wird der Verbrecher als Vernünftiges geehrt«, welche Ehre ihm versagt wird, »wenn er nur als schädliches Tier betrachtet wird, das unschädlich zu machen sei, oder in den Zwecken der Abschreckung und Besserung« [34]. Die schwierige zweite Frage der Strafe sei jetzt ganz beiseite gelassen; wir lesen den Text hier einzig auf den Schuldspruch hin. Er besagt dann: Der Auswegversuch *prinzipieller* Entschuldigung bedeutet die Leugnung der Freiheit, d.h. die Heilung ihrer Krankheit oder die Lösung ihrer Knechtschaft durch Toterklärung.

Sozialphilosophisch gewendet, zeigt sich die Fatalität und Ausweglosigkeit totaler Negativität wohl in dem, was mit der Diagnose »Elend der kritischen Theorie« [35] ausgedrückt worden ist: Tätiges Weltverändern kann sich dem Verhängnis offenkundig – und grundsätzlich – nicht entringen; Furcht und Mitleid aber als Lösung der Tragik genügen nicht – keinesfalls dann, wenn man, anstatt dem Drama schauend (»theoretisch«) beizuwohnen, selbst in dieses böse Spiel verwickelt ist: nicht Zuschauer, sondern Opfer und vor allem auch Henker.

Welche andere Lösung aber ließe sich denken?

Schuld und Sinn

Mit dieser Frage gehen wir nicht, wie man wohl meinen könnte, über unser philosophisches Thema hinaus. Zunächst nämlich gehört sie offenbar unabtrennlich zu jenem Vollzug, den die Überlegungen dieses Kapitels zu verstehen versuchen: Das Schuldbekenntnis formuliert sich als Bitte um Verzeihung und Befreiung.

[34] Grundlinien der Philosophie des Rechts (1821), §100 (S.W. 7, 156). Statt spezieller Monographien sei hier nur die Publikation einer 14teiligen Züricher Ringvorlesung von 1962/63 notiert: *E.R.Frey* (Hrsg.), Schuld, Verantwortung, Strafe im Lichte der Theologie, Jurisprudenz, Soziologie, Medizin und Philosophie, Zürich 1964.

[35] Siehe S. 87, Anm. 28.

Sodann aber und vor allem scheint überhaupt nur von der Hoffnung solcher Lösung (wenn nicht gar erst von der [Glaubens-] Gewißheit ihrer Gewährung) her das Bekenntnis der Schuld erstlich möglich zu sein. Und dies Vermuten, ausgelöst von der fast überwältigenden Nötigung zur »Lebenslüge« angesichts der Schuld, wird wohl nicht bloß durch die Religionsgeschichte bestätigt.

Doch dagegen meldet sich der Einspruch nicht nur Friedrich Nietzsches, sondern auch eines Ethikers wie Nicolai Hartmann. »Die Sehnsucht nach Erlösung ist ein Zeichen inneren Bankrotts. Die Religion baut ihr Erlösungswerk gerade auf diesem Bankrott, dem moralischen Gebrochensein, auf. Die Erlösung entmündigt den Menschen tatsächlich, mutet ihm die Preisgabe der Freiheit zu.« [36]

Zum Teil ist dieser Einspruch als ein Mißverständnis aufzulösen, insofern Hartmann nicht zwischen Erlösung (bzw. Verzeihung) und Entschuldigung unterscheidet. Dabei sprechen sich darin strikt gegensätzliche, kontradiktorische Sichten von »Schuld« aus: entweder die Anerkennung oder die Bestreitung ihres *Schuld*-Charakters. Doch die Differenz reicht tiefer, so wenn Hartmann μετάνοια und μεταμέλεια als Nachsehen und Reue verwirft gegenüber πρόνοια und ἐπιμέλεια (Voraussicht und Sorge) als dem, was in Wahrheit statt dessen verlangt sei (ebd. 355). Und das führt zu den Grundsätzen: 1. Die sittliche Schuld läßt sich nicht vom Schuldigen abtrennen. 2. Die Möglichkeit sittlicher Erhebung besteht immer grundsätzlich (818). Daraus 3. die »populär« ausgesprochene Maxime: »Sei schuldig, so viel du willst, und trage die Schuld in Ehren, nur sorge, daß das Gute geschehe« (820).

In einer solchen Konzeption wird aber einmal die Unfreiheit der Freiheit verkannt – und dies im doppelten Sinn: schon bezüglich der bei aller Immanenz doch auch gegebenen »Äußerlichkeit« der Schuld (daher das Recht des Bildes der Krankheit für die Verschuldung), besonders aber bezüglich der realen Gebundenheit der Freiheit, deren grundsätzliche Möglichkeit der

[36] *N. Hartmann*, Ethik, Berlin [4]1962, 354.

»Erhebung« ihr konkret eben nicht offen steht, ihr vielmehr erst eröffnet werden muß (daher das Recht des Bildes der Knechtschaft). Sodann wird auch und vor allem der Totalanspruch des Guten und von daher die Totalität der Sinnforderung verkannt, wie sie nicht bloß an die Freiheit ergeht, sondern zugleich auch von ihr selbst erhoben wird.

Über eine mögliche Einlösung dieses Anspruchs hat Philosophie nicht mehr zu befinden. Aber als Selbstreflexion von Freiheit hat sie ihn selbst noch zu bedenken. Das zu verstehende Selbstverständnis des Daseins ist, was es ist, immer auch als Vorverständnis seines möglichen Heils [37]; und dies selbst dann noch, wenn es sein mögliches Heil – skeptisch oder entschieden verzweifelt – für unmöglich halten wollte.

Schuld besagt Selbstwiderspruch, Heil besagt Identität des Daseins. Die verschiedenen Fluchtdeutungen, die sich anbieten, wollen nun entweder Identität erschleichen oder gerade die Nicht-Identität zur einzig entsprechenden Identität von Person (Freiheit, Geist) als solcher ernennen. In der Absage an solche Unaufrichtigkeit (Sartre: »mauvaise foi«) anerkennt Freiheit im Schuldbekenntnis die nicht sein sollende Nicht-Identität ihrer selbst, und zwar als Selbstwiderspruch, dem keinerlei Dienlichkeit, Sinn oder gar Notwendigkeit innewohnen. Sie versagt sich also jener heillosen Selbstversteifung in der Schuld, die deren Not für das Notwendige (welche Not Wendende?) ausgibt. Solche Not aussprechen besagt aber unmittelbar zugleich das Eingeständnis des Verlangens nach ihrer Lösung.

Die Sinnfrage fügt sich keinem Frageverbot, und sie fügt sich auch keiner Herabsetzung oder Minderung ihres Anspruchs. Anders gesagt, alle »realistische« Resignation (mit seiner Schuld müsse man eben leben) verdeckt 1. den bleibenden (Selbst-)Widerspruchs-Charakter der Schuld – als könnte die quantitative Summierung vergehender und vergangener Zeitmomente ihre Qualität verwandeln (so Kierkegaards Einspruch); sie verkennt 2. die in der bleibenden Verantwortung erscheinende Identität

[37] Vgl. das S. 89, Anm. 31 genannte Werk *B. Weltes.*

der Freiheit[38]; und schließlich wird 3. das aus sich selbst legitimierte Verlangen der Freiheit nach voller Identität mißdeutet, wenn man den »existierenden Widerspruch des Bösen«[39], diesen schlechthinnigen Widersinn, mit jener Viel-Einheit verwechselt, die das Wesen von Geist und Freiheit ausmacht, und dann (so Jean-Paul Sartre) das Heilsverlangen des Menschen als Trieb nach der widersprüchlichen Seinsform eines selbstbewußten Dinges (»en soi«) denunziert.

So bleibt am Ende nur die Möglichkeit, dem Schuldbekennenden zu erklären, er selbst habe eben – schuldhaft – den möglichen Sinn seines Daseins verwirkt. Dies aber gerade bekennt der Schuldige selbst. Er meldet darum auch nicht den Anspruch eines Naturstrebens oder -verlangens (»desiderium naturale«) an: alle möglichen Ansprüche hat er verwirkt. Doch im Eingeständnis dessen bekennt er sich gleichzeitig zu einer »Hoffnung wider alle Hoffnung«: auf neues Leben aus seinem Tod (Röm 4,17f).

Kann philosophische Reflexion mehr tun, als daß sie dieses Glaubens-Bekenntnis zur Kenntnis nimmt? Sie kann immerhin – und dies muß sie – unmißverständlich die damit eröffnete Alternative benennen. Die Alternative heißt: berechtigte Vergebungshoffnung oder Selbstzerstörung der Freiheit.

Philosophie hat also deutlich die Nichtigkeit eines »amor fati« als reueloser Hin- und Annahme der Schuld festzustellen. Es ist wahrhaftig kein theologischer Satz, sondern einfachhin menschlich, wenn Augustinus solchem stoisch-männlichen Verzicht entgegenhält: »Man will also, was man kann, weil man nicht kann, was man will. Das ist – ob lächerlich oder eher erbärmlich – der stolzen Sterblichen ganzes Glück.«[40]

Vielleicht hat Philosophie auch jene positiven Erfahrungen zu reflektieren, die Verzeihung (nicht Entschuldigung) schon im menschlichen Miteinander gewährt. Oder noch unscheinbarer:

[38] Freiheit vermag dem Selbst-Widerspruch nicht dadurch zu entgehen, daß sie sozusagen ein Teil ihrer selbst reduzierend abstößt – sie hat keine Teile.

[39] *Hegel,* Göschel-Rezension, S.W. 20, 298.

[40] *Augustinus,* De Trinitate XIII 7, 10 (Migne PL XLII 1021).

die Tatsache, daß Zeit und Möglichkeit der Freiheit und der Anspruch zum Guten an sie (aus dem beides hervorgeht), daß dies alles mit ihrem Schuldiggewordensein nicht endet, sondern auch weiterhin immer neu auf sie zukommt.

Doch solche fragmentarischen Formen möglichen und wirklichen Neubeginns können nicht mehr als Hinweise sein. Sie weisen in eine Entscheidung, die nicht mehr Sache der Philosophie ist.

Dennoch hat, wie gesagt, Philosophie diese Entscheidung zu reflektieren, indem der Entschiedene von seiner Wahl vor sich und anderen Rechenschaft geben muß. Und hierbei stößt er auf eine Frage, die offenbar alles umstürzt: wie kann es Verzeihung geben, wenn das Opfer tot ist?

Ist nicht der Tod überhaupt eine Grenze der Freiheit, die – weit entfernt, ihre Kontur zu sein – sich nicht einmal als Schranke auffassen läßt, weil er sie bis ins Innerste trifft: »Das letzte Fiasko bleibt kein Rahmen oder dunkler Grund, von dem der kurze Sonnentag sich desto bewußter abhebt; Memento mori ist im Bewußtsein selber der Bankrott.« [41]

[41] *E. Bloch,* Das Prinzip Hoffnung. In fünf Teilen. 2 Bde., Frankfurt/M. 1959, 1301.

5. STERBLICHE FREIHEIT: END-GÜLTIGKEIT

»Die Kiefer des Todes zermalmen alles, und der Schlund der Verwesung frißt jede Teleologie... Kein Verrat kurz vor Ziel scheint dem des Exitus letalis gleichzukommen. Desto heftiger aber auch die Notwendigkeit, *Wunsch-Evidenzen* gegen diese so wenig einleuchtende Gewißheit zu setzen.«[1]

Das philosophische Stichwort hierfür heißt »Unsterblichkeit«, und dieses Kapitel will fragen, ob es dabei nur um *Wunsch*-Evidenzen zu tun sei, oder nicht doch um – wie immer durch »Wunsch«, besser: Hoffnung, vermittelte – *Evidenz.*

Gleich eingangs klargestellt sei, daß »Unsterblichkeit« nicht den Tod leugnen will[2]. Im Blick auf geläufige Klagen über die »Hellenisierung« des christlichen Denkens: Die *Griechen* haben den Menschen mit jenem Namen bezeichnet, den heute vor allem Martin Heidegger neu aufgenommen hat: βροτός, der Sterbliche. – Eberhard Jüngel bezieht sich in seinem Buch über den Tod auf ein Mosaik aus dem römischen Thermenmuseum. Es zeigt einen Menschen, der – mehr liegend als sitzend – fast nur noch ein Skelett ist. Sein übergroßer rechter Zeigefinger weist auf Worte unter der Gestalt, die mehr als ein Viertel der Bildfläche füllen: **ΓΝΩΘΙ ΣΑΥΤΟΝ**. »Erkenne dich selbst!«, bedeutet hiernach: Denk an deinen Tod. »Memento mori heißt gnothi sauton.«[3]

Gleichwohl werden wir fragen müssen, ob der Tod hier ernst genug genommen worden ist – ob er genügend ernst genommen werden konnte.

[1] *E. Bloch* (S. 124, Anm. 41), ebd.

[2] Man könnte sagen, die Unsterblichkeit gehöre zu den Dingen, über die nur jene reden, die sie nicht besitzen, und von denen »man nicht spricht«, wenn man sie hat.

[3] *E. Jüngel*, Tod, Stuttgart–Berlin 1971, S. 64ff.

Den Glauben an ein Leben nach dem Tode belegen vor den Bestattungsriten und Totenkulten der »primitiven« Religionen die Grabfunde frühester Kulturen. (Diese – wie Kultstätten überhaupt – sind, deutlicher als Steinwerkzeug und Feuerstellen, die sichersten Zeichen dafür, daß man es mit *Menschen* zu tun hat.) Spät erst scheint diese Überzeugung in Frage gestellt zu werden. – Doch wollen wir uns hier auf Streiflichter zur Geschichte des europäischen Denkens beschränken.

1. Platon. Er hat in Aufnahme orphischer Traditionen dem abendländischen Unsterblichkeitsdenken das Fundament gegeben, indem er die Seele als jenes bestimmt, das in der »Trennung von Leib und Seele« die Auflösung des Leibes überdauert. Dabei wird Seele nicht bloß als Teil des Menschen verstanden: »Die Seele: das ist der Mensch.«[4]

Die Begründung dieser Konzeption legt Platon ausführlichst in seinem Dialog »Phaidon« vor, benannt nach dem jungen Mann, der über die letzten Stunden des Sokrates und die im Gefängnis geführten Gespräche berichtet. Ehe diese Argumente kurz referiert werden, sei eine doppelte Vorbemerkung erlaubt.

Die erste knüpft an das Obige an: Von einem Leben über den Tod hinaus spricht man nur recht als von diesem Tode konkret betroffen. Bleibe die wiederholt diskutierte Frage noch offen, ob der Verurteilte oder die Freunde die Erst- und eigentlich Betroffenen seien, ob also der eigene oder der Tod des geliebten Anderen die ursprüngliche Erfahrung darstellt[5].

Die zweite: Der hier spricht, ist Sokrates. Helmut Kuhn hat seinem schönen Sokrates-Buch[6] den Untertitel gegeben: Versuch über den Ursprung der Metaphysik. Es war die Begegnung mit diesem Mann, seinem Lehren, Leben und Sterben, die Platon zu Platon gemacht hat. Hier gilt die asiatische Weisheitslehre

[4] Alkibiades I 129e, 130c.

[5] Für die erste Ansicht sei Max Scheler, für die zweite Gabriel Marcel genannt.

[6] Sokrates, München 1959.

(um nicht zu sagen: Selbstverständlichkeit), die in der westlich neuzeitlichen Tradition der »Selbstdenker« zu leicht vergessen wird: Keine Wahrheit ohne Lehrer. Platons Seelen- und Unsterblichkeitslehre ist keine »abstrakte Philosophie«; sie entstammt ganz wesentlich seiner Erfahrung mit dem Lehrer Sokrates, der Überzeugung, der Tod könne nicht das Erlöschen, das völlige Ende dieses hinreißenden Menschen sein. Die Bedrohung durch den Tod, gar durch den Tod dieses Lehrers, war derart überwältigend, daß Platon die nicht minder überzeugende Erfahrung der Todüberlegenheit seines Meisters nur so ausdrücken konnte, daß er erklärte, wir *hätten* unseren Leib nur (statt er auch zu sein), der Tod betreffe nur ein Etwas an uns, nicht eigentlich und wirklich uns selbst[7].

Aber wenden wir uns nun der argumentativen Auslegung zu, mit der Platon für diese seine Grunderfahrung eintritt. – Die erste Begründung gibt Sokrates aus dem allgemeinen Kreislaufgeschehen der Natur, verbunden mit der Anamnesislehre: Aus Lebendem wird Totes, aus Totem Lebendes; der in der Wiedererinnerung sich bezeugenden Präexistenz der Seele entspricht ihr Dasein nach dem Tod. – Wichtiger sind die folgenden Reflexionen: Die Seele erkennt die ewigen, unwandelbaren Ideen; da nur Gleiches von Gleichem erkannt wird, muß auch die Seele ewig sein. Weiterhin ist sie einfach, unzusammengesetzt; so kann sie nicht in Teile aufgelöst werden. Schließlich ist ihr Wesen Leben; sie kann so wenig sterben, wie Feuer kalt werden kann. Dies letzte Argument wird dann nochmals im »Phaidros« entfaltet (245c–246a): Die Seele als sich selbst bewegend ist Lebens*prinzip*; darum kann ihr das Leben nicht genommen werden.

Daß es sich hier nicht um »wissenschaftlich« überzeugende

[7] Während Xenophon Sokrates eher als stoischen Weisen zeichnet, der im Rückblick auf ein recht verbrachtes Leben und im Wissen um die Unvermeidlichkeit des Todes gern den Beschwerden des Alters aus dem Weg gehen wollte (Apologie, 5ff u. 27), zeigt Platon ihn als Lehrer der Unsterblichkeit – in einem »aus jener kleinen Zahl von Büchern, durch welche die Menschen immer wieder zur Prüfung gerufen werden, ob sie ihres Namens würdig sind« (*R. Guardini,* Der Tod des Sokrates, Hamburg ^{2}1958, 190).

Beweise handelt, sagt Platon selbst. Sokrates akzeptiert, daß Simmias »genötigt ist, noch Unglauben (!) bei sich selbst zu hegen« (107b), und erklärt, weitere Untersuchungen seien nötig.

2. *Die antike Philosophie nach Platon.* In der Form-Materie-Konzeption von Platons Schüler Aristoteles, die eine engere Einheit von Leib und Seele verständlich macht, wird die Annahme persönlicher Unsterblichkeit schwieriger. Aristoteles kennt sie wohl doch nur für den überpersönlichen Vernunft-Geist (νοῦς), der von außen (»durch die Tür«) in den Menschen eintritt und als das Göttliche in ihm den Tod überlebt.

In ähnliche Richtung geht die stoische Antwort. Der göttliche Stoff, aus dem die Menschenseele gebildet ist, überdauert das Ende des Einzelnen und geht wieder im All göttlichen Wesens auf, und dieses bleibt – durch die periodischen Weltbrände hindurch, die seine äußere Gestalt vernichten – ewig. – Nach Epikur hingegen ist die Seele aus runden feurigen Atomen gebildet; beim Tode zerfällt sie wie der Körper in diese ewigen Urbestandteile.

Beide Konzeptionen versuchen auf je ihre Weise einer angstvollen Sorge der Zeitgenossen zu antworten: der Angst vor dem, in Hamlets Worten (III, 1), »was in dem Schlaf für Träume kommen mögen«. – Was also die psychologische Seite unseres Themas betrifft, so beschreibt die Frage »Egoismus über den Tod hinaus?« nur den einen Aspekt zu prüfender Motivation, nur *eine* Richtung kritischen Verdachts. Nicht minder müssen die Leugner eines Fortlebens nach dem Tod sich auf ein mögliches »wishful thinking« prüfen lassen[8]. Spätestens hier dürfte dann

[8] Hier gilt dasselbe wie für die psychologischen Entlarvungsversuche bezüglich des Glaubens an Gott. Hält man ihm entgegen, er erfinde bloß, wohin er fliehen wolle, mag er guten Rechts erwidern, der Gegner leugne seinerseits, *wovor* er fliehe. Denn ob nun »der Durst die Quelle beweist« oder nicht: gibt es nicht Gründe genug, nach der Nichtexistenz eines unbestechlichen Richters und seiner unerbittlichen Liebe zu dürsten?

Müßte man im übrigen etwa beweisen, Religion, der Glaube an Gott, die Überzeugung von einem Fortleben nach dem Tod und andere Grundeinsichten entsprächen *nicht* dem Wesensverlangen des Menschen, seien keine Erfüllung seines ursprünglichen Wünschens, um sie akzeptabel zu machen? Welche prinzipielle Weltsicht, welche Vorentscheidungen liegen solchem Argwohn zugrunde, und wie steht es um deren Legitimation?

deutlich werden, daß die Ebene gegenseitiger (individual- oder sozial)psychologischer Verdächtigung kaum das rechte Niveau für die Klärung der aufgegebenen Frage bereitstellt.

3. Renaissance-Neuzeit-Gegenwart. Vor allem platonische Gedanken, doch dann auch die aristotelische Form-Materie-Konzeption werden in späterer Zeit herangezogen[9], um die *christliche Auferstehungshoffnung* zu artikulieren und denkerisch zu rechtfertigen. Mit wieviel Recht oder Unrecht, hat zuletzt die Theologie zu entscheiden. Immerhin ist zu bedenken, daß eben die Verbindung von platonischem und aristotelischem Ansatz auf eine Verwandlung beider hinweist, die in dieser Weise erst im Licht der Auferstehungsbotschaft möglich geworden sein dürfte.

Nachdem das Spätmittelalter in Malerei, Plastik und Literatur, in Predigt und geistlicher Unterweisung einen beispiellosen »Triumph des Todes« erlebt, wird in der Renaissance Francesco Guicciardinis »memento vivere«[10] zum Programm.

Die antiken Positionen kehren wieder. Die persönliche Unsterblichkeit wird zum Streitpunkt zwischen Platonikern und Skeptikern wie Aristotelikern, die ihrerseits uneins sind. (Die Averroisten vertreten wenigstens die Ewigkeit des νοῦς gegen eine naturalistische Aristotelesdeutung im Anschluß an Alexander von Aphrodisias.)

Der stürmische Aufbruch dieser Jahre führt einerseits in das große Ereignis der Reformation, andererseits in die methodische Arbeit der entstehenden (Natur-)Wissenschaft[11]. Nicht zuletzt in Reaktion auf jenes Kirchengeschehen und seine blutigen Folgen konstituiert sich in Orientierung an den wissenschaftlichen Methoden das Programm einer Universalwissenschaft *(mathesis universalis)* methodischer Vernunft. Schlichter empirisch in der

[9] Vgl. *J. Choron,* Der Tod im abendländischen Denken, Stuttgart 1967.

[10] *J. Choron* 99.

[11] Vgl. *H. Rombach,* Substanz–System–Struktur. Die Ontologie des Funktionalismus und der philosophische Hintergrund der modernen Wissenschaft. 2 Bde., Freiburg 1965/66; *J. Mittelstraß,* Neuzeit und Aufklärung. Studien zur Entstehung der neuzeitlichen Wissenschaft und Philosophie, Berlin 1970.

Vernünftigkeit des englischen Deismus, metaphysisch anspruchsvoll in der kontinentalen Tradition des Rationalismus. Von beiden her wird zunächst die Unsterblichkeit, wie man gesagt hat, zum »eigentlichen Zentraldogma der Aufklärung«[12].

Doch gerade von dem statuierten Wissenschaftsideal aus und dem damit gegebenen Verständnis von Beweis und Beweisbarkeit melden sich erst Zweifel und Skepsis, etabliert sich dann die »wissenschaftlich« (will sagen: materialistisch) »begründete« *Leugnung* der Unsterblichkeit. Sie wird, zunächst in Frankreich, später fast allgemein zur philosophischen Haltung schlechthin gegenüber der »pfäffischen Lüge« der Unsterblichkeit, die das Volk aus Machtinteresse unmündig halte[13].

Kant setzt die Unsterblichkeit als »Postulat«. Damit ist nicht ein Wunsch oder Anspruch gemeint, sondern eine Behauptung, die zwar theoretisch unbeweisbar, aber unaufgebbar mit einer ethisch-praktischen Evidenz verknüpft ist. Die vom Menschen geforderte vollkommene Sittlichkeit sei nur in unendlichem Fortschritt zu erreichen, und zugleich verlange die sittliche Weltordnung eine Entsprechung von Tugend und Schicksal, die dieses Leben nicht bietet.

Für Fichte ist die Unsterblichkeit schon hier in der Wahrheitsannahme als »seliges Leben« gegeben, als Selbstvernichtung in Gott hinein, in dem das liebende Ich ewig lebt. – Gegenüber dem mehr gefühlsbestimmten Menschheits- oder Persönlichkeitsdenken von Herder oder Goethe wie den theosophisch beeinflußten Spekulationen des späten Schelling wird in der Folge Hegel wirksam. Genauer, jene Auslegung seiner doppeldeutigen Position, die ihn als Leugner der persönlichen Unsterblichkeit zugunsten des in der Geschichte zu sich kommenden Weltgeistes interpretiert.

Die Rechtshegelianer, der »spekulative Theismus« widersprechen, aber wirkungslos. Nietzsche verkündet die ewige Wieder-

[12] *C. Stange*, Die Unsterblichkeit der Seele, Gütersloh 1925, 105; zitiert von *J. Pieper*, Tod und Unsterblichkeit, München 1968, 158.

[13] Fast ein literarischer Topos: das Triumvirat von Arzt, Apotheker und Lehrer gegen den Pfarrer.

kehr des Gleichen. Die Existenzphilosophie spricht vom Tod und vom Leben angesichts seiner, auf ihn zu, ohne (außer in einem »christlichen Existenzialismus« wie bei Gabriel Marcel) über ihn hinausdenken zu wollen.

Antimetaphysischer Affekt, Platonismusverdacht, »mündig« gewordene »Weltlichkeit« und die Bündelung aller Interessen im sozialen Engagement kennzeichnen die gegenwärtige Ablehnung unserer Fragestellung.

Der Beitrag Max Schelers

Zum Abschluß dieses knappen, erinnernden Überblicks mag wenigstens eine Stimme etwas ausführlicher zu Wort kommen: Max Schelers Stellungnahme ist auf Grund von Niederschriften der Jahre 1911–1914 im ersten Nachlaßband seiner Werke erschienen [14].

Scheler geht vom Schwund des Unsterblichkeitsglaubens aus. Dessen Grund kann nicht bei der Wissenschaft liegen, da sie nur der Totengräber, nie die Todesursache eines religiösen Glaubens sein könne. Auch die philosophische Kritik der Beweise sei nicht die Ursache, waren doch »diese auch vor Kant nur nachträgliche Rechtfertigungen eines Gehaltes unmittelbarer Intuition und unreflektierter Lebenserfahrung, für welche ein Bedürfnis erst in dem Maße auftrat, als die Klarheit und Schärfe dieser Intuition verblaßte« (13). Scheler nennt vielmehr als Grund die Verdrängung, die Leugnung von »Kern und Wesen« des Todes.

Damit ist nicht jener »metaphysische Leichtsinn« des Menschen gemeint, ohne den er wohl kaum menschlich leben könnte, ausgedrückt in dem alten Vers:

> Ich leb', ich weiß nicht wie lang,
> ich sterb', ich weiß nicht wann,
> ich fahr', ich weiß nicht wohin:
> mich wundert, daß ich so fröhlich bin.

[14] Tod und Fortleben, in: Ges. Werke 10. Schriften aus dem Nachlaß I, Bern ²1957, 9–64.

Gemeint ist eine spezifisch neuzeitliche Verdrängung des Wesens des Todes, die ihn als Unglücksfall und Katastrophe im Fortschrittsprozeß von Arbeit und Erwerben darstellt, statt ihn als Wesensmoment in der Selbsterfahrung einer Freiheit anzuerkennen, die sich lebendig verwirklicht. Für ein gemäßes Denken und Reden über Tod und Fortleben wird darum eine grundsätzliche Denkumkehr gefordert.

Solcher Umkehr der Sicht zeigt sich ein charakteristischer unreduzierbarer »Überschuß« der geistigen Personvollzüge über die Leibzustände: Wort ist, wie im zweiten Kapitel bedacht, mehr als ein Laut, »Schreiten«, »Sichverneigen« sagt mehr als die bloße Lageveränderung eines Körpers im Raum. Es zeigt sich, gerade nochmals im Sterben (insofern es Vollzug ist), ein Überschuß der Person über die Leibeinheit, und darin findet Scheler jenes »intuitive Wesensdatum, das die Idee des Fortlebens in all ihren tausendfachen Gestalten ... erfüllt« (47). Dies ist freilich kein Wissen, schon gar nicht beweisbar, sondern »purer Glaube« (49), gegründet in der ursprünglichen Erfahrung »einer Freiheit des Könnens unserer geistigen Existenz gegenüber den Verbindlichkeiten« ihrer irdischen Situation (52).

Scheler lehnt also (53–58) 1. »metaphysisch-rationalistische Konstruktionen« (so nennt er die klassischen Beweisversuche) ebenso ab wie 2. den Weg der Empirie durch Kontakte mit Verstorbenen [15], 3. die moralisch fundierte Forderung (Kants Postulat) oder 4. Analogieschlüsse einer »induktiven Metaphysik« (die etwa von der Entsprechung zur Geburt ausgehen). (Der 5. mög-

[15] Auch wir lassen hier dieses Thema beiseite. Nicht weil keine ernstzunehmenden Fakten vorlägen, sondern deshalb, weil sie für die *grundsätzliche* Fragestellung nichts entscheiden: Die Kontakte als solche bestätigen nur eine *Fortdauer* über das Todesdatum hinaus, gebunden vielleicht an das Gedächtnis der Menschen (darin haben Feldherrn, Herrscher und Dichter ja immer wieder ihre »Ewigkeit« gesucht); aber wie lange währt diese Dauer? Und sollten die Toten selbst von »Ewigkeit« sprechen, dann fällt diese Aussage unter Punkt 5: Offenbarung. – Solche Daten sind also zwar geeignet, ein schlicht positivistisches Wissenschaftsdenken in seiner Verewigung des 19. Jahrhunderts zu verunsichern (vgl. indes Lk 16,31: »... werden sie sich auch nicht überzeugen lassen, wenn einer von den Toten auferstünde.«); sie können aber keine Antwort auf die Frage nach der *Unsterblichkeit* geben.

liche Weg eines Wissens aus Offenbarung bleibt philosophisch außer Betracht.)

Dafür aber wendet er sich eigens dem Fragepunkt der *Beweislast* zu. Je nachdem, wie ich Person und geistige Aktivität erfahre und denke, wie ich die Erfassung der Existenz anderer Person(en) verstehe, liegt die Beweislast beim Vertreter oder Leugner eines Fortlebens nach dem Tode. – Geht Person in ihren Akten, gehen freie Vollzüge in ihrer leiblichen Sichtbarkeit nicht einfach auf, ist die Erfahrung einer anderen Person nicht diskursiv in deren konkreter Leiblichkeit fundiert (so daß man vom Körper auf ein Ich zu *schließen* hätte), sondern geschieht Personerkenntnis nur *an* und durch Leibhaftigkeit – vermittelt unmittelbar –, dann beweist der Fortfall einer bestimmten Körperlichkeit noch nichts.

»Es gibt eine Art von Gläubigen, die – wie schon Fichte so treffend spottet – als den einzigen Grund des Fortlebens das Begrabenwerden zu halten scheinen! Es gibt eine Art von Ungläubigen, die gleichfalls als den einzigen Grund des Nichtfortlebens das Begrabenwerden zu halten scheinen! Beide Teile wissen nicht, daß die Frage des Fortlebens nur an einem Punkte entscheidbar ist: in der strengen klaren Einsicht in die Art, wie und was wir täglich und stündlich, ja von Sekunde zu Sekunde erleben.« (61).

Wir stehen also wieder bei dem Gedanken, mit dem auch Josef Pieper sein Buch über den Tod beschließt. Er sagt es mit Kierkegaards Worten: »Die Frage nach der Unsterblichkeit ist keine gelehrte Frage. Sie ist eine Frage der inneren Existenz, eine Frage, welcher der Einzelne sich stellen muß, indem er Einkehr hält bei sich selbst.« [16]

Tod als dialogische Situation

1. Anrufgeschehen. In der Tat, wenn die klassischen »Beweise« für die Unsterblichkeit der Seele von der Unzerstörbarkeit ihres

[16] *J. Pieper* 188; *S. Kierkegaard,* Abschließende unwissenschaftliche Nachschrift 1. Band, Düsseldorf–Köln 1957, 164 (S.V. VII 144). Siehe auch: *U. v. Mangoldt,* Der Tod als Antwort auf das Leben, Planegg 1957.

geistig-einfachen Wesens und der Notwendigkeit ewiger Sanktionen sprechen, dann artikulieren sie nur in bestimmter Weise die innerste Grunderfahrung der Freiheit selbst. »Bei sich selbst« darf man dann freilich nicht isoliert individuell, solipsistisch lesen. »Ich war mir selbst zur großen Frage geworden«, schreibt Augustinus zum Tod seines *Freundes*[17].

Doch fragen wir gleichwohl nach dem eigenen Tod, ob nun seine ursprüngliche Erfahrung im Tod des geliebten Menschen gegeben sei oder nicht. – Muß man die Einsamkeit des eigenen Todes einfachhin als Erfahrung der »Untreue«[18] verstehen?

In der Tat halten offenbar weder Dinge noch Menschen die Versprechen, mit denen sie uns gewannen. Hatte man anfangs eine schier unerschöpfliche Zukunft vor sich, stand die Welt dem jungen Menschen offen, so hat sie von Tag zu Tag sich um ihn zusammengezogen, bis sie schließlich auf den Punkt bloßen Lebens, des Betts und der Arzneien auf dem Tischchen daneben zusammengeschrumpft ist[19]. Und dieser letzte Weltpunkt schwindet zuletzt, wie im Strudel, in das dunkle Tor des Todes hinein.

Man darf diesen Anblick von Alter und Tod nicht überdecken und kurzschlüssig wegdisputieren. Gerade der Christ nicht; ihm wird »vom Anführer seines Glaubens« (Hebr 12, 2) sogar ein Wort überliefert, das nicht bloß das Hiesige, sondern den »Vater« selbst der Untreue anklagt: »Gott, mein Gott, warum hast du mich verlassen?« (Mk 15,34) – Dennoch behauptet der mehr, als er weiß, der erklärt, dieses Antlitz des Todes sei schon seine ganze Wirklichkeit. Wenigstens so hätte er dann ja trotzdem das begriffen, was seine Macht gerade darin zeigt, daß es sich allem Begreifen entzieht.

[17] Confessiones IV 4, 9.

[18] *P. L. Landsberg*, Die Erfahrung des Todes, Frankfurt/M. 1973, S. 28 u. 159.

[19] Vgl. *J. Améry*, Über das Altern. Revolte und Resignation, Stuttgart 1968; *S. de Beauvoir*, Ein sanfter Tod, Reinbek b. Hamburg 1965 (Taschenbuch 1968); *E. Kübler-Ross*, Interviews mit Sterbenden, Stuttgart–Berlin [6]1973.

Der Tod kein Etwas, sondern das Ende aller Etwaigkeit[20]? Doch was bedeutet dies Ende? Ist das Ende jeglichen »Etwas'« ausgemachterweise das Nichts oder nicht vielleicht auch der Aufgang einer Wirklichkeit über jedes Etwas hinaus?

Man hätte die Einsamkeit des Todes dann nicht als Verlassensein zu verstehen, sondern als Erscheinung des Ernstes reinen Bezugs: als Aufruf dazu, selber alles und alle zu verlassen – nicht in Abkehr, sondern in Zuwendung; d.h., sie in dem Sinn zu lassen, daß man ihnen Raum und Leben läßt, daß man sie *sein* läßt[21].

So gesehen, trifft im Anspruch der Liebe wie in der Drohung des Todes der Mensch auf seine eigene Zukunft: Er erkennt, daß er sich selber nie, auch nicht ins Sterben entkäme, daß er also Stellung nehmen, sich entscheiden muß, um in solcher Entscheidung sich seinen endgültigen Namen zu geben.

Darin zeigt die Unsterblichkeitsfrage sich als dialogische Thematik. Und dies in einer doppelten Dialogik, nicht bloß »dual«, sondern »trilogisch«.

Die erste Dimension ist vor allem im zweiten und dritten Kapitel thematisch geworden: die Zwischenmenschlichkeit. So wie beim Blick in Menschenaugen man den anderen sieht, seine »Seele« – von der es heißt, sie sei unsichtbar –, also ihn selbst, das Du; so wie bezüglich »Haltung« und »Geste« man nicht in natürliche Prozesse Mythologisches hineingeheimnißt, sondern mehr sich *zeigt:* so trifft im Blick, in dem der andere mir begegnet, seine und meine Zukunft mich. Das Ja oder Nein auf die Anfrage dieses Blicks hat nicht nur für heute, morgen und übermorgen Konsequenzen, sondern es zielt zuletzt auf Endgültigkeit ab.

Damit ist bereits die zweite Dimension im Spiel: die des unbedingten Anspruchs zur Wahrheit und zum Guten, den das erste Kapitel bedacht hat. – Person ist bei ihrer vielfältigen Bedingtheit

[20] *J. Améry* 117ff.

[21] In diesem Sinn wissen die Christen das zweite Wort ihres Stifters: »Vater in deine Hände [die ihn doch offenbar fallen gelassen] gebe ich mich« (Lk 23,46).

unbedingt insofern, als sie unbedingt *gemeint* ist. Nur so, nicht anders, läßt sich, wenn überhaupt, ein möglicher Anspruch endlicher Person auf unbedingte Achtung legitimieren. Anerkennung des andern als »Zweck«, die sich ja nicht auf irgendwelche stets bedingten Qualitäten seiner gründen kann, übernimmt im Nach- und Mitvollzug dieses unbedingte Gemeintsein. Mit dem Titel einer Erzählung von Stefan Zweig gesagt: die Augen des Bruders sind stets »die Augen des ewigen Bruders« – und nur derart sind sie Bruderaugen.

»Ein Wesen lieben heißt sagen: Du wirst nicht sterben«, lautet ein Satz in Gabriel Marcels Drama »Le mort de demain«[22]. Wer argwöhnt, es handle sich dabei um Poesie[23], sei auf die These des Aquinaten verwiesen, das Fundament der Nächstenliebe liege im gemeinsamen Berufensein zur Gottesschau[24].

2. *Hoffnungsgewißheit aus interpretierter Erfahrung.* An die gegenläufige Richtung dieses Zusammenhangs erinnert Roger Troisfontaines mit einem Zitat aus Dostojewskis »Brüdern Karamasow«[25]: Staretz Zosima sagt einer Ratsuchenden: »Beweisen läßt sich hier nichts, wohl aber kann man sich überzeugen.« – »Wie? Wodurch?« – »Durch die Erfahrung tätiger Liebe. Bemühen Sie sich, Ihre Nächsten tätig und unermüdlich zu lieben. In dem Maße, wie Sie in der Liebe fortschreiten, werden Sie sich auch vom Dasein Gottes und von der Unsterblichkeit Ihrer Seele überzeugen.«

[22] Zitiert von *R. Troisfontaines,* Ich sterbe nicht..., Freiburg 1964, 58.

[23] Vgl. *G. Marcel,* Das ontologische Geheimnis. Drei Essays, Stuttgart 1961, 79: »Das ist für mich keineswegs eine bloße Theaterreplik, sondern eine Behauptung, die wir nicht übersteigen können.«

[24] Nachdem in S. th. II–II 23, 1 die Gottesschau als Basis der Freundschaft zwischen Mensch und Gott behandelt worden ist und in 25, 5 ad 2 die Liebe zum eigenen Körper aus seiner Teilhabe an der Seligkeit begründet wird, heißt es in 25, 6 zur Frage, ob die Sünder zu lieben seien: »Wir müssen an den Sündern hassen, daß sie Sünder sind, und lieben, daß sie Menschen sind, die der Seligkeit fähig sind«; denn »super huius communicatione charitas fundatur – auf deren Gemeinsamkeit gründet die Liebe«. – Dies wäre nicht zuletzt auch dafür zu bedenken, wie allein man ein Geschöpf lieben dürfte und könnte, von dem man dies »Du wirst nicht sterben« nicht sagen kann.

[25] *R. Troisfontaines,* 26f. Brüder Karamasov, Teil I, 2. Buch, 4. Kap.

Wie nicht Poesie, ist mit alldem auch nicht Erbaulichkeit im schlechten Sinn gemeint. Es geht vielmehr, und so im ganzen Buch, darum, zu sehen, was sich zeigt – und dies auf eine Weise, die dem hier sich Zeigenden entspricht. In Absage an ein bestimmtes ideologisches Wissenschaftsdenken (oder besser nur: -reden), das vorweg zu dekretieren hätte, was einzig fragwürdig sei. In Absage aber auch an eine ebenso ideologische Theoretisierung, die als unwissenschaftlich wie unphilosophisch verwirft, was »für undenkliche Zeiten als der eigentliche [Bereich] der Philosophie galt, seit deren Verwandlung in Methode aber der intellektuellen Nichtachtung, der sententiösen Willkür und am Ende der Vergessenheit verfiel: die Lehre vom richtigen Leben« (Theodor W. Adorno)[26].

Es geht tatsächlich, wie Scheler sagte, um einen *Glauben.* Nur würde ich ihn nicht »pur« nennen. Mit »Glaube« wird hier, im philosophischen Sinn, eine Gesamtinterpretation von Fakten gemeint, die als *Gesamt*deutung sich nicht gänzlich aus diesen Fakten allein als deren einzig mögliche Interpretation begründen kann; er ist also eine Deutung, in die konstitutiv *Entscheidung* mit eingeht.

Während in einer monologischen Tatsachen-Perspektive solcher Glaube nur »nicht wissen« (bestenfalls: *noch* nicht wissen) bedeuten kann, stellt er sich in der Dimension von Freiheitsbegegnung als die gemäße und prinzipell unüberholbare Weise von Erkenntnis und Wissen heraus. Man *weiß* von dem Wohlwollen und der Zuneigung eines anderen nur so (und nie anders), daß man seine Worte und sein Verhalten als »Symbol« von Wohlwollen »liest«, daß man ihm also sein Wohlwollen *glaubt.* Und wer hätte zu bestimmen, »Wissen« dürfe man hier nur in Anführungszeichen verwenden, weil es auch enttäuscht werden könne? (Als gälte das nicht von allem menschlichen Wissen.) Warum müßten wir eine Definition von Wahrheit akzeptieren, derzu-

[26] *Th. W. Adorno,* Minima Moralia. Reflexionen aus dem beschädigten Leben, Frankfurt ²1962, 7. Vgl. 99: »Die Aufforderung, man solle sich der intellektuellen Redlichkeit befleißigen, läuft meist auf die Sabotage der Gedanken heraus.«

folge man beim personalen Wissen nur von Wahrscheinlichkeit reden dürfte[27]? Mit welchem Recht schließlich erklärt man das Reden von Freundschafts-, Liebes- und so auch von Gottes- und Unsterblichkeits*beweis* für uneigentlich, um das Wort der Mathematik und den exakten Wissenschaften zu reservieren? – Philosophische Anthropologie darf sich nicht sprachlos machen lassen. So besteht sie auch in diesem hermeneutischen Konflikt (siehe S. 60, Anm. 1) darauf, daß hier nicht etwa »Fakten gegen Mythos« stehen, sondern eine Fakten-Deutung gegen eine Deutung anderer Art, und damit gegen ein anderes Selbstverständnis von Deutung. Nicht also »Wissen« und »Glauben« stehen sich hier gegenüber, sondern (in unserer Definition) Glaube und Glaube.

Was monologisch (ob metaphysisch oder wissenschaftlich) Sicherheit heißt, wird in einem dialogischen Denkansatz zu Gewißheit[28]; zeitüberhobene Ewigkeit zeigt sich als Zukunft einer das Vergangene wahrenden Treue; Bewiesensein heißt hier: *überzeugend bezeugt* sein[29].

[27] *J. Splett*, Reden aus Glauben 20–22; Gotteserfahrung im Denken 61f, 184f u. 266–271: Man kann darum auch nicht sagen, hier werde mit einer Hypothese gelebt, ob mit der Hypothese Gott, mit der des Wohlwollens meines Partners oder jener der Unsterblichkeit. Bis zu einem bestimmten Punkt kann man die Auslegung eines Freiheitsverhältnisses als Hypothese beschreiben. Diese Hypothese ist inhaltlich mit der Glaubensaussage identisch, doch nur inhaltlich, nicht formal (vgl. *J. M. Bochenski*, Logik der Religion, Köln 1968, 127–132). Die formelle Setzung des Inhalts als mit Gewißheit vertretene Überzeugung aber ist es gerade, worauf es dem Glauben ankommt. Von dorther bestimmt sich dann auch seine Weise der Selbstüberprüfung und Rechtfertigung. Vgl. auch *J. Splett*, Glaubenserfahrung heute – frommer Selbstbetrug? in: K. Rahner/O. Semmelroth (Hrsg.), Theologische Akademie 10, Frankfurt/M. 1973, 9–24, bes. 13–21.

[28] Vgl. *G. Muschalek*, Glaubensgewißheit in Freiheit. Freiburg 1968.

[29] Siehe oben S. 112 (*H. Krings*): »Die ganze Wahrheit [im Unterschied zu Einzel-Sachverhalten] wird nicht bewiesen, sondern bezeugt. Oder besser: sie wird durch Bezeugung bewiesen. Der Tod des Sokrates liegt nicht außerhalb der Philosophie.«

Solche Dialogik überbrückt auch die in ihrer Sicht nur vorläufige Alternative von philosophisch diskutierter Unsterblichkeit und biblisch verkündeter Auferstehung als leibhaftigem Auferwecktwerden. Sie tut dies in doppelter Hinsicht.

1. Unsterblichkeit ist in einem solchen Verständnis nicht bloß Vermögen und Eigenschaft eines Wesens, sondern muß zugleich und in einem als *Gabe* erhofft werden. Das ist kein Gegensatz, auch nicht bloß paradox zusammen–, oder vielmehr nur nebeneinander gestellt. Sondern auf Grund der wesenhaften Interpersonalität von Freiheit und, dem zuvor, auf Grund des Geschaffenseins ihrer Ursprünglichkeit, bilden Sein bzw. Haben und Empfangen unauflösbar ein (Different-)Eines.

So wie das Ich nur dank eines Du zum Ich wird; so wie zwar das Ich lebt (und nicht bloß gelebt wird), sich aber doch sein Leben keinen Augenblick zu garantieren vermag: so ist auch seine Unsterblichkeit zwar die seine, doch nicht, als hätte es sie, vielmehr so, daß sie ihm zu-kommt. Wahrheitsfähigkeit, auf die sich Platon beruft, entspringt – wie vor allem der große Platoniker Augustinus herausgestellt hat – einem Angerufensein, und Anruf besagt hier zugleich Zusage von Zukunft.

2. »Sein für andere« aber ist das, was ich als den »Begriff« von Leib und Leiblichkeit bezeichnen würde. Insofern, als zu endlicher Person ihr Sein für andere gehört, und zwar im hinnehmenden, erleidenden Sinn wie im gebenden und bestimmenden (also bedingt *und* bedingend), insofern läßt sie sich gar nicht rein leiblos denken.

Leiblosigkeit hieße völlige Verhältnislosigkeit[30], und darin verlöre sich das Dasein endlicher Person. Sollte es also eine wirkliche Hoffnung wider den Anschein der Verhältnislosigkeit des Todes geben, dann muß solche Hoffnung, auf Unsterblichkeit

[30] Mit diesem Begriff bestimmt Jüngel (siehe Anm. 3) vor allem den Tod.

als Mitsein[31], zugleich unabdingbar Hoffnung auf »irgendeine Form« von Leiblichkeit sein.

3. Die *Vorstellungen* solchen Mit-Seins wechseln mit der jeweiligen Kultur, den geographischen, wirtschaftlichen und gesellschaftlichen Gegebenheiten. – Sokrates will die guten Toten befragen, die germanischen Helden leben in Walhall der Jagd, dem Turnierkampf und den gemeinsamen Festen. Auch die christliche Botschaft spricht in zeitgeprägten Anschauungsbildern. – Jesus redet vom Hochzeitsmahl, die Apokalypse von der Stadt aus Edelstein, die ohne Sonne leuchtet, und von immerwährenden Gärten.

Aber entscheidend ist, daß man zu allen Zeiten offenbar durchaus gewußt hat, daß diese Bilder eben nur Bilder waren für etwas, das sich aller Vorstellung entzieht.

Bleiben wir – ehe wir uns an die philosophische Rechtfertigung der Ewigkeitshoffnung begeben – zunächst bei den Bildern als solchen. Noch ganz in der Schwebe gelassen, ob ihre Aussage gültig sei oder nicht, wollen wir sie erst nur zu verstehen versuchen und verschiedene Mißverständnisse ausräumen, aufgrund deren man es für grundsätzlich ausgemacht hält, daß hier den »modernen Menschen« gar nichts mehr betreffen könne.

Dabei geht es nicht um die Jenseitsvorstellungen fremder Völker; für uns stehen unsere Vorstellungsbilder, steht die *Rede von Himmel und Hölle* zur Diskussion. Nun zeugt es – vorweg – von wenig Verständnis, wenn man dagegen den vielberufenen Wandel unseres Weltbilds ins Feld führt.

Der Himmel sei nicht mehr oben, die Hölle nicht mehr in der Tiefe? Unbestritten hat man beides früher so »lokalisiert«. Aber wie gegensätzlich können solche Aussagen in den Glaubensurkunden selbst formuliert sein! So schreibt Paulus etwa von den im Herrn Entschlafenen (z.B. 1 Thess 4,13 – auch im Urtext: von κοιμάομαι = ich schlafe ein) und schreibt zugleich, er sehne sich nach dem Tod, um *beim Herrn* zu sein (Phil 1,23). Dies

[31] Das ist, von Marcel her, die durchgängige Kategorie bei Troisfontaines (siehe Anm. 22). In der Tat verdient ja ein bloßes Schattendasein ohne Gemeinsamkeit untereinander noch vor Gott nicht den Namen Leben.

doch wohl nicht schlafend. Oder wie soll man die unvereinbaren Bilder der Offenbarung des Johannes in ein »Weltbild« bringen: Die Stadt als Braut, das Lamm, der Fürst, Hochzeitsmahl, Himmlische Liturgie. Die wortgetreue Abschilderung auch der Künstler wird hier unvermeidlich monströs. Oder die Bildworte über die Hölle: Feuerbrand, Wurm, der nicht stirbt, Drachenpfuhl, Finsternis draußen. Hier wissen die Schriftsteller selbst also schon, daß sie in Bildern sprechen, in Bildern der Vorstellungsbreite ihrer Zeit; daß diese Bilder aber, einander in Widersprüchen zerbrechend, auf etwas hinweisen, das über alle Bilder hinausgeht.

In die Verkündigung des Glücks geht alle Erwartung des Menschen ein und malt in den folgenden Jahrhunderten das Jenseits immer reicher aus. Ebenso häuft sich das Grauenvolle und Schreckliche in der Schilderung jenes Zustands, in dem ein Mensch endgültig sein Ziel und den Sinn seines Lebens verfehlt hat. – Berühmtestes Beispiel für beides ist das große Werk des Dante Alighieri, »Die göttliche Komödie«, die immer wieder zur Illustration herausgefordert hat[32].

Aber Dante ist in unseren Tagen auch als »Tourist des Jenseits« angegriffen worden. Man wird ihm damit nicht gerecht, denn tatsächlich war diese »Reise« durch die Reiche des Jenseits für ihn der Weg der Befreiung zur rettenden Entscheidung für die Wahrheit. – In der Mitte des Lebens, den Jahren der Sinn-Krise, wie die Schule C. G. Jungs sagt, ist er in finsterem Walde den drei Tieren Leopard, Löwe und Wölfin: Wollust, Stolz und Habgier, begegnet und wird aus dieser Bedrohung nur durch die Vision gerettet, die sein großes Werk beschreibt. Schon hier wird also deutlich, wie allein man ernstlich über Himmel und Hölle reden kann – nicht anders als vom Tode überhaupt: in Selbstbe-

[32] Wiederholt hat man dazu bemerkt, daß regelmäßig die Höllenbilder »interessanter« und lebendiger geraten als diejenigen von Paradies und Himmel. – Nur bei Botticelli vielleicht ist es anders. Er hat das unsägliche Glück der Erfüllung anzudeuten vermocht, weil seine behutsamen Linien zugleich am deutlichsten sagen, daß sie nur die Ahnung eines ganz Anderen zeigen, nicht eine ungebrochene Fortsetzung oder Steigerung unserer hiesigen Realität.

troffenheit. So, wie man den Blick eines anderen Menschen nur dann wirklich sieht, wenn man sich selbst seinem Blick stellt und aussetzt.

Dennoch, oder: eben deswegen vermögen wir heute nicht mehr so selbstherrlich und unbefangen Zeitgenossen und Vorgänger in die Hölle, den Läuterungsort und in die verschiedenen Rangstufen des Himmels zu versetzen. – Und ebenso: Die Bilder, in denen man dem heutigen Menschen diesen Glauben verkündet, müssen anders aussehen. Man darf sich nur nicht zu der Meinung verleiten lassen, sie seien nun keine Bilder mehr, sie seien nicht ebenso ungenügend wie die früheren. Ist es doch mit dem Fortschritt in solchen Dingen recht vieldeutig bestellt. Ist etwa Dante durch Goethe, oder ein Phidias durch Rodin »überholt«, sind es die Kirchenväter durch Thomas von Aquin, Thomas durch Newman, Teilhard de Chardin oder wen man uns jetzt nennen mag? So weit es hier überhaupt einen Fortschritt gibt, gilt von ihm noch mehr als von der Technik der Satz, daß jedes Mehr auch ein Weniger einschließt, daß der Zuwachs an Licht mit Schatten und Dunkel an anderer Stelle erkauft wird.

Dennoch, unsere Bilder sind nicht mehr kosmisch-räumlich, sondern stammen aus dem menschlichen Miteinander. – Hölle, das hat Jean-Paul Sartre in seinem Stück »Hinter verschlossenen Türen« gegenwärtig gemacht. Man kann auch Genet nennen und Jüngere, bis hin zu Jean-Luc Godards Film »Weekend«. Und Himmel? – Das führt auf die unleugbare Tatsache zurück, daß er meist zu blaß und »fade« gerät.

Doch spricht das nicht eher uns das Urteil? Interessanter mag zunächst das Böse sein; denn es ist immer einseitig und darum wechselvoll (wechselnd, weil es sich selbst nicht lange erträgt). Der Friede des Guten steht ganz jenseits dessen. Ihm sind wir offenbar noch weniger gewachsen; denn er ist die Sinnfülle des Ziels, das wir – noch auf dem Weg – nur einseitig erfassen können. Wir kennen Augenblicke der Erfüllung; aber wir sind ihrer nur für Augenblicke fähig, die Aufmerksamkeit des Herzens ermüdet und wir fallen aus dem gesammelten Jetzt in die Lange-Weile der Zerstreutheit zurück. Indem der Mensch nun das stehende Jetzt der Vollendung, das All-Zugleich und All-Eins dieses Lebens sich als endlose Dauer vorstellen muß, kann er gar nicht anders als es langweilig finden.

Man muß also erst verwandelt werden[33]. Dies ist die deutlichste Abfuhr an die Verdächtigung, der Himmel sei nur unser Wunsch. Die Erfüllung unserer unverwandelten Wünsche wäre eher die Hölle. Eine Geschichte wie diejenige vom Münchener im Himmel läßt, bei allem Ungenügen, dies erkennen, daß der Himmel unsere Wünsche nicht erfüllt, wenn es die alten bleiben, sondern daß er uns vor allem verwandelt. Er ist für die Selbstlosen da – so allerdings deren Glück[34].

Und was das »Anschauen« betrifft: ist dieses Bild der alten Sprache wirklich so verfehlt, wie man behauptet? Daß Raum und Zeit in jenem endgültigen Zustand unvorstellbar verwandelt sein werden, haben die Theologen zu allen Zeiten gesagt. Worauf sie zielen, mag aber irdische Erfahrung durchaus ahnbar werden lassen. – Eines der schönsten Liebesgedichte unserer Sprache, von Eduard Mörike, beginnt mit den Worten: »Wenn ich, von deinem Anschaun tief gestillt...« Der Raum des Ineinanderblicks, der Innigkeit um die Liebenden: was könnte die Physik darüber sagen? Der geruhsame Fluß der Zeit solchen Augen-Blicks, da die Zeit nicht steht und auch nicht verfließt, sondern sich gewissermaßen füllt und sammelt, »wiedergefunden« (Marcel Proust), »vollzählig« wird (Rainer Maria Rilke). Was soll Naturwissenschaft darüber befinden?

Himmel und Hölle, das ist nichts anderes als die doppelte

[33] Hierher gehört der Hasenroman von *Francis Jammes:* Dem Hasen behagt es im Tierparadies nicht, weil er noch lebt. »›Aber wenn ich sterbe, was soll aus mir werden?‹ schrie der Strohpelz. Und Franziskus sagte: ›Wenn du stirbst, wird aus dir dein Paradies!‹« Dasselbe auf bayerisch: *Ludwig Thomas* Dienstmann Alois als mißvergnügter Engel Aloisius.

[34] Ob wir im Himmel Fußball spielen dürften, haben wir im Religionsunterricht gefragt. Der Lehrer erwiderte klug, was wir wollten, das dürften wir dann. Aber was werden wir wollen? Die Vorstellungen vieler Zeitgenossen scheinen über dieses Stadium noch nicht hinaus zu sein. (Der Reiche im Märchen wünscht sich von Petrus Kalbsbraten und Bratwurst; er erhält sie, um allmählich zu erkennen, daß er sich damit in die Hölle versetzt hat, während der Arme sich ein Bänkchen zu Füßen des lieben Gottes gewünscht hat.)

Endgültigkeit vollendeter Freiheit. Menschliche Freiheit, hat sich gezeigt, will nicht die Qual stets neuer Wahl. Sie ist auf Endgültigkeit aus, sie will ins Ziel, sucht ihre ewige Gestalt. Erst darin kommt sie zur Ruhe. Diese Ruhe aber ist nicht der Tod des Nicht-mehr, sondern eben das Ende als Vollendung. Uralte Bildworte für die bewegte Ruhe dieser Vollendung sind »Lächeln und Schweben«.

Nun gibt es vielerlei Lächeln. Man braucht nur eine Illustrierte zu durchblättern. Jetzt meint das Wort jene Erfüllung, in der Ruhe und Bewegung, Heiterkeit und Ernst auf eine so schlichte wie unbegreifliche Weise eins geworden sind. Die frühe griechische Plastik deutet dahin hinaus, aber auch die der gotischen Kathedralen.

Die Botschaft des Christentums von Himmel und Hölle verkündet nun eine doppelte Möglichkeit dieses Zustands im Ziel, aber sie sagt damit wieder nichts völlig Fremdes, sondern beantwortet – wie die christliche Botschaft überhaupt – seit jeher gestellte Fragen des Menschen, auch wenn sie zugleich über alle Fragen hinausgreift.

Wir kennen aus dem, was sich in uns selbst regt, die Möglichkeit eines Schwebens, das der Kreiseltanz im Sargassomeer der Verzweiflung wäre. Es kann ein Lächeln geben, Clive Staples Lewis schreibt davon in seinem Buch »Perelandra«, angesichts dessen Unmenschlichkeit der Mensch ohnmächtig werden kann, weil es die Güte nicht einmal mehr höhnt, sondern einfachhin aus dem Spiel läßt. Wo das äußerste Maß an Bosheit kampflos in einen Zustand übergegangen ist, der eine grausige Ähnlichkeit mit der Unschuld besitzt, jenseits des Lasters und darüber...

Man spürt, wie in solcher Sicht noch Sartre als zu harmlos zurückbleibt. Und – wie gesagt – steckt die Möglichkeit dazu nicht in jedem? Erfahrbar schon in der Sinnlosigkeit des Schmollens, der sinnlos verbohrten Selbstversteifung auf etwas, das man selbst schon als Unrecht erkannt hat und doch nicht aufgeben will. Und man erkennt vielleicht, daß die Hölle nicht die Erfindung und Projektion sadistischer Theologen ist, sondern daß umgekehrt die Leugnung ihrer Möglichkeit den Menschen und seine unheimliche Freiheit verharmlost.

Möglich also muß die Hölle sein. Wie aber – wird man fragen – steht es um ihre Wirklichkeit? Damit sind wir vor eine jener Fragen gelangt, die einfach gestellt werden können, aber keine so einfache Antwort erlauben[35]. Der Jesus der Evangelien spricht von der Hölle und warnt wiederholt vor ihr. Er warnt die Menschen vor der ewigen Verdammnis. Aber wenn man die Gerichtsreden des Neuen Testamentes untersucht, dann zeigen sie sich zur Gattung der prophetischen Rede gehörig. D.h., auch dann, wenn sie als Tatsachen-Sätze formuliert sind (z.B. »Ninive wird untergehen«), bedeuten sie eine Warnung, der man noch begegnen kann (das Volk tat Buße und Ninive wurde verschont – Jon 3). Bezeichnenderweise hat die katholische Kirche das Gerettetsein von Menschen verbindlich verkündet: der Heiligen, doch niemandes Verdammnis[36].

Bleibt also die Hölle »leer«? *Muß* sie es gar, weil sonst der Sohn Gottes »umsonst gestorben« und Gott mit seinem Heilswillen gescheitert wäre? Dieser theologischen Ansicht ist die Kirche mit Recht entgegengetreten. Wenn Jesus Christus die Hölle als ernste Möglichkeit verkündet, dann muß sie mit Gottes Macht und Güte und mit seiner heilig-unantastbaren Seligkeit vereinbar sein. Wir können nicht zeigen, wie; aber eben darum können wir auch nicht zeigen, sie sei es nicht. *Das* heißt ja Geheimnis (im Unterschied zum Problem): man kann es weder positiv noch negativ auflösen, es weder in seiner Möglichkeit begreifen noch es als unmöglich erweisen.

[35] Dazu ein Vergleich aus einer ganz anderen Sphäre: Man frage einen Physiker, ob das Licht nun letztlich aus Körpern bestehe, da es der Spiegel wie eine Billardkugel reflektiert, oder Wellennatur besitze, flutet es doch durch enge Gitter in gleicher Weise hindurch wie das Wasser der Brandung zwischen den Pfählen vor der Mole. Offenbar ein klares Entweder–Oder; aber der Physiker wird mit dem Sowohl–Als auch antworten, oder vielmehr mit einer Antwort jenseits dieser Alternative. Die Widersprüchlichkeit der Phänomene deutet nämlich auf eine Grundwirklichkeit »hinter« ihnen und auf ein Verhältnis dieser zum Beobachter, die mit den klaren Unterscheidungen der Frage eben nicht getroffen werden. Ähnlich hier.

[36] Vgl. *K. Rahner*, Theologische Prinzipien der Hermeneutik eschatologischer Aussagen, in: Schriften zur Theologie IV, Einsiedeln–Zürich [5]1967, 401ff; *H. U. v. Balthasar*, Glaubhaft ist nur Liebe, Einsiedeln [2]1966, 59ff.

Wir können die endgültige Verdammnis nicht begreifen. Freilich ahnen wir, wie gesagt, irgendwie, daß sie möglich sein muß. »Wenn ich, von deinem Anschaun tief gestillt...« war ein Wort für die Ahnung des Himmels. Man hat großartige Worte für die Verdammnis gesucht: de Sade, der frühe Huysmans, Claudels Camillo im afrikanischen Fort beim Disput mit Proëza; aber eigentlich handelt es sich um etwas ganz Dummes und Niedriges (darum ist es uns so nahe), um den Entschluß: Mein, nicht Dein Wille geschehe! Und da ich erkenne: Dein Wille ist mein ewiges Heil, verzichte ich auf das Glück, das ich mir schenken lassen müßte (anders als geschenkt gibt es kein Glück!), und wähle das Unglück, die erhabene Schwermut des Ja zum eigenen Elend – statt der so gewöhnlichen Freude.

Daß mit solchen Gedanken nicht bloß »spekuliert« wird, zeigt schon die kindlich-kindische Grundform des Gemeinten: das Schmollen. Daran läßt sich zudem unsere Überlegung noch einmal vertiefen. Auch der Schmollende will eigentlich ja glücklich sein; im Grunde wollen Dein und mein Wille dasselbe: mein Heil. So muß, wer Deinen Willen nicht will, gegen sein eigenes tiefstes Wollen, gegen sich selber wollen. Indem das Selbst Gott widerspricht, widerspricht es sich selbst.

Dieser Selbstwiderspruch ist die äußerste Möglichkeit meiner Freiheit; besser sagte man: ihre Un-möglichkeit; denn sie zerstört sich selbst darin, ohne sich doch ganz vernichten zu können. Es ist ihre Unseligkeit, aber zugleich von einer finsteren Lust an dieser Selbstzerstörung, einem perversen Selbstgefallen erfüllt, darum überzeugt es, daß die Tore der Hölle, wie man gesagt hat, nicht von außen, sondern von innen versperrt sind. Verriegelt nicht *von* (einem beleidigt-rächenden) Gott, sondern *gegen* ihn, gegen die Er-lösung der Selbstverhärtung durch seine Liebe. Verriegelt durch das endgültige Nein der Freiheit, die sich gleichsam die Augen aussticht – nicht, wie Ödipus, in verzweifelter Reue, sondern um sich nicht erfüllen und »stillen« zu lassen [37].

[37] Vgl. *C. S. Lewis*, Die große Scheidung, Köln–Olten 1955, jetzt im Johannes-Verlag. – Und sollte diese Verweigerung den Sinn des Ganzen aufheben können? (Gotteserfahrung im Denken 244:) Es sei der Hinweis

Diese frei-bewußte Selbstverschließung, nicht ein Übermächtigtwerden durch Not oder Angst, meint ja die Tradition mit ihrer Lehre von der »Sünde der Verzweiflung«. Sie ist »die Krankheit zum Tode« (Sören Kierkegaard) nicht als die *Schwäche* geschöpflicher Ohnmacht (ihr könnte Gottes »Kraft in der Schwachheit« sich schenken), nicht als der verzweifelte Aufschrei: »Hätte ich mich doch zur rechten Zeit bekehrt!«, dem dann ein grausam-unerbittliches »Zu spät« erwiderte [38], sondern als der Trotz dieser Ohnmacht, als die Selbstbehauptung ihrer Nichtigkeit, das »Machtwort« ihres Nein.

Gott aber respektiert dieses Nein, weil er die Freiheit will und sie auch noch im Nein bejaht. (Er hat sie eben wirklich freigegeben, nicht – wie meist wir – nur unter der Bedingung, daß sie tue, was er will.)

Nochmals: ist diese »Versuchung« uns völlig fremd? Zumal da sie sich sehr viel weniger »grundsätzlich« geben kann: in der Maske von Vernünftigkeit, gesundem Egoismus, Wahrheitssuche, Gerechtigkeitssinn und so fort. – Dennoch: als »göttliche Tugend«, als ernstes Gebot ist uns die Hoffnung geboten. Für uns, aber dann doch nicht minder für den Bruder, für die andern, für alle. Von der Hölle kann man darum eigentlich nicht in theo-

erlaubt, daß für die Diskussion solcher Themen die angemessene Perspektive von entscheidender Wichtigkeit ist. So lautet die Frage hier nicht: »Wie soll ich als Geretteter selig sein können, wenn ein anderer es nicht ist?«, sondern: Wollte ich mich trotzend verweigern (und ist mir diese Möglichkeit so fremd?), könnte ich damit die Seligkeit Gottes und aller anderen suspendieren?

[38] Auch und gerade hier muß man sich hüten, die Gleichnisse Jesu unrichtig zu lesen. Abgesehen von dem, was an ihnen zeitbedingte Bildlichkeit ist, sind Gleichnisse von Allegorien zu unterscheiden. In Allegorien werden möglichst viele Einzelzüge ausgedeutet, im Gleichnis geht es nur um den »springenden Punkt«. So etwa im Gleichnis vom reichen Prasser (Lk 16,19–31), das scheinbar unserer Behauptung widerspricht. Die »Spitze« dieser Erzählung (aufgrund eines bekannten Märchenstoffes) zielt nämlich auf die sechs Brüder, d.h., auf jene, die ein »Zeichen vom Himmel« begehren – um dann doch nicht zu glauben (siehe oben S. 132, Anm. 15). – Freilich kann sich durchaus auch in der »Herzenshärte« solchen Prassens jene verbohrte Selbstsucht verraten (obwohl noch »verschleiert«), die sich dann in der »Verstockung« vollends offenbart.

retischem Ja oder Nein, sondern nur im Ernst von Furcht und Hoffnung reden. So allerdings allen Ernstes[39].

Doch brechen wir hier die Überlegungen zur Hermeneutik theologischer Ewigkeitsaussagen ab. – Immerhin haben sie zum selben Ergebnis geführt wie unsere philososphischen Reflexionen auf die »Interpersonal-Struktur« menschlicher Existenz, wonach ein mögliches Fortleben nach dem Tod als »Mitsein« gedacht werden muß. Von beidem her zeigt sich nämlich die *Hoffnungs*gestalt alles ernsthaften Redens zu unserem Thema.

Weder ein rational selbstberuhigtes Verfügen noch ein irrationales »Hoffen«, von dem sich nicht »Rechenschaft geben« ließe (1 Petr 3, 15), entspricht also der Frage, die – uns stellt. Vertretbar aber kann man von Hoffnung nur sprechen, wo sie sich auf eine Freiheits- und Personalwirklichkeit bezieht; sonst bleibt nur die Alternative: Notwendigkeits-Wissen oder Vermutung[40].

Solche Dialogik, in der Person vielleicht nicht ihr »Wesen«, aber – mit Fichte gesprochen – ihre Bestimmung erkennt, indem sie sich angerufen erfährt, solches Freiheitsgeschehen hat seine *Geschichte*. So wie die »natürliche Religion« der Aufklärungszeit diese Geschichtlichkeit übersah, so vergißt eine zweite (oder dritte[41]) Aufklärung sie heute, wenn uns etwa Theologen auf die Irdischkeit des alten Israel als wünschenswerte Lebenssicht verweisen. Mit wieviel *historischem* Recht, ist von der Exegese des Alten Testamentes zu erfragen; tatsächlich sind die Befunde ja differenzierter, als theologische Journalistik manchmal glau-

[39] Insofern läßt sich rechtens fragen, ob nicht, nachdem man früher die Hölle leichthin gefüllt hat, heute man ebenso leicht sie, d. h. ihre furchtbare Drohung, entleert.

[40] Vgl. den S. 90, Anm. 35 genannten Beitrag. – Gerade weil auf Person und auf das Verhältnis zu ihr bezogen, richtet sich diese Hoffnung, um es noch einmal zu sagen, nicht bloß auf ein pures Fortdauern meiner, sondern vor allem auf die Qualität des bleibenden Bezugs: wird seine Endgültigkeit die eines zwar ohnmächtigen, aber doch nicht auszulöschenden (»abzuwürgenden«) Protestes gegen Gott und die Welt sein oder die einer Zustimmung im ewigen »Fest«? (Vgl. *J. Pieper*, Glück und Kontemplation, München ³1962; Zustimmung zur Welt. Eine Theorie des Festes, München ³1964.)

[41] Wenn man mit J. Mittelstraß die neuzeitliche Aufklärung als die (nach der Sophistik) zweite bezeichnet.

ben machen möchte[42]. Geschichtlich aber geht solcher Appell am Fragepunkt vorbei, nachdem einmal das Bewußtsein von Person, Personwürde und Ewigkeit erweckt worden ist.

Seither besitzt der Mensch ein Recht darauf, sich seinen Hunger nicht wegdisputieren zu lassen, mag er ihn auch in der klassischen Metaphysik zu »hinterweltlerisch« und in der Neuzeit zu »heilsindividualistisch« ausgelegt haben. Diese Erde sättigt uns nicht; wir werden des Lebens nicht satt, auch dann, ja eben dann nicht, wenn wir dieses Lebens hier satt werden sollten. »Wenn die Menschennatur des Fortlebens bedarf, so ist das weder aus Egoismus, noch aus Laune, noch aus irgendeinem historischen Atavismus abzuleiten. Dies Bedürfnis selbst zeigt die ontologische Verfassung der Person. Das Bewußtsein folgt dem grundlegenden Sein.«[43]

Und wenn der Mensch das früher nicht so gewußt haben sollte: jetzt wissen wir es. Wenn nicht, daß wir unsterblich sind, dann jedenfalls dies, daß wir es wesentlich sein wollen.

Ende als Endgültigkeit

Damit erscheint wieder ausdrücklich der Begriff des *Sinns*, und zwar als objektiver, die Erfahrung innerlich bestimmender Grundbegriff, nicht bloß als subjektive oder äußerliche Regel einer weitergehenden (»weltanschaulichen«) Interpretation[44]. Die Stellungnahme Augustins zu dieser Frage ist bereits angeführt worden[45].

Tatsächlich, wenn Philosophie auch keinen exakten Beweis vorlegen kann – nicht aus Schwäche, hat sich gezeigt, sondern aus der Natur der Sache heraus –, so kann und muß sie doch exakt die Alternative benennen: Hoffnung oder (wie kaschiert

[42] Vgl. *J. Schmid,* Auferstehung des Fleisches, I. Biblisch, in: Sacramentum Mundi I 384–397 (Lit.) (auch in Herders Theol. Taschenlexikon).

[43] Landsberg (Anm. 18) 39.

[44] Vgl. *J. Splett,* Sinn, in: Sacramentum Mundi IV 546–557 (und in Herders theol. Taschenlexikon); *R. Lauth,* Die Bedeutung des Sinnbegriffs in Kants praktischer Postulatenlehre, in: H. Rahner/E. v. Severus (Hrsg.), Perennitas (Th. Michels-Festschrift), Münster 1963, 585–601.

[45] S. 123, Anm. 40.

und bestritten auch immer) zuletzt Absurdität und Verzweiflung. (Die ernsthaften Leugner der Unsterblichkeit stimmen dem auch zu.)

Kehren wir nochmals zum Anfang des Kapitels zurück. »Wer unter Griechen ›unsterblich‹ sagt, sagt ›Gott‹: das sind Wechselbegriffe.«[46] Man könnte erklären, sie hätten den Menschen zu wenig göttlich gedacht, so wie Hegel ihrem Anthropomorphismus vorwarf, die Götter noch zu wenig menschlich verstanden zu haben[47]. Trotzdem stehe am Ende dieser Überlegungen der Vorschlag, das philosophische Stichwort unserer Frage: »Unsterblichkeit«, durch sein Gegenteil zu ersetzen.

So wie ich in der Leib-Seele-Frage einer doppelten Position die doppelte Negation vorzöge: Ich habe meinen Leib nicht (bloß) – Ich bin nicht (einfachhin) mein Leib, – im Dienst des Positivums »Ich bin leiblich«[48]: ebenso scheint mir auch jetzt die doppelte Negation dem Sachverhalt am besten zu entsprechen: Ich bin nicht unsterblich (denn ich sterbe) – Ich bin nicht vergänglich (denn ich sterbe – statt bloß zu verenden).

In Abhebung vom Tier hat die Tradition das gemeinte Positivum des Menschen als Unsterblichkeit angesprochen. Um deren dualistisch-platonistische Mißdeutung zu vermeiden, sei hier eher von *Sterblichkeit* die Rede. Gemeint ist natürlich dasselbe. Meine Unsterblichkeit geht durch mein Sterben, wie umgekehrt ich nur darum zu sterben vermag, will sagen (wider Epikurs Sophisma[49]): dem Tode *begegnen*, weil und insofern ich »unsterblich« bin.

Sterblichkeit. Jemanden lieben hieße dann zu ihm sagen[50]: Du und ich werden sterben, und wir verbergen einander das nicht.

[46] *E. Rohde*, Psyche. Seelenkult und Unsterblichkeitsglaube der Griechen, Tübingen $^{9-10}$1925, II, 2.

[47] Sämtl. Werke (Glockner) 19, 115; und zwar liegt der (den Göttern fehlende) Ernst der Menschlichkeit gerade im Tod: 2,23 u. 34.

[48] Vgl. *J. Splett*, Leib, Leib-Seele-Verhältnis, in: Sacramentum Mundi III 213–219 (jetzt auch in Herders theol. Taschenlexikon).

[49] Brief an Menoikeus: »Solange wir noch da sind, ist der Tod nicht da, stellt sich aber der Tod ein, so sind wir nicht mehr da.« Diogenes Laertius, Vitae philos. X 125.

[50] Vgl. *J. u. I. Splett*, Meditation der Gemeinsamkeit III 3 (Der Tod).

Gerade dies Wissen aber bewahrt die Menschlichkeit unseres Miteinander. Es gibt dem Leben den Ernst und die Köstlichkeit des Einmaligen. Und es gibt ihm zugleich den Zauber, die Sinntiefe von Verheißung. Anders gesagt: Der Tod ist weder bloß Durchgang von einem Vorspiel zur *endlosen* Fortsetzung dieses Daseins noch bloß das *Ende* von allem; sondern wir fürchten und erhoffen in ihm die *Endgültigkeit* dieses unseres Lebens und unser selbst (unseres eigenen darin erworbenen »Namens«).

Wir leugnen nicht, daß der gewußte Tod uns ängstet. Und der Angst entspringt, wie früher erwogen, die Schuld. »Wir alle töten, was wir lieben«: auch dieses Wort Oscar Wildes in seiner berühmten Ballade aus dem Zuchthaus von Reading gehört zum Thema Sterblichkeit. – Aber gehört nicht genau so hinzu, daß ein Mensch dem andern sein Leben zu gönnen vermag? Dessen Leben und überdies vom eigenen das, was der andere braucht, mitunter sogar das ganze (Joh 15,12f)[51].

Und schließlich hätte Philosophie auch in unserer Frage jene Unscheinbarkeiten zu reflektieren, auf die oben Seite 123f hingewiesen wurde: auf den Neubeginn in jedem Augenblick der »Zeit als Gnade«.

Aus solch immer neu befreiender Zukunft wächst in aller Angst und in der fortschreitenden Ent-täuschung bezüglich unserer Hoffnungen die Hoffnung[52] – auf jenes gefürchtete Ende, das uns endgültig von uns: zu uns befreit. – »Zu uns«, das heißt: jeden zu sich und uns für einander. Und dies ist nur möglich, indem es, nein: indem durch dieses Ende *Er* uns endgültig zu *sich* befreit.

[51] Siehe hierzu *H. Gollwitzer*, Die marxistische Religionskritik und der christliche Glaube, München 1965 (Siebenstern), 111: »Daß der Mensch sich für das Leben künftiger Generationen opfern soll, ist eine gute Forderung – genau so lange, als nicht beansprucht wird, damit die Frage nach dem Sinn seiner Existenz zu beantworten.« Mit anderen Worten: solche Entäußerung ist nur vollziehbar aus der Angstlosigkeit und dem »Reichtum« persönlicher Hoffnungsgewißheit, ohne daß deren »Psychologie« diskutiert sei (es genüge, an die Spannung der zitierten Jesus-Worte zu erinnern: »Mein Gott, mein Gott...« [Mk 15,34] und »Vater, in deine Hände« [Lk 23,46]).

[52] Siehe Die Rede vom Heiligen 332ff.

Der Leser wird vielleicht einwenden wollen, das sei nun wirklich nicht mehr genuine Philosophie. Gewiß übersteigt – wie schon bisher immer wieder – philosophische Reflexion sich hier auf jene Entscheidung hin, die sie nicht setzt, sondern eben nur reflektiert. Doch eben sie zu reflektieren ist ihres Amtes. – Im Wissen um seinen Tod geht es dem Menschen um sich; dies aber eigentlich nicht seinetwegen, sondern um dessen willen, worum es ihm letztlich geht. Wir nannten es seinen Sinn. Und aus einem Sinn kann man nur leben, wenn man für ihn lebt. Die Endgültigkeit, auf die Freiheit aus ist, ist die Endgültigkeit ihrer »Bestimmung«.

Das vorgeschlagene Wort »Endgültigkeit« darf man also nicht mißverstehen. Es besagt mehr als bloß den Schlußstrich unter das Gelebte und die Summe des Bisherigen. Dann wäre sie ja bloß monologisch gesehen, nicht, wie verlangt, dialogisch. Vielleicht kann man die Ewigkeit des Nein so kennzeichnen, nicht so die des Ja; denn dessen erfüllende Ewigkeit muß die Antwort sein, die es annimmt (die religiöse Vorstellung sagt: Lohn, aber auch – gemäßer –: Einladung, Gabe, Hochzeitsfest). Als dialogische Grundbestimmungen haben sich uns Hoffnung und Zukunft gezeigt, insofern vom andern Neues auf mich zukommt, oder besser: insofern er selbst stets neu auf mich zukommt – und ich auf ihn. Statt als *End*gültigkeit, die sich von bloßem Enden nicht unterschiede, haben wir das unvorstellbare befreiende »Ende ohne Ende« als End*gültigkeit* zu denken.

Und worin letztlich liegt nun seine Gültigkeit? – Bei dem Philosophen Platon lesen wir: In Tat und Wahrheit nun ist es Gott, der allen seligen Ernstes wert ist; der Mensch dagegen ist ... nur ein Spielzeug in Gottes Hand, und das eben ist in Wahrheit gerade das Beste an ihm.« [53]

[53] Leges VII 803c. Hegel hat immer wieder als die Endgültigkeit des Endlichen seine Selbstaufhebung ins Unendliche herausgestellt. Dialogisch gewendet ließe Ewigkeit und deren Sinn sich dann so kennzeichnen, wie es vor Jahren *Père Aimé Duval* in einem seiner Chansons (Le Seigneur reviendra) getan hat (nur wäre im Sinn des eben Gesagten seine »Antithese« zur Synthese eminenter Identität fortzuführen): »Nous serons tout pour lui, puisqu'il est tout pour nous pendant la vie.«

Wie dies zu verstehen sei, soll, ehe es das Schlußkapitel differenzierend entfaltet, jetzt nur – nach dem Vorbild Platons – »mythisch« angedeutet werden. (Wir kommen damit zugleich auf unser »theologisches« Zwischenspiel zurück. Von dem Wirbel der Verlorenheit war dort die Rede, nicht mehr von dem »Festreigen« im Licht[54].) – Clive Staples Lewis spricht am Ende seines Buches »Über den Schmerz« von dem Apfel des Streites, der – mit der Aufschrift »Für die Schönste« unter die olympischen Götter geworfen – zum Urteil des Paris und schließlich zum Trojanischen Kriege geführt hat[55].

»Der goldene Apfel der Selbstheit, der unter die falschen Götter geschleudert wurde, ist zu einem Zank-Apfel geworden, weil sie ihn besitzen wollten. Sie kannten nicht die oberste Regel des heiligen Spiels, die besagt, daß jeder Spieler zwar um jeden Preis den Ball berühren, aber dann ihn sogleich weitergeben muß ... Doch wenn der Ball hin und her fliegt zwischen den Spielern ... und wenn der große Meister selbst das Spiel führt, indem er in der Erschaffung sich selbst seinen Geschöpfen schenkt und wiederum an sich selbst zurückgibt in der Hingabe des Logos, – dann läßt in der Tat der ewige Tanz ›den Himmel versinken in den Entzückungstraum des Einklangs‹. Alle Schmerzen und alle Freuden, die wir auf Erden kannten, sind frühe Einübungen in die Schrittweisen dieses Tanzes ... Es ist Freude in diesem Tanz, doch er geschieht nicht um der Freude willen. Er geschieht nicht einmal um des Guten oder um der Liebe willen. Er ist selber Liebe, er selbst ist das Gute und also auch Glückseligkeit. Nicht er ist um unsertwillen da, sondern wir um seinetwillen.«

[54] Eins der (gerade in seiner Verhaltenheit) bewegendsten Bilder dieses Tanzes bietet die linke Seite der Gerichtstafel des Fra Angelico im Florentiner Kloster San Marco.

[55] Über den Schmerz, Köln–Olten 1954, 180 f (neuerlich im Köselverlag). Man könnte seinen längeren Text auch in den einen Satz des islamischen Mystikers *Dschelal ed-Din Rumi* zusammenfassen, den G. v. d. Leeuw, Phänomenologie der Religion, Tübingen ^{2}1956, 424, zitiert: »Wer die Macht des Tanzes kennt, wohnt in Gott, denn er weiß, wie die Liebe tötet.« – Vgl. *H. Rahner*, Der spielende Mensch, Einsiedeln 1952 (auch in dem Herder-Taschenbuch: Aspekte des Lebendigen. Eranos-Reden).

6. BEFREIENDES REDEN VOM MENSCHEN: »ANTHROPO-THEOLOGIE«

»Nicht er um unsertwillen, sondern wir um seinetwillen«: diese Formel, auf die wiederholt die Überlegungen des Buches hinzuführen schienen, stellt jetzt das Thema – und die These – unseres abschließenden Kapitels. Wir haben Grundfragen, nicht *die* (nicht alle) Grundfragen behandelt; verschiedene Dimensionen der Freiheit – etwa Kunst, Politik oder auch Wissenschaft als solche – wurden nur beiläufig oder im Ausblick berührt. Dennoch fügt das Bedachte sich wohl in einer Weise zusammen, daß es uns einen grundsätzlichen Rückblick erlaubt. Und da er grundsätzlich gemeint ist, geht er nicht in der Rückwende auf; er zielt voraus.

Versuchen wir also ein Fazit, das zugleich sich als Programm versteht. Es lautet: philosophisches Reden vom Menschen spricht tatsächlich immer – und soll dies in wissender Bejahung tun – von Gott. In welchem Sinn dies gemeint sei, ist nun zu erläutern.

Anthropologie und Theologie als philosophische Grunddisziplinen

Vielleicht bietet den besten Zugang eine denk*geschichtliche* Besinnung: auf (philosophische) Anthropologie und (philosophische) Theologie als klassische Aufgabengebiete des abendländischen Denkens.

Daß wir es bei der Gotteslehre mit einer Grunddisziplin zu tun haben, dürfte unstreitig sein, jedenfalls insoweit historisch gemeint. Wilhelm Weischedel, der »Wesen, Aufstieg und Verfall der philosophischen Theologie« in einem eindrucksvollen Überblick dargestellt hat, schreibt in der Vorrede: »Die Frage nach Gott bildet ja, mit wenigen Ausnahmen, die gesamte Geschichte der Philosophie hindurch den höchsten Gegenstand des Denkens. Und dies nicht zufällig, sondern aus dem Wesen des Philosophierens heraus. Dieses richtet sich auf das Ganze des Seienden und damit zugleich, als Frage wenigstens, auf das, dem nach alter Tradition innerhalb dieses Ganzen eine so ausgezeichnete, das Ganze gründende und umfassende Stellung zugeschrieben wird, wie dies mit Gott der Fall ist.«[1]

Schwieriger wird es hinsichtlich der Anthropologie. Während das Wort »Theologie« wohl von Platon geschaffen wurde[2], kann man »Anthropologie« nicht gleicherweise auf die Griechen zurückführen. Wo Aristoteles »vom ἀνθρωπολόγος spricht, meint er, was David Ross mit ›gossip‹ übersetzt«[3], also jemanden, der als »Klatschbase« gern über andere plaudert. Dann heißt ἀνθρωπολογεῖν zunächst einmal so viel wie: anthropomorph von Gott reden. Es meint also gerade eine bestimmte Weise von Theologie[4]. Erst vom 16. Jahrhundert an bürgert sich der Name »Anthropologie« ein, als Titel einer Humanwissenschaft, die einerseits Physiologie und Psychologie ist, andererseits (besonders in ihrer Affektenlehre) konkrete Ethik[5]. Nach dem Ende des spekulativen Aufschwungs im Deutschen Idealismus wird die

[1] *W. Weischedel*, Der Gott der Philosophen. Grundlegung einer philosophischen Theologie im Zeitalter des Nihilismus. 2 Bde., Darmstadt 1971/72, I, XVIII.

[2] Res publ. II 37a. Siehe *W. Jaeger*, Die Theologie der frühen griechischen Denker, Stuttgart 1953, 12.

[3] *O. Marquard*, Anthropologie, in: Histor. Wörterbuch der Philosophie (J. Ritter) 1, 362–374: 362.

[4] So noch bei Leibniz, in der metaphys. Abhandlung, Nr. 36: Gott ist »bereit, anthropologische Bezeichnungen zu dulden (souffrir des anthropologies)«. *G. W. Leibniz*, Hauptschriften zur Grundlegung der Philosophie (A. Buchenau, E. Cassirer), Hamburg ³1966, II 186 (Philos. Schriften [G. J. Gerhardt] 4, 462).

[5] Vgl. *J. Splett*, Philos. Anthropologie, in: Sacramentum Mundi I 163–168 (jetzt auch in Herders theol. Lexikon); *M. Landmann* (Hrsg.), De Homine. Der Mensch im Spiegel seines Gedankens, Freiburg–München 1962 (1458 Nummern Bibliographie von *G. Diem*).

Anthropologie weithin zur Fundamentalphilosophie. Und in unserem Jahrhundert hat Max Scheler festgestellt, »daß die Probleme einer Philosophischen Anthropologie heute geradezu in den Mittelpunkt aller philosophischen Problematik getreten sind«[6].

Man hat darin ein typisches Merkmal der Neuzeit und genauerhin der Gegenwart sehen wollen. Doch erstens hat es seit alters – spätestens seit Aristoteles – »Fragen über die Seele« (quaestiones de anima) gegeben; sie erhielten dann, erstmals wohl durch Melanchthon, den Namen »psychologia (rationalis)«[7]. Darüber hinaus war traditionell die Philosophie als ganze »Lehre vom richtigen Leben«[8]; jedenfalls das griechische Denken kann »in einem eigenen Sinn ›biographisch‹ ausgelegt werden«[9]. Und schließlich kreist alles Philosophieren um die berühmten Grundfragen Kants: 1. Was kann ich wissen? 2. Was soll ich tun? 3. Was darf ich hoffen? Wobei alle drei Fragen sich auf die vierte beziehen: 4. Was ist der Mensch?[10]

Steht es aber so, dann geht es eigentlich nicht mehr so sehr um philosophische Disziplinen, sondern eher um zwei Grundentwürfe von Philosophie überhaupt. Wenn Philosophie »erste Wissenschaft«, das Unternehmen prinzipiellen, radikalen und so umfassenden Fragens ist, als Frage nach dem, was ist und was »ist« ist: ist sie dann wesentlich die Frage nach dem Ursprung und der ursprünglichen Fülle des ›ist‹: nach dem Göttlichen? Ist Philosophie also erstlich und so durch all ihre anderen Fragen hindurch philosophische Theologie?[11]

Oder ist Philosophie, gerade ob ihrer prinzipiellen Radikalität, zuerst die Frage nach sich, ihrem eigenen Fragen, bzw. nach dem

[6] *M. Scheler,* Die Stellung des Menschen im Kosmos, München 1947, 8.

[7] *D. Brinkmann,* Was ist Relativismus?, in: Universitas 4 (1949) 267–274, 269: »Am Ende des 16. Jahdt. taucht dann der Name ›Psychologie‹ zum ersten Male auf, und zwar als Titel eines Lehrbuches, das ein Schüler Melanchthons 1590 veröffentlichte.«

[8] Siehe oben S. 137 mit Anm. 26.

[9] *H. Rombach,* Die Gegenwart der Philosophie, Freiburg–München [2]1964, 27–32, 117.

[10] *I. Kant,* Logik, Königsberg 1800, 25 (Werke [Weischedel] III 448).

[11] Vgl. *Aristoteles,* Metaphysik IV 1 und VI 1.

Fragen und der Fraglichkeit dessen, der in ihr fragt: nach dem Menschen? Ist also Philosophie durch alle Probleme und Disziplinen hindurch entscheidend Anthropologie?

Gerät man in diese Alternative, dann wandelt sich unsere Fragestellung erneut. Zwei Grundentwürfe von Philosophie sind ihrerseits philosophische Grundentwürfe; denn Philosophie kann nicht von anderswoher entworfen werden; sie entwirft sich selbst. (Ernsthaft über – oder auch gegen – Philosophie reden bedeutet stets schon, daß der Redende seinerseits philosophiert.) Zwei Philosophien sind also zwei Weisen von Philosophie im Singular. Und in diesem Sinn ist Philosophie ein »singulare tantum«: es gibt nur eine. Freilich in Vielfalt.

Ohne hier den (nicht erst heute beredeten) philosophischen Pluralismus als solchen zu diskutieren [12], begnügen wir uns mit dem Hinweis, daß in der philosophischen Diskussion nicht durch Ausschluß, sondern durch Einbezug argumentiert wird. Zwei Philosophien liegen also nicht, gleichsam als geistige Areale, nebeneinander, stehen sich auch nicht eigentlich gegenüber, sie durchdringen sich eher wie Dimensionen. Beide bieten eine reflektierte Sicht des Ganzen, wobei zu diesem Ganzen die eigene und die Antwort des andern mit dazugehört. Ihr Unterschied ist darum letztlich der von Perspektiven, und ihre Diskussion – das macht sie so schwierig – geht nicht um Daten und Fakten als solche, sondern um deren Sinn und Stellenwert.

So erscheinen auch θεός und ἄνθρωπος, Theologie und Anthropologie, nicht als Alternative, sondern als Grundkoordinaten einer umfassenden Stellungnahme im Denken. Strittig ist dann die Frage, was ursprünglicher und angemessener sei, was mehr erhelle und weniger verstelle: Philosophie als anthropologische Theologie oder Philosophie als theologische Anthropologie.

Dabei ist jeder dieser Namen nochmals un-eindeutig, (zumindest) doppelsinnig und darum seinerseits strittig. Was ist anthro-

[12] Er zeigt sich wegen der Radikalität der Philosophie am deutlichsten darin, daß nicht nur die philosophischen Antworten verschieden ausfallen, sondern daß bereits das Selbstverständnis ihres Fragens, daß selbst der Begriff von Philosophie von Philosoph zu Philosoph ein anderer ist.

pologische Theologie und worauf zielt sie: auf Anthropologie oder Theologie (wiederum: welcher Art)? Zielt sie auf den Menschen oder auf Gott? Und entsprechend: »Was ist und zu welchem Ende studiert man« theologische Anthropologie?

Aus diesen Vorüberlegungen folgt: Die Behauptung, die hier erklärt und ausgewiesen werden soll, will keinen Schiedsspruch verkünden – als beanspruchte sie jenen »absoluten Standpunkt«, von dem aus man souverän entscheiden könnte. Vielmehr gibt sie, wie das Buch als ganzes, einen Beitrag zum Streit. Allerdings wollen wir »Streit« nicht von der vermutlichen Grundbedeutung »Starrsein«, »Starrsinn« aus verstehen, sondern im Gegenteil von Heraklit her: als »gegenstrebige Vereinigung wie des Bogens und der Leier« [13].

Reden von Gott als Reden vom Menschen

Anthropologische Theologie – theologische Anthropologie. Beginnen wir mit dem ersten Konzept, einem Programm, das auch so formuliert werden kann: Theologie als Anthropologie – Reden von Gott als Reden vom Menschen. Was ist damit gemeint?

1. Eingangs war vom ἀνθρωπολογεῖν die Rede. Der Mensch redet menschlich von Gott, sein Wort über Gott spricht also sein Gottesbild aus, und dies sagt mindestens ebenso viel *über ihn* aus wie über seinen Gott [14]. Sagt es gar nur über ihn und *seinen* Gott etwas aus? Das hieße in Wahrheit: allein über ihn und nichts über Gott? (Zumal dann, wenn dessen Göttlichkeit gerade seine Unsagbarkeit wäre.)

Hier setzt die Religions- und Theologiekritik eines Xenophanes ein (oder hätte man eher zu sagen: seine kritische Theolo-

[13] Diels-Kranz Fr 8 und 51. Vgl. *M. Heidegger* in seinem Kunstwerk-Aufsatz, in: *ders.*, Holzwege, Frankfurt [4]1963, 37ff.

[14] *G. W. F. Hegel*, Sämtl. Werke (Glockner) 11, 84: »Die Religion ist der Ort, wo ein Volk sich die Definition dessen gibt, was es für das Wahre hält.« – »Daß jeglicher das Beste, was er kennt, / Er Gott, ja seinen Gott benennt« (*J. W. v. Goethe*, Was wär' ein Gott..., Werke [Hamburger Ausg.] I, 357). – Vgl. zu diesem ganzen Abschnitt auch: Reden aus Glauben 109–124; Gotteserfahrung im Denken 166–206.

gie?), mit der berühmten Notiz: »Die Äthiopier stellen sich ihre Götter stumpfnasig und schwarz vor, die Thraker blauäugig und rothaarig.« Entsprechend würden die Ochsen, wenn sie malen könnten, ochsenähnliche Göttergestalten entwerfen[15]. Hier wird der Gottesvorstellung der Gottesgedanke entgegengehalten.

Einen Schritt weiter geht theologische Selbstkritik, wenn sie auch den Gedanken zur Vorstellung rechnet, um so dem Gott des Menschen im weitesten Sinn Gott selbst als den »göttlichen Gott« entgegenzustellen.

Das nächste ist mehr als ein Schritt, eher ein Sprung: »über die Linie« zwischen theologischer Selbstkritik und prinzipieller Kritik an Theologie. Jetzt wird die Trennung von Gottesgedanke und Gott als solche zu einer Form von theologischem ἀνθρωπολογεῖν erklärt.

Nicht erst *wie* man über Gott redet, ist durch die eigene Situation bedingt, sondern schon, daß man es tut; daß der Mensch glaubt, es tun zu können – und zu müssen, entspringt seiner bislang unaufgeklärten »condition humaine«.

Mit diesem Schritt verbindet sich der Name Ludwig Feuerbachs. Ihm zufolge ist ein theologisches Verständnis von Theologie ein Selbstmißverständnis des Menschen. Die Wahrheit der Theologie wird in der Erkenntnis ihrer Unwahrheit offenbar, oder anders gesagt: ihre Wahrheit ist eine Wahrheit über den Menschen, nämlich, daß er in der Unwahrheit lebt: in der Illusion, es gebe Gott. Erst durch die Zerstörung dieser Unwahrheit kann er in seine Wahrheit gelangen. Die Wahrheit der Theologie ist also die Anthropologie. Und Anthropologie ist zuerst ein Wort über die Unwahrheit des Menschen, um ihn in die Wahrheit seiner selbst zu führen.

»Der Zweck meiner Schriften, so auch meiner Vorlesungen ist: die Menschen aus Theologen zu Anthropologen, aus Theophilen zu Philanthropen, aus Candidaten des Jenseits zu Studenten des Diesseits, aus religiösen und politischen Kammerdienern

[15] Diels-Kranz Fr. 16 und 15.

der himmlichen und irdischen Monarchie und Aristokratie zu freien, selbstbewußten Bürgern der Erde zu machen.«[16]

Wie das geschieht, sei in knappstem Überblick anhand der *Grundsätze der Philosophie der Zukunft* von 1843 gezeigt[17]. Danach ist es zunächst das Verdienst der spekulativen Philosophie (also Hegels), gezeigt zu haben, daß Gott nichts anderes ist als das Wesen der Vernunft selbst (6). Indem die Vernunft erkennt, daß *ihr* die Gottesprädikate eignen, wird, was im Theismus (widersprüchlicherweise) Objekt war, zum Subjekt (7). Gott wird, als selbständig existierendes Wesen, geleugnet, das Wesen dieses Wesens aber, seine Eigenschaften, zeigt sich als das von Mensch und Natur: der Pantheismus ist »die nackte Wahrheit des Theismus« (14: 262).

Indes geschieht diese Leugnung der Theologie auf theologische Weise; das ist für Feuerbach der Selbstwiderspruch von Hegels Philosophie, in der »die Negation des Christentums mit dem Christentum selbst identifiziert« werde (21: 277). Dieser Widerspruch zeigt sich vor allem darin, daß die gesuchte Versöhnung des sich entfremdeten Menschen einzig im Denken, als gedachte erreicht wird. »Die absolute Philosophie hat uns wohl das Jenseits der Theologie zum Diesseits gemacht, aber dafür hat sie uns das Diesseits der wirklichen Welt zum Jenseits gemacht« (24: 282). Statt im Denken müssen Wirklichkeit und Wahrheit im Empfinden aufgesucht werden. Insofern nennt Feuerbach die von ihm entworfene Philosophie »das zu Verstand gebrachte Herz« (34). Wahr und göttlich ist, was keines Beweises bedarf, und dies gilt nur vom Sinnlichen (38)[18].

[16] Sämtliche Werke (Bolin-Jodl), Stuttgart-Bad Cannstatt ^{2}1960ff, VIII 28f (Vorlesung in Heidelberg 1948).

[17] SW II 245–320. Im Text wird der Paragraph angegeben, nötigenfalls, nach Doppelpunkt, die Seitenzahl.

[18] Man darf ihn jedoch nicht zu platt verstehen (auch nicht sein berüchtigtes Diktum »Der Mensch ist, was er ißt): »Wir sehen nicht nur Spiegelflächen und Farbengespenster, wir blicken auch in den Blick des Menschen« (41: 304). Zur Erläuterung des »ist–ißt« siehe SW X 41–67 (Das Geheimnis des Opfers oder Der Mensch ist, was er ißt). Vgl. *A. Schmidt,* Emanzipatorische Sinnlichkeit. Ludwig Feuerbachs anthropologischer Materialismus, München 1973.

Nicht mehr ein abstraktes Vernunft-Ich, sondern der konkrete Mensch wird Subjekt solchen Denkens. Damit wird die Wahrheit Fleisch und Blut und so erst Wahrheit (50–52). Fleisch und Blut aber ist der Mensch nicht als Einzelner, sondern als Ich und Du. In dieser Differenz-Identität von Ich-Du hat das Denken nunmehr den wahrhaft absoluten Standpunkt gefunden (56).

Es hat damit jenen Standpunkt erreicht, von dem aus man die theologische Illusion nicht bloß zu zerstören, sondern auch in ihrer Entstehung zu erklären vermag. Sie zeigt sich nämlich als der Wunsch- und Trosttraum denkerischer Einsamkeit. »Einsamkeit ist Endlichkeit und Beschränktheit, Gemeinschaftlichkeit ist Freiheit und Unendlichkeit. Der Mensch für sich ist Mensch (im gewöhnlichen Sinn); Mensch mit Mensch – die Einheit von Ich und Du – ist Gott« (60).

An die Stelle des geträumten Einen, zu dem der Einsame sich flüchtete, an die Stelle sodann des Monologs des einsamen Denkens tritt nun die Wirklichkeit des Dialogs zwischen Ich und Du (62), die Einheit des Menschen mit dem Menschen. Darin hat das alte Mysterium der Trinität sich in Tat und Wahrheit erfüllt (63).

2. Hier ist nicht der Ort, diese Position detailliert zu erörtern. Gewiß ist Feuerbachs Illusionismus Voraussetzung, nicht Resultat seiner Philosophie; gewiß stellen psychologische Herleitungen (obendrein hypothetisch) keinen logischen und metaphysischen Einwand dar[19]. Doch sei jetzt nur eine Gegenfrage gestellt, und diese – Feuerbach entsprechend – »psychologisch«: Methodisches Grundprinzip seiner Deutung ist das Axiom, nicht das Niedere sei aus dem Höheren, sondern das Höhere aus dem Niederen zu erklären; denn das Höhere mache das Niedere überflüssig, könne es also gerade nicht erklären, während das Minus nach dem Plus verlange[20]. Was für ein Denken – so unsere Frage, – steht hinter einem solchen Prinzip?

Feuerbach sagt es selbst: »Alles entsteht nur aus Not, Mangel,

[19] Siehe *M. von Gagern,* Ludwig Feuerbach. Philosophie- und Religionskritik. Die »Neue« Philosophie, München–Salzburg 1970, bes. 309ff.

[20] SW IV 261; VIII 179.

Bedürfnis.«[21] In der Tat, wenn Mangel und Not das Grundgesetz der Wirklichkeit bilden, dann regiert ausnahmslos Notwendigkeit. Denn Freiheit ist immer Freigebigkeit[22]. Überflüssiges, Überschuß gibt es dann nicht[23] – und das Höhere, das vom Niederen her sich aufweisen ließe, wäre nie mehr als die Illusion dieses Höheren: Wunschtraum, Fata morgana.

Wieweit übrigens zeichnen gerade solche Illusionen nicht Feuerbachs eigene Schilderung des Ich-Du: daß es Gott *sei*?[24]

Hegel, den er kritisiert, bestimmt das Ich-Du-Ereignis in der Phänomenologie des Geistes nüchterner und entsprechend. Auch für ihn erscheint in der Erfahrungsgeschichte des zu sich kommenden Bewußtseins erst mit diesem Ereignis die Wahrheit der Religion: »Das versöhnende Ja, worin beide Ich von ihrem entgegengesetzten Dasein ablassen ... ist der erscheinende Gott mitten unter ihnen.«[25] Aber sie wissen sich eben als Gottes *Erscheinung*.

Und auf dies Weniger (das dennoch mehr besagt: nämlich zwar bloß Erscheinen, aber Erscheinen von Wirklichkeit – statt bloß deren Anschein), auf diese Schwebe will *hier* das Programmwort »Theologie als Anthropologie« hinaus. Vom Menschen spricht das Reden von Gott nach unserer These nicht im

[21] SW IV 261.

[22] *W. Kern*, in: J. Feiner/M. Löhrer (Hrsg.), Mysterium Salutis II 497.

[23] Das Fachwort für die Nicht-Notwendigkeit des Endlichen: »Kontingenz«, enthält bezeichnenderweise einen ähnlichen Doppelsinn wie »überflüssig«; es besagt einmal »Zu-fälligkeit«, sodann aber auch »Geglücktsein«. Für ein Denken der Freiheit hat eben alles Begegnende den »erstaunlichen« Charakter des Nicht-Selbverständlichen.

[24] Selbst die »Anthropologie« der *Zauberflöte* geht nur so weit zu sagen: Ich und Du, »Weib und Mann / reichen an die Gottheit *an*«. – Freilich sei nicht unterschlagen, daß später Feuerbach selbst erkennt und ausspricht, daß mit der Leugnung eines selbständigen (transzendenten) Gott-Subjekts auch die göttlichen Prädikate andere werden. Ich und Du oder auch die Menschheit als Gattung sind dann nicht mehr Gott, sondern gerade der Mensch. Sich hier nach den klassischen Gottesprädikaten (etwa Unsterblichkeit) zu sehnen bedeutete eben jenes religionsbildende Verfangensein in Illusionen, dem die Reife der Unterscheidung von »eingebildeten und vernünftigen Wünschen« (SW VIII 350) noch fehlt.

[25] S.W. 2, 516.

Sinn eines bewußt zu machenden (Selbst-)Mißverständnisses des Menschen, sondern im Gegenteil eben insofern, als es – seiner prekären Situation nur allzu bewußtes – Reden von *Gott* ist.

Das Gemeinte sei an einem derzeit häufiger zitierten Wort des Aquinaten verdeutlicht: Nimmt man »Sein« im Sinn von wirklicher Existenz, »dann können wir Gottes Sein nicht wissen, sowenig wie sein Wesen«, sondern nur im Sinn sprachlicher Setzung. »Wir wissen nämlich, daß dieser unser Satz über Gott wahr ist, wenn wir sagen ›Gott ist‹.« [26] Anders gesagt, wir gelangen nicht zu Gott selbst, sondern nur (dies allerdings – wie jetzt nicht zu beweisen [27] – mit Recht) zu unserm Satz über ihn: also nur zu uns.

Sobald man diese Differenz vergäße, und das gesagte Sein Gottes mit dem gemeinten (wirklichen) Sein identifizierte, hätte man die Erscheinung, das Bild Gottes mit ihm selbst gleichgesetzt. Und das wäre nicht bloß ein einfacher Irrtum: Verwechseln wir ein Bild mit dem, den es vorstellt, dann kehrt sich die Bildfunktion gerade in ihr Gegenteil. Das Bild stellt ihn dann für uns nicht mehr vor und verstellt ihn sogar; denn es zeigt ihn nur, solange es als Bild erkannt wird. Indem es seine Transparenz und Transzendenz verliert, wird es zum Idol. Das Gottesbild ist (man könnte sagen: zum Bildgott) zum Götzenbild geworden. Bild hat sich ins Gegenbild verkehrt, Erscheinung in verdinglichten Anschein: undurchschaute Scheinbarkeit.

Für das hier angesprochene Bild: Wird die Ich-Du-Gemeinschaft nicht als Erscheinung (an)erkannt, so wird sie zum scheinbaren, zum vorgeblichen Gott, d. h. sie wird *zugleich* Götze und Illusion. Denn der Götze als solcher ist stets Illusion [28].

Für unsere Frage grundsätzlich: ob man von Gott so »objektiv« (»theologisch«) spricht wie Thomas in seinen »fünf Wegen« oder ob man eher »subjektiv« (»anthropologisch«) das Sinn- und

[26] S.th. I 3, 4 ad 2.

[27] Siehe dafür die S. 12, Anm. 6 und 7 genannten Arbeiten.

[28] Und zwar doppelt: nicht nur hinsichtlich dessen, was er darzustellen vorgibt, sondern damit auch in sich selbst. – Verabsolutierte Liebe ist nicht bloß nicht Gott oder göttlich, sie ist, wie sich nur allzu rasch herausstellt, auch nicht mehr wirklich Liebe.

Gottesverlangen des Menschen artikuliert, in beiden Fällen muß man ausdrücklich sagen, daß man von *uns* spricht – damit es wirklich Gott sei, von dem solches Reden dann schweigt – den es erschweigt[29].

Versuchen wir nun dies beredte Schweigen noch ein wenig zu klären. Damit kehrt die bisherige Fragerichtung sich um: anthropologische Theologie wird zu theologischer Anthropologie. Anders gesagt: aus dem Programm »Theologie als Anthropologie« wird der Versuch einer Anthropologie als Theologie.

Reden vom Menschen als Reden von Gott

Auch dieser Entwurf ist nicht eindeutig. Wiederum stehen sich zwei Verständnismöglichkeiten gegenüber und widersprechen einander zwei mögliche Zielrichtungen.

1. Reden vom Menschen als Reden von Gott, das kann integrierend gemeint sein: zum Menschen gehört der Gottesbezug, und stellt so zunächst einen Hinweis an die Humanwissenschaften dar. – Zu einer umfassenden Psychologie des Menschen gehört auch die Religionspsychologie, zu seiner Geschichte die seiner Religionen, zur Soziologie die Untersuchung religiöser Gemeinschaftsstrukturen und so fort. – Sodann: es gehört offenbar nicht nur beiläufig, sondern zentral dazu: »Die Religion ist der Ort, wo ein Volk [und ein Einzelner] sich die Definition dessen gibt, was es [und er] für das Wahre hält.«

Das gilt unabhängig von allen weiteren Deutungen dieses Faktums. Auch wer darin nur unsern »längsten Irrtum« sehen wollte[30], müßte ihn als zentralen, entscheidenden Irrtum bezeichnen. Gewiß bestünde die Täuschung dann auch und viel-

[29] *M. Heidegger,* Nietzsche, 2 Bde., Pfullingen 1961 I 471. J.B. Sartre: »Da wir nicht schweigen können, müssen wir mit der Sprache Schweigen hervorrufen« (Situationen, Reinbek 1965, 199). Vgl. Reden aus Glauben 27–47. Darauf zielt das oft als subjektiv mißverstandene – und im Streit nicht selten auch sich selbst so mißverstehende – transzendentalphilosophische Reden von Mensch und Gott.

[30] *F. Nietzsche,* Werke (K. Schlechta), München 1955, II 963.

leicht gerade darin, etwas für zentral zu halten, das es nicht ist (das vielleicht gar nicht ist)[31]; doch eben darum wäre diese Illusion nicht nebensächlich. Darum ist z.B. für Karl Marx trotz aller Vorbehalte »der Feuer-bach« das nicht zu umgehende »Purgatorium der Gegenwart«[32]; denn »die Kritik der Religion ist die Voraussetzung aller Kritik«[33].

Daß freilich dies Geschäft, für Deutschland jedenfalls, »im wesentlichen beendigt sei«, wie Marx glaubte (ebd.), bezweifelt man heute auch unter Marxisten. Was die Vergangenheit angeht, so dürfte noch immer die »paläo-anthropologische Regel« überzeugen, die Max Müller einmal so formuliert hat: Faustkeil, Knochenmesser, Brandspuren dahingestellt, wo sich ein Kultplatz findet (vgl. oben S. 126), haben wir unzweifelhaft den Menschen gefunden. – Und die Zukunft der Religion?

Bei dieser vielfach erörterten Frage bedarf es zuerst einer Unterscheidung. »Es könnte (wer kann es wissen; auch das Absurde darf vom Christen gedacht werden) sein, daß die Menschheit sich tatsächlich einmal biologisch zurückkreuzt auf die Stufe einer technisch intelligenten und selbstdomestizierten Australopithekusherde oder eines Insektenstaates ohne den Schmerz der Transzendenz, Geschichte und den Dialog mit Gott, also sich selbst durch kollektiven Selbstmord auslöscht, auch wenn sie biologisch weiterbestünde.«[34]

Könnte es aber auch sein, daß er weiterhin *Mensch* wäre – ohne Gottesbezug? – Auch wenn dies Buch nicht einen systematischen Gesamt-Entwurf, sondern nur Aspekte einer Anthropologie vorlegt, begründet es hinreichend unser Nein auf diese Frage. Dennoch wird (siehe Anm. 27) für den grundsätz-

[31] Und ihre Gefährlichkeit läge nochmals darin, nun auch die aufklärende Kritik auf diese quantité négligeable zu fixieren und sie so von ihrer eigentlichen Arbeit abzuhalten. Hier setzt ja etwa Marx' Kritik an Feuerbachs Religionskritik ein.

[32] Werke (Lieber), Darmstadt ²1962, I 109. Nach *H. M. Sass* soll der Artikel freilich von Feuerbach stammen, siehe A. Schmidt (Anm. 18) 18, Anm. 23.

[33] Ebd. 488.

[34] *K. Rahner*, Schriften zur Theologie VIII, Einsiedeln 1967, 283 (Experiment Mensch).

lichen Erweis von Möglichkeit und Recht philosophischen Redens über menschliche Freiheit und vor allem über Gott auf andernorts versuchte Argumentationen verwiesen. Nicht also der Sinn solchen Redens und seine Gültigkeit überhaupt stehen zur Frage; wohl aber ist zu bedenken, wie es seinem Sinn gerecht wird.

Dazu nun hier die These: eine theologische Anthropologie als integrierendes Reden von Gott ist nur vorläufig möglich; und als reflektierendes Reden muß sie ihre Vorläufigkeit wissen und ausdrücklich machen.

Zum Menschen gehört der Gottesbezug? Wird das zunächst als Ergebnis anthropologischer Phänomenologie akzeptiert, dann verlangt der Befund nach seinem Begriff, das Phänomen beansprucht, verstanden zu werden. Dieses Verstehen besitzt seine eigene Dialektik und Stufen der Reflexion. Zuletzt indessen gelangt es vor eine *Alternative:* entweder wird es zu exklusiver Anthropologie (d. h., statt integrierend, antitheologisch) oder zu (philosophischer) Theologie. Die Reflexion des Gottesgedankens führt entweder zur Erklärung seiner als Menschengedanken (als Illusion) oder zum darin gedachten Gott.

2. In der Tat kann man sich auf dem bisher bedachten Standpunkt integrierender Anthropologie nicht behaupten, ohne von der zunächst positiv »verstehenden« Deutung des Religiösen zu einer »Deutung des Argwohns« (Paul Ricœur) fortzuschreiten, besser: abzusteigen. Man muß dies darum, weil man diesen Standpunkt nur *gegen* das Selbstverständnis des religiösen Bewußtseins behaupten kann, ihn also so behaupten muß, daß man dessen Vorstellung als Illusion entlarvt. – Entscheidet man sich aber für die positive Deutung, muß man diesen Standpunkt, und damit das religiöse Denken selbst, das man verstehen will, übersteigen – nicht indem man es zurückläßt, sondern indem man dessen eigenen Selbstüberstieg nach- und mitvollzieht.

Nochmals also: die Wahrheit des Satzes »Zum Menschen gehört sein Gottesbezug« ist entweder seine Entlarvung als vielleicht unvermeidliche (»perspektivische«) Täuschung oder sie ist die ihn »aufhebende« Umkehrung in den Satz: der Mensch gehört Gott. Das Programm einer »Anthropologie als Theologie«

führt, wenn es zuletzt auf Anthropologie abzielt, konsequent zu einer »Theologie-ohne-Gott«, konkret zu einer Anti-Theologie – mit dem utopischen Ziel eines gänzlich beruhigt untheologischen Redens vom Menschen.

Es sei nicht bestritten, daß man sich lange (nicht nur für ein »kurzes Leben«, sondern auch für eine »lange Kunst« und Wissenschaft) im Vorläufigen halten kann. Und vor allem »rettet« den Menschen (wie auch die Menschlichkeit seiner Vernunft) nicht selten seine glückliche Inkonsequenz. Doch prinzipiell gilt: ein Reden vom Menschen als Reden von Gott bleibt kein Reden von Gott, wenn es nur um des Menschen willen von Gott spricht[35]. Von Gott spricht es letztlich nur dann, wenn es um Gottes willen von ihm spricht.

Heißt das nun – wie der Einwurf lautet –, vom Menschen sei nicht mehr die Rede – weil er in einer solchen Konzeption nicht mehr der Rede wert sei?

Immerhin (davon gleich noch) ist er es, der redet, und der damit, wie oben bedacht, immer auch schon von sich spricht. Zuvor schon (S. 164) mündete unsere Überlegung in die Forderung, diesen Sachverhalt nicht nur zu erkennen und anzuerkennen, sondern ihn um der Göttlichkeit Gottes willen bewußt in der Anstrengung der Aufmerksamkeit festzuhalten. Jetzt ist dasselbe festzuhalten wie dort: nämlich der abgründige Unterschied auf dem Grunde scheinbar paralleler Bezüge.

Zwar spricht man eigentlich nicht mehr von Gott, wenn man es letztlich nur des Menschen wegen tut; aber man kann durchaus um Gottes willen vom Menschen sprechen – ja man kann es eigentlich *nur* so (und kann von hier aus dann sogar auch um des Menschen willen von Gott sprechen, aber eben erst von hier aus: also doch um Gottes willen).

Der Mensch gehört Gott. Das besagt ja: er gehört »irgendwo« hin, es ist Raum für ihn; und wie er selbst ist auch das Reden über ihn nicht ungehörig, sondern durchaus am Platze. Gott gehört nicht nichts, sondern alles. Von allem aber, das wir kennen,

[35] Siehe, als einen Titel für mehrere (vor allem sein großes Werk »Herrlichkeit«), *H. U. v. Balthasar,* Glaubhaft ist nur Liebe, Einsiedeln ²1965.

ist einzig der Mensch es, der *weiß*, daß er und alles Gott gehört. Das aber heißt (und ist mehr als ein Wortspiel): er allein gehört *zu* Gott. Diese Zugehörigkeit macht es, daß der Mensch nicht einfach auf sich selbst hin de-finiert werden kann.

So stieß Feuerbach darauf, daß es nicht genügt, Gott auf den Menschen zurückzuführen; er mußte den Menschen seinerseits erklären: aus der materiellen Natur[36]. Mit anderen Worten: ein atheistischer Humanismus wird sich früher oder später nach seiner Humanität fragen lassen müssen. Nicht nach der tatsächlich gelebten Humanität seiner Vertreter, die den Gläubigen häufig beschämt[37], sondern nach deren Begründung in seiner Theorie – mit den entsprechenden Rückwirkungen auf seine Praxis. Zwei Beispiele für das Gemeinte:

Ernst Bloch hat 1965 bemerkt, im Marxismus sei zwar »die Abschaffung des Zustandes, in dem es Mühselige und Beladene gibt«, thematisch geworden. »Dagegen die Abschaffung des Zustandes, in dem es Erniedrigte und Beleidigte gibt (was eine ganz andere, nicht ursächlich getrennte, aber doch andere Sphäre darstellt), diese Abschaffung ist nicht theoretisch vom Marxismus durchdacht worden.«[38] Wieweit kann sie es überhaupt in einem Materialismus (oder auch Idealismus), solange er wirklich Materialismus (oder auch Idealismus) bleibt?

Das zweite Beispiel bezieht sich auf den Tod und mögliche Menschlichkeit angesichts seiner: Dorothee Sölle erklärt bezüglich der Kinder von Auschwitz, hier habe gegenüber ihrem

[36] 1843/44: »Gott war mein erster Gedanke, die Vernunft mein zweiter, der Mensch mein dritter und letzter Gedanke« (SW II 388). 1848: »Meine Lehre oder Anschauung faßt sich daher in die zwei Worte Natur und Mensch zusammen. Das bei mir dem Menschen vorausgesetzte Wesen, das Wesen, welches die Ursache oder der Grund des Menschen ist..., das ist und heißt bei mir nicht Gott – ein mystisches, unbestimmtes vieldeutiges Wort – sondern: Natur, ein klares sinnliches unzweideutiges Wort und Wesen« (VIII 26).

[37] Trotzdem scheint die Erinnerung nötig, daß 1. Christen nicht bloß Hexen verbrannt und Juden verfolgt haben und 2. die Absage an den Vater offenbar doch nicht einfach schon Brüderlichkeit garantiert.

[38] Gespräch mit *F. Vilmar*, in: Über Ernst Bloch, Frankfurt 1968, 91.

atheistischen Ansatz »die alte Metaphysik, die ja Christus sogar in die Hölle schickte, um da den Leuten eine Chance zu geben, eine größere Gerechtigkeit gehabt in diesem mythischen Bild. Es ist für mich nicht erschwinglich. Ich kann mir darunter nichts vorstellen. Diese Kinder sind vergast. Punkt.«[39] Vorstellen kann sich hier freilich niemand etwas, oder jedenfalls wird jede Vorstellung im Nu zerpflückt. Aber wie kann ich »die Chance des ewigen Lebens« für jeden Menschen, einen Grundsatz, den auch Frau Sölle »für einen für mich verbindlichen Satz halten (würde)« – und halten muß (ist er im Grund doch nur ein anderer Name für die »Würde« des Menschen), wie kann ich diese Bestimmung denken ohne Transzendenz, ohne Gott?

Diese Frage meint mehr als eine »Schwierigkeit, die in einem innerweltlichen Ansatz nicht überwunden werden kann« (ebd.). In Ausweglosigkeit gerät vor dem Leid auch und gerade der Theologe. »Wie kann ich denken?« bedeutet hier: sehe ich nicht im Gegenteil ein, *daß* es undenkbar, weil schlicht widersprüchlich, und darum unmöglich ist? Es geht also nicht um eine unüberwindliche Schwierigkeit, sondern um »positiv« erkannte, eingesehene Unmöglichkeit[40].

Sollte nicht umgekehrt der Sinn, die Würde des Menschen nur im Blick auf seine Transzendenz zu Gott gewahrt werden können? Ja, *entspringt* sie nicht erstlich diesem Anruf zum Selbstüberstieg?

Davon wird noch die Rede sein müssen. Zunächst stoßen wir auf den gegengerichteten Einwand. – Wenn Gott in der Definition des Menschen dessen Würde nicht schmälert, sondern vielmehr trägt, schmälert dann nicht eben dies die Würde und Gött-

[39] *D. Sölle,* Das Recht ein anderer zu werden, Neuwied–Berlin 1971, 73. – Vgl. *M. Machovec,* Vom Sinn des menschlichen Lebens, Freiburg ^{2}1964, 24: (im Blick auf einen Frühgestorbenen): »Man kann nicht behaupten, daß das Leben aller Menschen ohne Ausnahme einen Sinn hätte.«

[40] Nicht um eine aufgrund unserer Erkenntnisgrenzen unvollziehbare Synthese (ein unlösbares »Problem« oder gar »Geheimnis«), sondern um eine durchaus vollziehbare und vollzogene Analyse (»Widerspruch« als »Lösung« des Problems). – Siehe auch *E. Kunz,* Christentum ohne Gott?, Frankfurt 1971, bes. 101–151 (zu D. Sölle: »Atheistisches Christentum?«).

lichkeit Gottes? Wird damit nicht doch noch einmal Gott um des Menschen willen behauptet?

Daß alles menschliches Reden zweideutig bleibt (zugleich »gerecht und sündig« ist), sei zugestanden. Versteht sich die Frage indes grundsätzlich, dann liegt ihr dasselbe Mißverständnis zugrunde wie dem humanistischen Atheismus, nämlich die Vorstellung einer Konkurrenz zwischen Gott und Geschöpf, als wäre nicht, wie bereits angesprochen, Freiheit desto größer, je freier sie macht, je freier sie gibt, und »absolute« (wörtlich: losgelöste) Freiheit die, die gänzlich freigibt, schlechthin freigebig sich gibt (also, statt losgelöst zu sein, sich – frei, »gelöst« – hineingibt)[41].

Nichts anderes als dieses Geben anzunehmen versucht das Bekenntnis, das Gott *unseren* Gott nennt. Es nennt ihn so, weil er es sein will. Es rühmt ihn also als den, der er ist: für uns Gott des Menschen.

Menschenrede als Gotteswort

Im Rahmen unseres Themas sei dieses »In-Über« von »göttlichem Gott« und »Gott des Menschen« ein Stück weit darauf hin bedacht, daß nach dem Gesagten Menschenrede – über den Menschen wie über Gott – als Gotteswort gesprochen und gehört werden muß. Dies nicht theologisch (im Sinn von »christlich-dogmatisch«), sondern durchaus (wie alles andere in diesen Reflexionen) philosophisch verstanden. Der einschlägige Fachausdruck ist schon gefallen: »Erscheinung« (siehe S. 162f und zuvor S. 43 u. 57).

1. Man könnte ganz schlicht etwa folgendermaßen argumentieren. Insofern ausnahmslos alles, was ist, von Gott erwirkt und erhalten wird, ist ohne Ausnahme alles, was ist, eine Weise, wie

[41] Vgl. Gotteserfahrung im Denken, Kap. 7 und hier den Exkurs zum 1. Kapitel.

Gott erscheint[42]: also auch das menschliche Reden über Mensch und Gott[43].

Indem aber, »was Gottes ist, ... in seinen Wirkungen sich uns zeigt«[44], wird es von Gott selber gezeigt; denn auch solches Offenbarwerden ist eine Wirkung, also von ihm erwirkt. Gott wird darum nie bloß faktisch erkennbar, und es ist klar – auch wenn es oft nicht anklingt –, daß Gott an seinen »Wirkungen« nicht gleichsam passiv (gar »ob er will oder nicht«) erkannt wird; er selbst vielmehr zeigt sich in ihnen, er gibt sich zu erkennen. Was darum Max Scheler *gegen* die Metaphysik glaubt als religiösen Grundsatz formulieren zu müssen, gilt gerade auch metaphysisch: »Alles (wahre) Wissen von Gott ist ein Wissen auch durch Gott im Sinne der Art der Empfängnis des Wissens selber.«[45]

Ist aber, was uns auf Gott verweist, nicht bloßes Anzeichen seiner, sondern von ihm *als* Zeichen erwirkt, dann kann es – und damit haben wir die zu erläuternde These erreicht – mit Recht, und nicht bloß bildlich[46], als sein Wort bezeichnet werden.

Diese Erläuterung macht indessen zu wenig deutlich, daß menschliches Reden in einer besonderen, ausgezeichneten Weise Gottes Wort ist. Dazu bedarf es einer weiteren Überlegung.

An dem einen Erscheinungs-Geschehen ist (mindestens) dreierlei zu unterscheiden: 1. der (das) Erscheinende, 2. seine Erscheinung, 3. der, *dem* der (das) Erscheinende erscheint. Und hier haben wir anzusetzen. Unsere These lautet: Der Adressat ist nicht beiläufig, vielmehr läßt Erscheinung sich gar nicht denken, wenn nicht als Erscheinung *für* jemanden.

[42] Traditionell gesprochen (um dem Mißverständnis zu begegnen, hier werde »wirkliche Schöpfung« in »bloßes Symbol« aufgelöst): Gott erhält seine Namen von seinen Wirkungen her (*Thomas,* S.th. I 13, 1).

[43] Vgl. S.th. I–II 79, 2: Der Akt der Sünde (wenngleich nicht die Sünde – Art.1) ist von Gott.

[44] S.th. I–II 93, 2 ad 1.

[45] *M. Scheler,* Vom Ewigen im Menschen (Ges. Werke 5), Bern–München [4]1954, 143.

[46] So meint *Thomas* (De ver. 4,1), da er nicht bloß das körperliche Zeichen, den Laut, sondern auch dessen körperliche Ausführung im Begriff festhält.

Das gilt gleichsam analytisch bezüglich des Zeichens als Anzeichens; denn ein Effekt wird eben dadurch zum Indiz, daß er als Zeichen aufgefaßt wird[47]. Ebenso aber gilt das Behauptete für das Zeichen als Wort. Daß ein Wort (d.h., gemeintes Zeichen) *jemanden* meint, gehört wesenhaft zu seinem Begriff (vielleicht ist das mitunter auch ob dieser Selbstverständlichkeit unausgesprochen geblieben[48]).

Dann aber erfüllt es seinen Begriff auch erst dadurch, daß es gehört wird. Zum Wort Gottes (hier, wie gesagt, philosophisch, als Schöpfer- und Schöpfungswort gemeint) gehört der geschöpfliche »Hörer des Wortes«. Seine Wirklichkeit findet das Gotteswort also erst im hörenden Hörer (wobei selbstverständlich, wie eben bedacht, dies Hören seinerseits von Gott erwirkt wird).

Der letzte Satz gilt jedoch in einem doppelten Sinn: einmal bezüglich jeden Wortes, das an den Hörer ergeht (biblisches Bild dafür ist die offizielle Benennung der Tiere durch Adam – Gen 2,19), sodann aber bezüglich dieses Hörers selbst. Sofern in ihm erst Gottes Wort vollends zum Wort wird, ist er selber in wesentlich höherem Sinn Gottes Wort: Wort als nicht bloß Wort-Zeichen, sondern Wort als existierender Begriff, oder besser – weniger idealistisch – als lebendige Antwort (Hölderlin sagt: Gespräch).

Personsein, Bewußtsein und Freiheit Gottes zeigen sich zwar auch in der untermenschlichen Schöpfung, aber nicht *für* sie, sondern allein für Person und Bewußtsein. Sie werden also erst

[47] Dies natürlich sachlich begründet, aufgrund nämlich eben seines Effektseins; anders gesagt: »an sich« ist jede Wirkung mögliches Zeichen (»verräterisch«); aber schon dies (nicht etwa erst, daß sie wirklich verrät) gilt nur im Hinblick auf jemanden, der hier erraten könnte.

[48] Gleichwohl hat sicher auch mitgespielt, daß man »Wort« eher vom Anzeichen her zu denken versucht hat (wie ja auch den Menschen vom animal her), oder vom Monolog bloßen Erkennens her (»verbum mentis«) – statt aus dem Interpersonalgeschehen von Gespräch. Daher klingen traditionelle Texte oft so, als gehe es um »Wirkungen«, an denen Gott erkannt wird (als verriete sich einer durch Spuren bzw. Symptome), statt daß man von Zeichen spricht, die jemand gibt – und in denen er sich gibt, also von Wort als Symbol.

in diesem Sehen sichtbar – und vollends nur (siehe S. 79 u. 162) durch es: d.h. *an* ihm: »Unmittelbar und in der Wurzel ist Dasein [= Erscheinung] des Seins [= des Göttlichen] das Bewußtsein.« [49]

Ist also, jenseits der untermenschlichen »Spuren« (vestigia), der Mensch das »Bild« (imago), d.h. *das* Wort des Schöpfers, und ist er dies als Bewußtsein und Freiheit, dann ist er es vollendet insofern, als er sich dieses Bildseins frei bewußt ist, es erkennt und anerkennt – und es entsprechend bekennt.

In der Sprache der Bibel: »Die Himmel rühmen des Ewigen Ehre« durch den Mund des *Psalmisten.* So ist dessen Lied die wahre Ehre Gottes, und dies vollends dann, wenn es selbst diesen Sachverhalt ausspricht, Gott also nicht bloß als Macher der Sterne, sondern als den väterlichen Herrn des Menschen preist (siehe Ps 8).

Menschliches Reden von Mensch und Gott tritt in seine offene Wahrheit, sofern es als Gotteswort gesprochen und gehört wird [50].

2. Allerdings (und dieser zweite Satz gehört unabtrennbar zum ersten) wird menschliches Reden einzig dann als Gottes Wort sprochen und vernommen, wenn es als Menschenwort gesagt und gehört wird.

[49] *J. G. Fichte,* Sämtl. Werke (1834–1846, Nachdruck Berlin 1971), V 440 (Anweisung zum seligen Leben). Und dies gilt so (441 f), »daß das Bewußtsein des Seins die einzig mögliche Form und Weise des Daseins des Seins, somit selber ganz unmittelbar, schlechthin und absolut dieses Dasein des Seins« ist. Nur im Selbstbewußtsein wird Erscheinung gewußt, nur hier weiß Erscheinung sich selbst: als Erscheinung. (Das genannte Hölderlin-Wort für die doppelte [»vertikal-horizontale«] Dialogizität dieses Wissens: »ein Gespräch wir«, steht in der Hymne »Friedensfeier«, siehe: »Kleine Stuttgarter Ausgabe [F. Beissner] II 143 und III 430.)

[50] Vielleicht wäre auch in diesem Licht jenes *Leibniz*-Wort zu bedenken, das F. H. Jacobi der 2. Auflage seiner Spinoza-Schrift als Motto vorangestellt hat: »J'ai trouvé que la plupart des sectes ont raison dans une bonne partie de ce qu'elles avancent, mais non pas tant en ce qu' elles nient« (*H. Scholz* [Hrsg.], Die Hauptschriften zum Pantheismusstreit zwischen Jacobi und Mendelsohn, Berlin 1916, 65 Anm.; die dort nicht genannte Fundstelle: Philos. Schriften [Gerhardt] 3, 607).

Zunächst ist das wiederum fast trivial. Wenn nur der Mensch mögliches Wort hören kann, dann müssen Worte, sollen sie vernommen werden können, menschlichen Ohren vernehmbar, sollen sie verstanden werden können, menschlich verstehbar: also Menschenworte sein – wer immer auch (auf welche Weise immer) sie artikuliert.

Nicht diesen *Sachverhalt* jedoch meint unser Satz in erster Linie, sondern dessen Bewußtsein. Also das Bewußtsein des Unterschieds, ohne welches das eben erwogene Bildsein des Menschen sich in den Gegenbild-Anspruch der Selbstvergötzung verlöre. – Es geht um die Erkenntnis und die Anerkenntnis der unabstreifbaren Perspektivität unser selbst und unseres Redens. Und innerhalb dessen darum, daß die verlangte Anerkenntnis das Gegenteil jeder Art von Resignation ist, geschehe diese in protestierender Ohnmacht oder »demütig-ergeben«.

Resignation ist nämlich nicht denkbar ohne den Hintergrund jenes Absolutheitsanspruchs des Bedingten, von dem wir erkannt haben, daß er nicht etwa bloß verboten, sondern in sich selbst strikt widersprüchlich, also in Wahrheit un-möglich ist. – Gefordert ist also positive, bejahende »Annahme seiner selbst« [51].

Das schließt freilich ein, es gebe hier etwas Positives, das man positiv annehmen könnte. Und eben dies hat unsere These darlegen wollen, die unser so begrenztes Reden in seiner vielfachen Fragwürdigkeit gleichwohl als Gotteswort ansprach. Um es auf unsere Thema-Frage hin zu explizieren: Theologie kann – auch als »theologia negativa« – ebenso wenig bloße Negativität besagen wie dies bei einer offenen – oder auch negativen – Anthropologie der Fall ist.

Es gibt Konzeptionen negativer Theologie, wonach sie im Grunde wortgewordene Verzweiflung ist, oder vielmehr: verstummende Verzweiflung, ob der angeblich totalen Abwesenheit ihres Gottes. Es gibt Entwürfe »negativer Anthropologie«, die (um von jenen abzusehen, die den Menschen überhaupt nicht in den Blick bekommen) nur die Unmenschlichkeit des Men-

[51] Vgl. *R. Guardini,* Die Annahme seiner selbst, Würzburg 1960.

schen artikulieren und so sich darin erschöpfen, in ihrem »Elend« die »Reproduktion gegenwärtiger Konstellationen« zu bieten[52]: »gott-los ohne Hoffnung« (Eph 2,12).

Hier wird demgegenüber positive Negativität behauptet (beredtes Schweigen, hieß es zuvor). Hinsichtlich Gottes ließe sich das mit dem Hinweis des Cusaners verdeutlichen, daß Gott zwar unnennbar ist (genauer: weder nennbar noch unnennbar), aber dennoch die Namen, die wir ihm geben, mit mehr Wahrheit ihm zukommen als irgendwem sonst[53]. Namen, die aus erfahrener Begegnung stammen[54].

In der Rede vom Menschen aber gründet die Zurückhaltung bezüglich eines jeden »Menschenbildes« in der positiven Grunderfahrung seiner Selbsttranszendenz[55]. Der Mensch ist jener, der zur Freiheit, zur Wahrheit, zum Guten gerufen ist, ließe sich sagen. Und was sind diese? Darauf haben die Lehrer zu allen Zeiten und in den verschiedenen Kulturen mit Geschichten statt mit Definitionen geantwortet[56]. Weil eben diesem Selbstüberstieg Geschichte entspringt. Er ist nicht einfachhin das Strukturelement einer bestimmten »Natur«, sondern je neues Ereignis von Ruf und Folge.

Wenn aber – nach einem schönen Wort Romano Guardinis[57] – »meine menschliche Person nichts ist als die Weise, wie ich von Gott gerufen bin, und wie ich auf seinen Ruf antworten soll«, immer neu zu antworten habe, dann ist, eben von daher,

[52] *G. Rohrmoser,* Das Elend der kritischen Theorie, Freiburg ²1970, 104.

[53] *Nikolaus von Kues,* Philosophisch-theologische Schriften (L. Gabriel – D. u. W. Dupré), Wien 1964–67, II, 230–233 (De principio).

[54] Vgl. ebenda III, 94 (De visione Dei). *F. Rosenzweig,* Kleinere Schriften, Berlin 1937, 526–533 (zum Artikel »Anthropomorphismus« der Encyclopaedia Judaica).

[55] Vgl. *M. Müller,* Zur Problematik eines »christlichen« Menschenbildes«. Fragmente aus einem »Traktat über die Freiheit«, in: K. Färber (Hrsg.), Krise der Kirche – Chance des Glaubens, Frankfurt (1968), 185–216; ebenso S. 39, Anm. 6.

[56] Mit Geschichten, die, ob ausgesprochen oder nicht, in die Aufforderung an den Hörer mündeten: Geh und tu (auf andere: deine Weise) dasselbe. Vgl. oben S. 92, Anm. 38.

[57] *R. Guardini,* Der Herr, Würzburg ⁶1950, 43 (1. Teil VII).

nichts schon fertig, will sagen: erledigt und so abgetan, sondern dem Menschen und seinem Reden öffnet sich hier, was Karl Rahner die »absolute Zukunft« genannt hat.

Dann gilt hinsichtlich des Redens von Gott: »Jedesmal, wenn die Menschheit ein Denksystem preisgibt, wähnt sie Gott zu verlieren ... Doch Gott liegt niemals zurück, er findet sich nie unter dem, was man wegwirft. In welche Richtung wir auch gehen mögen, immer erhebt er sich vor uns.« [58] – Und dann gilt dasselbe bezüglich des Menschen, selbst nochmals angesichts einer möglichen Aussicht wie jener, die oben (S. 165) von Karl Rahner skizziert worden ist.

Ist solch ein Begriff nun nicht doch – wie Hegel gegen Kant und Fichte argumentiert hat [59] – das Eingeständnis verzweifelnder Endlichkeit, indem vor dem Maß unendlicher Zukunft die beschränkte Gegenwart faktisch doch zur Unwahrheit wird? – Im Gegenteil. Absolut heißt diese Zukunft ja nicht etwa deshalb, weil sie niemals wirklich würde, sondern eben darum, weil sie sich immer ereignet, immer und überall auf uns zukommt: stets schon und stets neu.

Annahme meiner selbst heißt Annahme dieses Ereignens. Sich selbst lernt der Mensch, indem er »Göttliches erleidet«, und in solchem Widerfahrnis gibt mir Gott stets auch »zu sagen, [was und] wie ich leide« [60].

Mag das Wort »Gott« dabei zuerst nur Prädikat sein (»Denn es ist Gott, die Lieben zu erkennen« [61]). Aus dem Geschehen selbst heraus verwandelt sich das Sprechen: benennt es zunächst nur die Qualität eines Augenblicks, einer Stunde, so wird es bald

[58] *H. de Lubac*, Über die Wege Gottes, Freiburg 1958, 169. Vgl. Reden aus Glauben 87–124. – Zur absoluten Zukunft siehe *K. Rahner*, Schriften zur Theologie ab Bd. VI, z. B. IX, Einsiedeln 1970, 519–540.

[59] S.W. 1, 415 und 419ff; 7, 35.

[60] *Dionysios Areop.*, De div. nominibus 2,9: οὐ μόνον μαθών ἀλλὰ καὶ παθὼν τὰ θεῖα (Migne PG 3, 648). – *J. W. v. Goethe*, Torquato Tasso V, 5 (Hamb. Ausg. 5, 166).

[61] *Euripides*, Helena 560. Siehe *K. Kerényi*, Die griechischen Götter, in: A. Schaefer (Hrsg.), Der Gottesgedanke im Abendland, Stuttgart 1964, 13–20.

von deren Herrn sprechen, dem sie die Qualität verdanken – und schließlich *zu* ihm[62].

Denkendes Reden als Wort des Danks

Damit überschreiten wir freilich den Rahmen – nicht nur des Kapitels, sondern des Buchs überhaupt. Wir gehen darum auch nicht weiter. Aber zum Abschluß sei dieser Überstieg selbst noch bedacht. Nochmals also: zu Sinn und Wesen von Grenze.

Annahme der Endlichkeit unseres Redens dürfe nicht Resignation sein, hat es geheißen. Was ist diese Endlichkeit, was ist die Wahrheit des endlichen Redenden? Und, akzentuieren wir jenes Moment, um das es hier vor allem ging: was ist sein Denken?

Ist Endlichkeit wesentlich Not, »rareté des choses« (Jean-Paul Sartre), dann muß das Denken wesentlich ratio sein: Rechnen und Berechnen hinsichtlich Notdurft und Not-wendigkeit. Mit einer klassischen Unterscheidung gesagt: Denken ist dann vor allem Verstand. Ihn darf man auf keinen Fall verlieren[63], und eine »überschwengliche« Vernunft (Immanuel Kant) muß schleunigst zu Verstand gebracht werden. Das heißt konsequent – und jetzt ist nicht mehr das Bemühen Kants und des Deutschen Idealismus gemeint, Philosophie zu vollenden, sondern der heutige Versuch ihrer *Be*endung –: Philosophie ist tunlichst in Wissenschaft (wenigstens Wissenschaftstheorie) zu überführen, in methodisches savoir pour prévoir pour prévenir.

Philosophie ihrerseits sei hier abschließend einmal von außen bestimmt. Eine der zahlreichen »Volksmund«-Definitionen, die ein Philosoph von Beruf im Lauf seiner Jahre zu hören bekommt, nennt Philosophie »die geistreiche Übersetzung des Unerklärlichen ins Unverständliche«. – Zweifellos seinerseits

[62] Von ihm: vgl. die feinsinnige Schilderung der Emmaus-Episode – Lk 24, 13–35. Zu ihm: vgl. den Wechsel von dritter und zweiter Person in den Anthropo-theologien eines Augustinus (Confessiones) oder Anselm von Canterbury (Proslogion).

[63] Vgl. *J. Pieper*, Begeisterung und göttlicher Wahnsinn. Über den platonischen Dialog »Phaidros«, München 1962.

geistreich. Vielleicht aber (und das führt über die Erwiderung des Kompliments hinaus) birgt dieser Satz mehr Geist, als er weiß?

Allerdings nämlich ist die Philosophie unverständlich: weil den Verstand übersteigend: vernünftig. – Um es mit Hegel zu sagen: »Mystisch, d.h. spekulativ.« »Für den Verstand zwar unbegreiflich, ein Geheimnis«, der Vernunft jedoch offenbar. So wird der Verstand, indem er in der Dialektik konsequent zu Grunde geht, in diesem seinem Grund in spekulative Philosophie »aufgehoben«[64].

Verzichten wir jetzt auf eine Diskussion dieser Hegelschen Thesen. Sie seien einfach als »Anstoß« geboten. Zur Verdeutlichung des Gemeinten soll statt dessen Martin Heidegger herangezogen werden, mit seinen Hinweisen aus dem Bruchstück eines Feldweggesprächs über das Denken[65].

Dieses Gespräch findet nicht eine Definition von Mensch und Denken. Doch läßt sich wohl als sein Ertrag formulieren: Der Mensch ist jener, der gerufen ist, das Ereignis zu denken, *daß es gibt*, was es gibt. Denken hat mit Andenken (»Anamnese«) zu tun, mit Andacht und schließlich mit Dank (»Eucharistie«). (Vgl. auch das Bedeutungsfeld von »Aufmerksamkeit«. Undankbarkeit hingegen ist stets auch Gedankenlosigkeit und umgekehrt.)

Wäre dies eine mögliche Alternative zum »Rechnen«? Das soll nicht etwa besagen, vernehmende Vernunft sei der irrationale Widerpart des vorstellenden Verstandes. Im Gegenteil: während für einen sich normativ setzenden Verstand Vernunft bestenfalls als Luxus verständlich wird (die Skala reicht bekanntlich von

[64] *G. W. F. Hegel*, S. W. 19, 72. Vgl. 7, 238: »Die Liebe ist daher der ungeheuerste Widerspruch, den der Verstand nicht lösen kann, indem es nichts Härteres gibt als diese Punktualität des Selbstbewußtseins, die negiert wird und die ich doch als affirmativ haben soll. Die Liebe ist das Hervorbringen und die Auflösung des Widerspruchs zugleich: als die Auflösung ist sie die sittliche Einigkeit.« Und sie begreifen ist spekulative Vernunft. Von einer anderen Seite her *Goethe* (und beziehen wir dies jetzt gerade auf unser Reden von Mensch und Gott): »Der Verständige findet fast alles lächerlich, der Vernünftige fast nichts.« (Hamb. Ausg. 12, 529 – Maximen und Reflexionen).

[65] *M. Heidegger*, Gelassenheit, Pfullingen ²1960.

»Spinnerei« bis zum Vorwurf der Arbeitsscheu und der Versäumnis menschlicher Verpflichtungen), braucht die Vernunft ihrerseits einen intakten Verstand[66]. Es handelt sich also nicht um ein einfaches Entweder–Oder. Dennoch, in der Grundintention hat sich eine Umkehr vollzogen.

Nutzen, Not-wendigkeit hätte solches Gedenken offenbar nicht. Doch wie, wenn eben deren Fehlen seinen Adel ausmachte? »Der Edelmut wäre das Wesen des Denkens und somit des Dankens. – Jenes Dankens, das sich nicht erst für etwas bedankt, sondern nur dankt, daß es danken darf« (66f).

Der Adel des Denkens: des Menschen, wäre dann sein Beruf zu selbstvergessenem Dienst an dem, was sich zeigt. Alle Anstrengung des Begriffs hätte der selbstkritischen Auflösung des Unbegriffenen zu gelten – um des unterscheidenden Aufgangs des Unbegreiflichen willen[67]. Mit einem inzwischen genierlich gewordenen Wort nennen wir es: Geheimnis[68].

Doch richten sich Anamnese und Dank zuletzt nicht auf ein Neutrum. Denken voll-endet sich immer von neuem darin, daß es Ihm dankt.

[66] *Hegel* etwa vollzieht seine Dynamisierung des Nicht-Widerspruchs-Satzes in lauter Sätzen, die ihrerseits selbstverständlich diesem Prinzip unterstehen. Vgl. sein Plädoyer für den »verwundersamsten« Verstand in der Phänomenologie-Vorrede (S.W. 2, 33f). (Religiös gesprochen: des Herrn sein heißt, zu den Menschen gesandt [»Apostel«] werden.)

[67] Siehe oben S. 57, Anm. 28. Stellen wir den Satz jetzt in seinen Kontext: »Man sieht entweder den Staub auf der Fensterscheibe oder die Landschaft dahinter, niemals aber die Scheibe selbst. Das Abwischen des Staubes dient nur dazu, die Landschaft zu sehen. Die Vernunft soll ihre Tätigkeit nur ausüben, um zu den wahren Mysterien zu gelangen: zu den wahren Unbeweisbarkeiten, die das Wirkliche sind. Das Unbegriffene verbirgt das Unbegreifliche, und deshalb soll es beseitigt werden.«

[68] Hierzu nochmals *Ungaretti* – in Rückbezug auf das Motto zu Anfang (vgl. S. 12, Anm. 8): »Di questa poesia / mi resta / quel nulla / d'inesauribile segreto. Von diesem Gedicht [sagen wir hier: von diesem Gedanken] / bleibt mir / jenes Nichts / von unerschöpflichem Geheimnis« (a. a. O., 24f: Il porto sepolto – Der begrabene Hafen, 2. Strophe). Das »Nichts« schließlich verdeutlicht sich in einem anderen Gedicht (Eterno – Ewig, 8f): »Tra un fiore colto e l'altro donato / l'inesprimibile nulla. Zwischen einer gepflückten Blume und der geschenkten / das unausdrückbare Nichts.«

BIBLIOGRAPHISCHE NOTIZ

In das Buch sind – auf dem Wege unterschiedlich starker, z. T. tiefgreifender Umgestaltung – Vorarbeiten eingegangen, die an verschiedenen Stellen gesondert publiziert worden sind: Wahrheit und Gewißheit, in: Stimmen der Zeit 176 (1965), 659–668; Vérité, certitude et historicité, in: Archives de Philosophie 30 (1967), 163–186; Symbole et liberté, in: E. Castelli (Hrsg.), L'herméneutique de la liberté religieuse, Paris 1968, 103–123; Wahrheit, Ideologie und Freiheit. Zur Dialektik des Symbolvollzugs, in: Lebendiges Zeugnis 1969, H. 3, 24–39; Freiheit und Autorität. Philosophische Grenzbetrachtungen, in: Trierer Theol. Zeitschrift 80 (1971), 1–19; Gerechtigkeit und Liebe, in: Entschluß 25 (1969/70), 315–318; Liberdade não livre. A propósito de un tema de antropologia filosófica, in: Revista portuguesa de filosofia 29 (1973), 21–41; Tod, dunkles Tor – wohin?, in: Erdkreis 19 (1969), 309–327; Anthropo-theologie. Zum Verhältnis zweier philosophischer Grunddisziplinen, in: Theologie und Philosophie 48 (1973), 351–370. – Vgl. auch: Philos. Anthropologie, Bewußtsein, Entscheidung, Fortschritt, (mit A. Darlap:) Geschichte und Geschichtlichkeit, das Gute, Kategorien, Leib, Leib-Seele-Verhältnis, Magie, Sinn, Spiel, Symbol, Unsterblichkeit, in: K. Rahner/A. Darlap (Hrsg.), Sacramentum Mundi. 4 Bde., Freiburg 1967–69 (zumeist auch in Herders theol. Taschenlexikon); Was ist der Mensch? Die Antwort der Philosophie, in: Paderborner Studien 1973/74, H. 2, 24–31 u. H. 3, 39–50; Schuld, in: H. Krings/H. M. Baumgartner/Ch. Wild (Hrsg.), Handbuch philosophischer Grundbegriffe, 3 (bzw. 6) Bde., München 1973/74.

Kollegium

Himmel und Hölle.

AT: der barmherzige und jüngste
Gott

1) Jonas flieht zuerst nach Tarschisch,
weil es ihm zuwider ist, die Ermahnung
zu sagen, es / untergehen.
Und nachher war er gegen / Vergebung
/ Gottes

2) Weil Gott / Freiheit will, respektiert er
das NEIN zu ihm.
(Freiheit als Bewegung)
Praedestination: je stärker / Wissen,
umso größer / Verantwortung – trotz Freiheit
+ dem NEIN!

3) Wiederholung = Kohelet

Bedingt durch die langjährige Außendie
Herr Mortan ein konstruktives und kri
kreisen.

In den Jahren 1990 bis 1992 war Herr M
stellen in den neuen Bundesländern mi
angeworben und Marktforschungseinsä

Seit 1991 ist Herr Mortan Mitglied des
werkes der Deutschen Versicherungsw
und seit zwei Jahren Vorsitzender diese

Aufgrund guter Erfolge in der Führung
gung systematischer Weiterbildung wu
Leitung des neu eingerichteten Kundend
ist er als leitender Angestellter mit der I
dienstbereiches 1 (Mitte)" für die Gesel

Im Zuge der neuen Aufgabe unterstehen I
Köln, Düsseldorf, Dortmund, Frankfurt
enge und harmonische Zusammenarb

(1)

Das Recht u. Willkür erl./

Bsp: Wann 30 km/h und nicht 32 oder 35?

Ermessen. Vgl. Richter bei Straf-
zumessung; Stellg. einer Ausnahme-
genehmigung i. Baurecht.
Ermessensmißbrauch = Willkür = rechts-
widrig. Friedensfunktion des Rechts

---

(2)

Autorität

- Akzeptanz der Betroffenen
- Anspruch des Autoritätsträgers

Autorität des Staates (Machtmonopol)
→ Revolution

Autorität der Kirche (Gott als Quelle)
→ Reformation.
Mißachtg. Autorität Bsp.:
Pillen-Enzyklika; [illegible]
die Laien betreffend.

Berufsbildungswerk der
Deutschen Versicherungswirtschaft e. V.

Geschäftsführung

Herrn
Olaf Mortan
Steingarten 2

6331 Hohenahr

Berufung als Mitglied eines Prü

Sehr geehrter Herr Mortan,

wir danken Ihnen für Ihre Berei
dienst-Qualifizierungsmaßnahme
mitzuwirken und berufen Sie hi
dungsstelle **Frankfurt** zum

Mitglied eines Prüfun
zum/zur "Versicheru

Levinas Kolloquium 9/12 (2)

sittliche Erfahrung

Das Faktum des ungefragten Daseins bedeutet: zu sühnen.

Gewissen: Synteresis
Conscientia